Quatre filles
dans le vent

Christian et Éric CAZALOT

QUATRE FILLES DANS LE VENT

© XO Éditions, 2023
ISBN : 978-2-37448-510-2

Prologue

Nous sommes en 1961. La révolution sexuelle n'est pas au goût du jour ! On ignore ce qu'est une femme libérée. Le mot « féministe » sonne comme une grossièreté ! La mini-jupe n'a pas encore été inventée par Mary Quant, on n'en voit pas à la télévision et encore moins dans la rue. Les filles demandent aux garçons de « faire attention » car la pilule est pour l'instant loin de s'acheter en pharmacie. Brigitte Bardot fait scandale chaque fois qu'elle change d'homme… Au début des années 1960, une jeune fille se doit d'être sage.

C'est dans cette ambiance de la France gaullienne que quatre jeunes filles, justement, vont faire leur apparition. Elles sont plus naturelles que les stars d'antan. Pas de décolletés plongeants. Pas de fourreaux fendus. Pas de rouge carmin aux lèvres, ni de bijoux tape-à-l'œil. Au contraire, elles portent les cheveux courts, ou longs et raides, des robes simples, des ballerines, des baskets. Tout aussi enjouées que réservées, elles ne se ressemblent pas vraiment toutes les quatre, mais un point commun va les relier les unes aux autres : la musique. Celle qui vient de la jeune Amérique, le rock. Oh, bien sûr, les garçons ont commencé avant elles. Le flamboyant Johnny, le crooner Richard Anthony, le chef de groupe Eddy Mitchell. Ils font hurler les foules et s'évanouir les filles. Mais en reproduisant finalement ce qu'il se passe outre-Atlantique et outre-Manche. Johnny est Elvis. Et des clones d'Elvis, il y en a à peu près partout. Certes, le nôtre est particulièrement beau et talentueux, bien qu'en Italie Adriano Celentano ne soit pas mal non plus.

Les quatre petites Parisiennes ont quelque chose de plus. Elles n'ont pas d'équivalent aux États-Unis ou à Londres ! Encore moins en Espagne, en Allemagne ou en Italie. Là-bas, les jeunes chanteuses sont encore sur le modèle de Gloria Lasso ou au mieux de Dalida. Ce n'est pas pour rien que Bob Dylan ou les Stones veulent absolument rencontrer Françoise Hardy lorsqu'ils viennent à Paris. Ce n'est pas pour rien non plus que les Beatles font la fête avec Sylvie Vartan, chaque soir après leurs concerts respectifs à l'Olympia, et vont même jusqu'à faire la une de l'incontournable *Pop Weekly* avec elle en Angleterre. Et ce n'est pas pour rien enfin que *Life*, le *Paris Match* américain, choisit d'adouber les yéyé girls, telles qu'on va les nommer dès l'été 1963. Les Américains décident que Sylvie est la plus sexy ! Les Anglais s'éprennent de Françoise. Le premier album de Sheila est édité chez l'Oncle Sam et France Gall fait le tour du monde avec *Poupée de cire, poupée de son* qui a remporté le grand prix de l'Eurovision.

Ces aventures-là n'arriveront pas aux garçons français du rock. Johnny s'irritera souvent, en allant chanter à l'étranger, d'y être nommé « l'Elvis français », « le mari de la blonde Sylvie Vartan » qu'Italiens, Espagnols, Sud-Américains et Japonais s'arrachent. Jacques Dutronc n'ira jamais chanter au luxueux hôtel Savoy, à Londres. France Gall va rapidement quitter Claude François, qui ne supporte pas l'envolée

Prologue

internationale de sa carrière. Sheila, elle, mettra près de vingt ans à rencontrer un homme qui respectera son succès sans s'en effrayer...

Car derrière les « bravos » vont se cacher des vies privées très difficiles, souvent douloureuses...

Le couple formé par Sylvie et Johnny est bien sûr légendaire. Mais surtout volcanique. Les hauts et les bas de leur histoire donnent l'impression de les voir surfer sur des montagnes russes. S'affrontant souvent, se retrouvant tout le temps, passionnément. Françoise, en tombant amoureuse de Jacques Dutronc, n'a pas davantage de chance que sa copine. Il va lui faire vivre l'enfer ! Ne possédant pas la même énergie que Sylvie, elle trouvera refuge dans l'écriture pour créer une œuvre intemporelle, dédiée à la souffrance amoureuse. Les amours de France Gall ne sont pas plus satisfaisantes. Que ce soit le bondissant « Cloclo » ou le plus romantique Julien Clerc, elle subira les affres de leur jalousie. Quant à Sheila, longtemps tenue en cage par son manager Claude Carrère, son tonitruant mariage avec le beau Ringo va lui faire définitivement perdre ses illusions.

Heureuses en affaires, malheureuses en amour ? Pas forcément, car la roue tourne... La vie offrira à Sylvie un deuxième grand amour, qui, celui-là, rimera avec toujours. À Sheila aussi, en la personne du jeune compositeur Yves Martin qui va la révéler à elle-même et lui donner la force d'aborder le virage des années 1980. Tout comme France deviendra la muse de Michel Berger au cœur des années 1970...

Toutes sont devenues les icônes incontournables d'une génération en plein bouleversement. Involontairement, elles représentent l'émancipation des jeunes filles de ces années-là. Des modèles pour les artistes féminines qui triomphent aujourd'hui. Pourquoi Clara Luciani, Juliette Armanet, Angèle, ne tarissent pas d'éloges, tant sur les unes que sur les autres ? Comprennent-elles, en jeunes professionnelles, que ces quatre filles-là ont essuyé les plâtres pour toutes leurs héritières ?

Ce quatuor de filles était comme prédestiné à entrer dans cette lumière. Françoise Hardy a-t-elle jamais réalisé que Jacques Dutronc traînait tous les soirs à cinq cents mètres de chez elle sur la place d'Estienne-d'Orves, Sheila venant répéter régulièrement au Golf Drouot à cinq minutes de là également ? Quant à Sylvie et France Gall, se sont-elles jamais rendu compte qu'elles avaient vécu une partie de leur adolescence dans la même avenue du 12ᵉ arrondissement ? Un peu comme si des étoiles reliaient leurs destins dans le ciel de Paris.

Des music-halls français aux scènes internationales. Du hit-parade de « SLC » et d'Europe n° 1 aux charts américains, anglais, italiens ou japonais, des unes de *Elle*, *Paris Match*, *Bunte*, *Stern*, *Life* ou *¡Hola!*, qui sont-elles ? Comment sont-elles devenues ces « quatre filles dans le vent » et restées surtout des figures populaires de la variété française ?

Première partie

Sylvie, Françoise, Annie et Isabelle

Chapitre 1

Sylvie et Eddie

En ce mois de mai 1961, il fait très beau sur Paris. Une jeune fille déboule, énergique, du métro Étoile et marche d'un pas allègre vers la rue Beaujon. Avec ses cheveux clairs, coupés très court et qui mettent en valeur ses grands yeux sombres, elle fait irrésistiblement penser à Jean Seberg, héroïne de *À bout de souffle*, le succès de Godard sorti un an plus tôt au cinéma. Elle a 16 ans et 9 mois, porte un pull-over beige trop grand sur une jupe grise, droite, au genou et glisse avec grâce sur le trottoir dans ses ballerines. Sa juvénilité est frappante. C'est une enfant du baby-boom. Enfin, presque, elle est de 1944. À un an près, elle aurait fait partie des naissances surnuméraires de l'après-guerre.

Un jeune homme l'accompagne. Grand, imposant, la mâchoire carrée, le menton conquérant, portant une veste de cuir noir sur un large pantalon de toile, il la traîne littéralement derrière lui. Il a de bonnes raisons d'être pressé. Ils sont tous les deux attendus dans un studio d'enregistrement. Lui, c'est Eddie Vartan. 23 ans, trompettiste de jazz, arrangeur, il travaille pour la maison de disques Decca, grâce à la complicité qu'il a développée depuis quelques années avec Frank Ténot et Daniel Filipacchi, qui font la pluie et le beau temps sur Europe n° 1. Elle, c'est sa petite sœur, Sylvie. Élève en première au lycée Hélène-Boucher, sur le cours de Vincennes.

Eddie a depuis plusieurs jours un gros problème. Il produit pour Daniel Filipacchi un nouveau 45 tours de Frankie Jordan. Lui aussi est étudiant et a déjà à son actif une poignée de disques qui ont plutôt bien marché, comme *24 000 baisers*. Cette fois il va se lancer, sous la direction d'Eddie, dans un duo inspiré d'un titre de Floyd Robinson, *Out of Gas*. C'est Filipacchi lui-même, avec Georges Aber, qui a adapté le texte, et la chanson devient tout naturellement *Panne d'essence*. Pour donner la réplique à Frankie, ils ont choisi Gillian Hills, jeune comédienne d'origine anglaise ayant déjà quelques enregistrements à son actif, notamment deux reprises de Marilyn Monroe issues du film *Le Milliardaire* et qu'elle chante avec Eddie Constantine. C'est grâce à ces duos ainsi qu'à son charme acidulé que Daniel l'a choisie. Elle a accepté aussitôt et la machine s'est mise en route ! Eddie Vartan vient d'orchestrer la chanson, sur la tonalité très haute de la voix de Gillian. Frankie a enregistré sa partie et... fin de l'histoire ! Mais au dernier moment, on se rend compte que Gillian Hills est sous contrat d'exclusivité chez Barclay !

En apprenant la nouvelle, Daniel Filipacchi est furieux. Ils ont déjà investi trop de temps et d'argent sur ce 45 tours. Il faut trouver une remplaçante. On commence à envisager des artistes connues. Mais ça ne fonctionne pas. Le texte de la chanson a été écrit pour une ingénue et ces interprètes seraient plus aptes à faire elles-mêmes le coup de la panne à Frankie Jordan ! De plus en plus excédé de ne pas trouver de chanteuse, Daniel demande à Eddie d'en dénicher une sur-le-champ ! Un peu paniqué, le jeune homme a soudain une idée. Sylvie ! Sa petite sœur qui fredonne toute la journée sur les succès d'Elvis, de Brenda Lee et tous les disques qu'il rapporte à la maison. Mais bien sûr, c'est évident ! Elle s'en tirera sûrement très bien, d'autant qu'elle ne pense qu'à faire du théâtre et jouer la comédie. Enregistrer un disque en duo, c'est presque pareil. Et elle ne sera pas en terrain inconnu puisqu'elle connaît déjà Frankie Jordan : celui-ci traîne souvent avec son frère qui est son directeur artistique.

Dès le lendemain, Eddie bondit sur sa sœur à l'heure du déjeuner, avant qu'elle ne reparte en cours. Sylvie ne comprend pas tout, tellement il est excité, mais elle voit bien que, pour lui, il s'agit de quelque chose d'important. Son job est un peu dans la balance quand même... Et puis, elle a deux heures de maths qui l'attendent, là... Et avoir une excuse en or massif pour les sécher, ça n'a pas de prix. Alors c'est OK pour une session d'enregistrement rue Beaujon.

Au studio, Sylvie est accueillie par un homme qu'elle décrira dans ses mémoires comme « très séduisant, calme et chaleureux ». C'est Daniel Filipacchi, qui réexplique la situation à la jeune fille. Sans doute l'imagine-t-il nerveuse, angoissée à l'idée d'enregistrer pour la première fois. Ce n'est pas le cas. Sous une apparente timidité, Sylvie est une fille volontaire et trouve l'aventure amusante, rien de plus.

Finalement les choses ne seront pas si simples. Il y a un élément auquel Eddie n'a pas pensé, c'est la tessiture vocale de sa petite sœur. Plutôt grave. En tout cas beaucoup plus que celle de Gillian Hills, pour laquelle les play-back sont déjà orchestrés. Sylvie se voit obligée de modifier son registre de trois tons pour adopter le style de voix de tête de la chanteuse pour laquelle a été prévu l'arrangement ! Et en plus de *Panne d'essence*, il y a une autre chanson à enregistrer : *J'aime ta façon de faire ça*. La séance s'éternise. Mais Sylvie tient bon et, dans la soirée, les deux titres sont bouclés. Elle rentre avec Eddie, épuisée, dans l'appartement familial du 12ᵉ arrondissement, avenue du Général-Michel-Bizot. Elle n'est pas très satisfaite et, déjà dotée d'une forte personnalité, ne se prive pas de le faire savoir à son frère de sept ans son aîné. Elle n'a pas reconnu sa voix, ce n'est pas son timbre ! Évidemment, ils ne parlent de rien à M. et Mme Vartan.

En ce printemps 1961, les maisons de disques sont toutes à la recherche d'artistes capables de concurrencer le succès toujours croissant de Richard Anthony, Johnny Hallyday ou des Chaussettes noires. Ces très jeunes hommes qui importent en France le rock'n'roll d'Elvis Presley, Gene Vincent ou Eddie Cochran. L'idéal pour les producteurs serait de trouver des équivalents féminins à ces garçons. Quelques filles s'y sont déjà risquées, comme l'énergique Hedika. Il y a aussi Nicole Paquin et Gillian Hills, justement. Mais aucune n'a vraiment décollé. Filipacchi, connu pour sa ténacité et son opiniâtreté, pense qu'il n'y a aucune raison de ne pas dupliquer ce succès naissant. Surtout il sent qu'il est grand temps de lancer ce mouvement déjà existant aux États-Unis, avant que d'autres ne s'en chargent.

En produisant *Panne d'essence*, il ne se doute pas qu'il vient de dénicher la perle rare. Mais, le succès du 45 tours aidant, il va rapidement en prendre conscience. À 30 ans passés, après avoir été photographe pour le célèbre magazine *Paris Match*, Daniel devient le pilier incontournable de cette génération qui a les yeux rivés sur l'Amérique de James Dean, Marilyn et Brando. Producteur de disques pour Decca et RCA, il est surtout, avec son ami Frank Ténot, l'animateur d'une émission de radio pour les jeunes, « Salut les copains », dont le succès ne cesse de croître depuis 1959. C'est Lucien Morisse, directeur de la station, qui a eu l'idée de « SLC » et a convaincu Daniel d'en être le maître d'œuvre.

Françoise et sa guitare

Alors que Sylvie vient à peine de participer au disque de Frankie Jordan, une autre jeune fille rêve secrètement de chanter en ce printemps 1961. Elle a obtenu ses deux bacs à 16 ans l'année précédente, s'est essayée, sans succès, à Sciences Po pour finalement s'inscrire à la Sorbonne où elle étudie l'allemand. Mais sa véritable passion, c'est la chanson. Elle aime écrire et composer sur la guitare que son père lui a offerte un an plus tôt pour la récompenser de sa réussite scolaire. Elle s'installe dans la cuisine du petit appartement familial du 24, rue d'Aumale, dans le 9e arrondissement de Paris, entre la place Saint-Georges et surtout le square d'Estienne-d'Orves. Elle imagine des mélodies qu'elle espère aussi magiques que celles des titres anglo-saxons qu'elle découvre à la radio, tout particulièrement dans l'émission « Salut les copains ». D'une timidité maladive, s'autodéconsidérant en permanence, la brune Françoise Hardy ne manque pas pour autant de détermination. Si sa maman attend d'elle une carrière classique, de secrétaire de direction, d'interprète ou encore de professeur, la jeune fille a clairement autre chose en tête. Chanter. Si possible ses propres compositions et, suprême récompense, les entendre à la radio parmi celles qu'elle apprécie tant.

Françoise vient de dénicher une petite annonce dans la presse quotidienne, publiée par une firme de disques à la recherche de jeunes talents. Il s'agit selon elle de la meilleure des maisons de disques, Pathé-Marconi. Elle décroche son téléphone et se lance. Rendez-vous est pris, mais soudain elle panique et se rend à l'audition la mort dans l'âme, persuadée que son rêve absolu d'enregistrer un disque va s'effondrer dans la seconde. S'accompagnant à la guitare, dont de son propre aveu elle ne sait pas vraiment jouer, Françoise entonne quelques-unes de ses chansons. Surprise de ne pas se faire éconduire au bout de trois notes, elle passe près de vingt minutes face au directeur artistique, Jacques Sclingand. Malheureusement, ce dernier trouve son timbre beaucoup trop proche de celui de Marie-Josée Neuville, jeune chanteuse fortement appréciée dans les camps scouts à laquelle Françoise, qui ne rêve que de mélodies anglo-saxonnes, blêmit de se voir comparer ! Elle reste néanmoins marquée par deux choses. La première, c'est le temps que ce professionnel a daigné lui consacrer. La seconde, c'est sa voix, qu'elle vient d'avoir l'occasion d'entendre enregistrée pour la première fois. Moins hésitante, moins fausse qu'elle ne l'imaginait...

Cet échec attendu n'en sera donc pas un et elle persévère, plus décidée que jamais. Elle n'est pas la seule à l'être.

Annie, rock'n'roll et sucreries

Au même moment, une autre gamine se démène avec l'idée de réussir dans ce que l'on n'appelle pas encore le show-business, mais le music-hall. Elle se nomme Annie, elle a 15 ans et habite dans le 13ᵉ arrondissement de Paris. Lorsqu'elle n'est pas avec ses parents, de modestes commerçants ambulants, en train de vendre des bonbons sur les marchés du Val-de-Marne où elle passe son temps à chanter en servant les clients – qui d'ailleurs la surnomment affectueusement « la radio » –, elle répète avec des copains qui l'ont choisie pour être chanteuse de leur formation de rock. C'est une époque où les groupes naissent dans toutes les caves et les greniers, où des jeunes gens tentent de ressembler à Elvis, en espérant réussir aussi bien que Johnny Hallyday. Et pourquoi pas une fille ? C'est ce qu'a en tête la turbulente Annie Chancel... Pourquoi pas elle ? Avec les musiciens qui l'accompagnent, Annie parvient à décrocher quelques passages çà et là, égratignant le répertoire d'Elvis Presley. Mais rapidement cette première formation se dissout et la jeune fille se désole, ne voyant pour avenir que les cours de comptabilité qu'elle suit chaque après-midi, depuis l'obtention de son brevet d'études secondaires. Une nouvelle rencontre va tout changer, celle avec un autre groupe de garçons qui se font appeler les Guitares Brothers. Séduits par l'énergie et la façon de chanter d'Annie, ils l'accueillent aussitôt dans leur équipe. L'aventure continue...

Isabelle et les musiciens

À quelques pas de chez Sylvie, avenue du Général-Michel-Bizot dans le 12ᵉ arrondissement de Paris, vit, au milieu d'une famille de musiciens, une jeune fille de 13 ans et demi. Elle s'appelle Isabelle. Son père, Robert Gall, après avoir tenté une carrière dans la chanson, est un auteur en vue dans le paysage de la variété classique. Il écrit pour de nombreux interprètes dont la plus importante est Édith Piaf. L'heure est à la joie dans la famille, car Robert vient de signer les paroles des *Amants merveilleux* dont Piaf fait un succès. Conséquence, les Gall, heureux mais sans grands moyens jusque-là, se retrouvent millionnaires du jour au lendemain. Le bonheur est tel que la petite Isabelle ne peut s'empêcher d'aller annoncer la nouvelle aux gens les plus proches, à savoir les commerçants du quartier ! Ses parents, aimants, ne lui en font pas le reproche. Comment le pourraient-ils d'ailleurs tant cette famille est marquée, dans sa double lignée, par une fibre musicale inspirante ?

Cécile Berthier, mère d'Isabelle, qui tient sa famille d'une fermeté mêlée de tendresse, est la fille du célèbre Paul Berthier, cofondateur au début du siècle dernier des Petits chanteurs à la croix de bois. Il est également l'organiste de la cathédrale d'Auxerre, avant de céder sa place à son frère, l'oncle d'Isabelle. Lui aussi a mis au monde des enfants qui se feront un nom dans le milieu de la musique. Cette famille fantasque mais surtout mélomane évolue, du matin au soir, au son des notes. Tant classiques, via les racines de la génération d'avant, que jazz via la formation de Robert Gall, puis rock, avec les frères d'Isabelle, Patrice et Philippe. Les jumeaux, un an plus âgés qu'elle, sont nés eux aussi musiciens, guitariste l'un, bassiste l'autre. Tout le monde sait jouer d'au moins un instrument chez les Gall. Aussi semble-t-il naturel à Robert de faire découvrir le piano à sa fille dès l'âge de cinq ans puis la guitare à onze ans. Mais la plus évidente des dispositions d'Isabelle n'échappe pas à son père, c'est le chant.

Sylvie, Françoise, Annie et Isabelle

À moins de dix ans, elle se passionne pour le jazz et chante en permanence sur les mélodies des Double Six et des Swingle Singers, deux groupes vocaux qui émergent à l'époque. Ses frères l'amènent aussi vers le rhythm'n'blues avec Ray Charles, entre autres, et son père, vers le jazz vocal encore, avec l'une des interprètes les plus douées de tous les temps. En effet, l'un des exercices favoris d'Isabelle est de s'enfermer dans sa chambre et de s'entraîner sur les airs irrésistibles d'Ella Fitzgerald, ce à quoi elle parvient fort bien, imitant avec une grande facilité la technique vocale du scat propre à la diva.

Le père s'enorgueillit du talent de sa fille et les frères ne tardent pas à proposer à leur sœur de former un groupe avec eux. Elle y serait chanteuse et eux guitaristes. Ils pourraient faire la tournée des plages et des casinos durant l'été. Et pourquoi pas se produire l'hiver en Île-de-France aussi ? Patrice et Philippe ne sont pas bien vieux mais dotés du même caractère fantasque et entreprenant que leur père, tout leur semble possible et on rêve souvent dans cette famille.

Chapitre 2

À toute vitesse

Le 45 tours de Frankie Jordan sort au mois de juin 1961 et marche bien, ce que Sylvie Vartan constate au quotidien. Elle a obtenu, grâce à son frère, pour job d'été, comme l'année précédente, une place de vendeuse chez Sinfonia, célèbre boutique de disques des Champs-Élysées, la plus grande et branchée de Paris à l'époque, et trouve fort amusant de vendre son propre disque sans qu'aucun des acheteurs s'en rende compte. En effet, il n'y a pas de photo sur la pochette rouge du single. Juste le nom de Frankie en très gros caractères et le sien en tout petits, inscrit à la verticale dans le O de « Jordan ». Encore protégée par l'anonymat, la jeune fille propose régulièrement *Panne d'essence* aux touristes américains à la recherche des succès français du moment. Elle ne s'étonne même pas de voir filer vers la caisse dix à vingt exemplaires chaque jour !

Sylvie, Françoise, Annie et Isabelle

Le professeur de chant de Françoise

De son côté, Françoise Hardy n'a pas perdu son temps après sa première audition. Elle a réussi à s'inscrire au « Petit Conservatoire de la chanson » de Mireille. Compositrice et chanteuse, Mireille a créé sa propre école, connue grâce à la radio à partir de 1955. Ce « Petit Conservatoire de la chanson » va devenir l'une des émissions incontournables de la télévision des années 1960 et qu'elle animera jusqu'en 1974. Mireille, aussi piquante et autoritaire que joviale, va former une dizaine de chanteurs célèbres.

Confortée par l'ambiance qui règne au « Petit Conservatoire », Françoise se présente alors à une deuxième audition. Cette fois chez les disques Vogue, qui ont signé Johnny Hallyday. Elle l'apprécie depuis ses débuts mais surtout depuis son concert au Palais des Sports où elle a trouvé qu'il supplantait ses challengers et en particulier Richard Anthony qu'elle aime pourtant beaucoup. Mais cela ne l'empêche pas d'être assez critique à propos des orchestrations des disques d'Hallyday qu'elle considère comme pauvres. Elle en conclut que, chez Vogue, on doit être moins exigeant que chez Pathé-Marconi, ce qui l'encourage à leur téléphoner ! L'ingénieur du son André Bernot lui donne rendez-vous, en lui précisant que la maison cherche un pendant féminin à Johnny. La jeune fille présente un répertoire truffé de « oh oh » et de « yé yé » et se révèle suffisamment accrocheuse pour déclencher le désir d'un directeur artistique qui lui demande de faire un essai sur *24 000 baisers*, un tube d'origine italienne adapté par Johnny. Françoise se retrouve alors avec Aimable, célèbre accordéoniste, et son orchestre : elle en conservera un bon souvenir, compte tenu de la patience dont cet homme a su faire preuve ce jour-là ! En effet Mlle Hardy se révèle rapidement incapable de chanter en mesure. Lassé de devoir faire reprendre les musiciens, le directeur artistique lui conseille vivement de profiter de l'été pour apprendre à placer sa voix avec un pianiste. Échec numéro deux, donc. Du moins le croit-elle...

Le petit caporal !

Profitant de ses derniers et généreux droits d'auteur grâce à Édith Piaf, Robert Gall achète une nouvelle caravane et, cet été-là, la famille part en vacances, direction les plages de l'Ouest, Perros-Guirec et Noirmoutier. Ces départs sont toujours une aventure pleine de gaieté pour cette maisonnée excentrique. Les chats et autres animaux domestiques sont embarqués, même les géraniums de Mme Gall font partie du voyage. Inutile de dire qu'on chante et joue beaucoup durant ces traversées de la France. À l'arrière du véhicule, ça se chamaille gentiment, les garçons imposant sans s'en soucier leur statut d'aînés, mais la petite Babou, comme on l'appelle dans la famille, ne se laisse pas faire et parvient, d'une autorité aussi douce que naturelle, à se faire entendre sans difficultés. D'où le surnom que lui donne rapidement son père : le petit caporal ! Si les jumeaux ont grandi, ils approchent maintenant les 15 ans, pas question d'échapper aux consignes parentales, essentiellement données par leur mère, quant à l'heure des sorties, leur nature et surtout le retour obligatoire à la tombée de la nuit.

Lors de leur séjour vendéen, à Noirmoutier donc, Philippe et Patrice ont vent du prochain concert, à quelques kilomètres de leur camping, d'un rocker anglais qu'ils adorent. Il s'agit de Vince Taylor, le Presley britannique, principal rival de Johnny Hallyday en France, dont ce dernier s'inspire aussi. Pour couronner le tout, un concours de danse sera organisé en fin de soirée. Malgré les recommandations de leur mère, les deux jeunes ne résistent pas et y entraînent Isabelle qui se déchaînera sur à peu près tous les rythmes nouveaux, du rock au twist en passant par le madison. Tant et si bien qu'elle remporte le prix de la meilleure danseuse et se fait flasher par les journalistes locaux. Arrive ce qui devait arriver. À l'époque, tout le monde achète les quotidiens régionaux pour se tenir au courant des informations et des merveilles que proposent ces terres de villégiature estivale.

Stupéfaction pour Robert et Cécile Gall qui découvrent la silhouette triomphante de leur fille, tenant une coupe en main en page titre du journal ! Les trois jeunes se voient privés de sorties pour le restant des vacances et leurs parents redoublent de vigilance. Enfin Cécile surtout, car Robert n'est ni forcément contrarié ni surpris que ses enfants aient été attirés comme des aiguilles par un aimant vers cette manifestation festive et musicale. Bientôt la caravane reprend la route pour la capitale où les jeunes rejoignent leurs classes. Isabelle vient d'entrer un peu plus dans son cocon d'enfant de la balle et, surtout, elle s'inscrit, à mesure que les jours passent, dans ce monde familier de la musique auquel ses frères n'ont cessé de la faire rêver durant ces joyeuses et turbulentes vacances.

Le temps de la rentrée

En cet automne 1961, Mme Hardy reçoit un appel téléphonique étonnant. Un certain André Bernot, l'ingénieur du son, qui, deux mois plus tôt, avait reçu Françoise au siège des disques Vogue, souhaite savoir ce que devient la jeune artiste. A-t-elle travaillé un peu à placer sa voix ? La réponse étant négative, il propose de lui donner quelques cours. Françoise se retrouve dans la loge de concierge qu'il partage avec sa mère, avenue de l'Opéra, principalement meublée d'un piano à queue. Sur une chanson de Presley, elle apprend petit à petit comment attaquer, s'arrêter, redémarrer en mesure.

On peut quand même se demander ce qui pousse ce professionnel de la musique à s'intéresser de si près à cette débutante un peu maladroite. En fait nul doute que Mlle Hardy l'a fortement marqué lors de son audition chez Vogue. Son timbre, son charme et, bien sûr, sa beauté non agressive, qui frappe, évidente. Ce serait dommage de la laisser passer... Lorsque Bernot la sent prête, une nouvelle audition est organisée chez Vogue, avec le premier directeur artistique de la société, Jacques Wolfsohn, celui qui a déniché Hallyday. Cette fois est la bonne et Wolfsohn a sur-le-champ le même coup de foudre pour Françoise ! Lui aussi découvreur de talents, il craint de la retrouver chez l'un de ses concurrents. Elle n'en revient pas et en sort des étoiles plein la tête, s'empressant d'aller annoncer la bonne nouvelle à sa mère qui devra signer, très rapidement, le contrat à sa place, sa fille étant mineure.

Sylvie, Françoise, Annie et Isabelle

Le calme avant la tempête

De son côté, la blonde Sylvie a repris le chemin du lycée Hélène-Boucher. Seules ses deux meilleures amies, Annie Le Cloarec et Luce Dijoux, savent que c'est elle qui susurrait, tout l'été, le refrain de *Panne d'essence*. Mais pour l'heure, c'est terminé. Il faut retrouver son sérieux pour les cours d'anglais et de français, deux matières dans lesquelles la jeune fille excelle. Ce n'est pas évident pourtant, car, à peine huit ans plus tôt, Sylvie, tout comme son grand frère Eddie, ne parlait pas un mot de la langue de Molière. Lorsqu'elle débarque à Paris en décembre 1952, elle ne s'exprime encore qu'en bulgare, pays où elle est née le 15 août 1944. La jeune fille qui donne la réplique à Frankie Jordan est en fait une émigrée d'Europe de l'Est. Ce n'est pas une chose dont elle parle facilement, pas davantage que son frère. Ce dernier, justement, l'informe du succès du disque auquel elle a participé. Et de l'éventualité de continuer, toute seule cette fois. La proposition vient de Daniel Filipacchi, qui ne tarde pas à l'appeler chez ses parents, pour la convaincre.

Sylvie est un peu dubitative. Elle rêve d'être actrice et elle se voit bien, après le bac, intégrer le conservatoire. Mais Daniel balaie ces hésitations par son bon sens et son autorité : on ne passe pas à côté d'une chance pareille. Point barre. Et puis, elle vient de gagner, avec ce duo, autant d'argent que sa mère en plus d'un mois ! Comment peut-on gagner une somme pareille pour avoir travaillé un simple après-midi ? Eddie se voit donner l'ordre par Daniel de persuader sa sœur de signer avec la maison de disques américaine RCA, implantée en France et avec laquelle ce dernier collabore. Il a déjà fait une sélection de quelques titres piochés de l'autre côté de l'Atlantique, notamment *Sad Movies* qui sous la plume de Georges Aber et Lucien Morisse – alors directeur des programmes d'Europe n° 1 – devient *Quand le film est triste*. L'histoire d'une jeune fille qui découvre, dans une salle de cinéma, que son petit ami la trompe avec sa meilleure amie.

Mais le véritable événement qui va bouleverser la vie de Sylvie Vartan, ce n'est pas le premier 45 tours en solo que l'on prépare pour elle, mais sa première télévision. Le 21 novembre 1961, elle vient interpréter *Panne d'essence*, avec Frankie Jordan, dans l'émission « Discorama », l'une des plus célèbres du petit écran d'alors, animée par Denise Glaser. Ce sont des millions de gens qui découvrent Sylvie ce soir-là. Le duo est mis en scène comme il se doit. Le couple est dans une voiture, Frankie se penche avec gourmandise sur le profil de Sylvie qui, sans grande conviction et d'un œil enjôleur, fait tout pour l'éviter. On remarque, d'emblée, la moue boudeuse de cette jeune fille dont le visage répond de manière solaire aux caméras.

Le 12 décembre, elle vit une autre expérience capitale. Avec Frankie, elle est invitée à participer à la première partie du « Musicorama » de Gilbert Bécaud à l'Olympia, spectacle unique retransmis en direct sur Europe n° 1. Le temps d'interpréter leurs deux duos et ils sortent sous les applaudissements. Malgré le trac, quelque chose vient de se passer. Le rideau, les coulisses, les planches, le public... Sylvie réalise qu'elle est un peu en train de le vivre, son rêve de théâtre. Ce premier passage sur scène, un homme l'a remarqué, c'est Bruno Coquatrix, le directeur de l'Olympia qui, tout naturellement, fait partie des principaux découvreurs de talents de l'époque. Sachant que la jeune fille a du matériel tout neuf grâce à son nouveau 45 tours, il lui propose de faire le lever de rideau pour les prochains concerts de l'idole anglaise du rock : Vince Taylor. Trois semaines de représentations entre le 27 décembre 1961 et le 18 janvier 1962. Cette offre va créer des vagues chez les Vartan. Déjà, à la rentrée dernière, lorsque le père de Sylvie, Georges, a dû signer le contrat de sa fille, encore mineure, pour son premier disque solo et les suivants, l'affaire avait divisé la famille. Ilona, sa mère, s'était retrouvée seule contre trois à s'opposer à ce choix. Comme elle ne croyait pas au métier de musicien pour son fils qui aurait dû, après des études de droit, faire Sciences Po, elle ne souhaite pas cela non plus pour sa fille, si douée pour les langues, pour laquelle elle imagine une carrière dans une ambassade. Pour elle, il s'agit d'un métier éphémère. Elle n'a pas tort ! Au spectacle de Bécaud, elle n'avait pu retenir ses larmes tant il lui semblait que sa fille était jetée en pâture à la foule.

Cette fois, c'en est trop pour elle. Trois semaines à l'Olympia dont deux vont empiéter sur la rentrée scolaire : Sylvie ne pourra rattraper un tel retard. Eddie insiste, Georges se rallie à son fils, lui qui n'a jamais pu vivre de ses dons artistiques de compositeur, pianiste et sculpteur cache à peine sa joie de voir ses deux enfants entrer dans un univers qu'il trouve exaltant. Mme Vartan, dotée d'une forte personnalité, ravale ses larmes et cède à condition qu'Eddie surveille sa sœur plus que jamais. Dans sa confusion, elle a oublié qu'il l'accompagnait et dirigeait son orchestre sur scène. Sous le coup de la colère, elle enfile son manteau et part faire un tour dans le quartier.

Un certain Johnny Hallyday

Dès les premières représentations de ce spectacle, un jeune homme déjà connu et fort apprécié vient applaudir Vince Taylor dont il se sent à la fois rival et proche. Il s'agit de Johnny Hallyday. C'est à cette occasion qu'il repère pour la première fois la jeune Sylvie qu'il trouve charmante. Entre deux numéros, depuis les coulisses, il avoue à Eddie, ne sachant pas que celui-ci est le frère de cette nouvelle chanteuse, qu'il « se la ferait bien » ! Évidemment il connaît Eddie qu'il apprécie aussi pour sa patte musicale, sans quoi il ne se serait jamais permis une telle liberté de parole. Eddie, très pince-sans-rire, lui propose de lui présenter sa sœur, dès sa sortie de scène. C'est ainsi qu'un Johnny aussi rougissant que malhabile fait la connaissance de Sylvie. Sans plus. C'est à peine si elle le voit, lui serrant maladroitement la main tant elle est grisée par cette foule qui l'acclame.

Elle est cependant très touchée par l'attention du jeune rocker qui fait déposer le lendemain soir un magnifique bouquet de roses dans sa modeste loge. L'impression qu'il lui a donnée en un instant se confirme. Ce garçon, timide comme elle peut l'être, est un tendre et non pas le personnage de trublion se roulant par terre qu'on lui fait jouer. Mais ce geste, si sympathique soit-il, reste sans suite, car son cœur est pris par un homme nettement plus âgé qu'elle et qu'elle considère comme son idéal masculin. Folie, comme le lui a dit sa mère, Ilona, à laquelle elle s'en est immédiatement confiée.

Il a fait tourner la tête et emballé le cœur de Sylvie quasiment à l'instant où elle l'a aperçu. Cela peut se comprendre, il est élégant, brillant, cultivé et rassurant. Il est surtout séduisant et doté d'une beauté virile. Malgré sa naïveté, elle fait preuve d'une détermination déconcertante. Elle se projette pour la vie, il sera le futur père de ses enfants, elle en est certaine. Sylvie a toujours été entourée d'hommes plus âgés qu'elle et qui l'ont portée, sans parfois le savoir, à la place qui est la sienne aujourd'hui. C'est peut-être pour cette raison qu'elle n'est pas particulièrement attirée par les garçons de son âge qu'elle trouve plutôt puérils. De son côté, l'homme qu'elle aime n'est pas libre mais comme beaucoup ne l'avoue pas. Il succombe rapidement au charme de Sylvie. Sans doute réalise-t-il qu'il fait une « bêtise », mais comment résister à ce minois mêlé d'exotisme, de timidité et d'une grâce lointaine qui ne le quittera jamais ?

Et pour compliquer les choses, dans le flot des nouveautés qui la chamboulent, la vie de la jeune fille commence à prendre une drôle de tournure. Lorsqu'elle fait son retour au lycée Hélène-Boucher, après cette série de concerts, les camarades de Sylvie la regardent à présent avec fascination, comme si elle n'était plus la même fille. Elles vont jusqu'à lui demander des autographes. Et ce n'est pas la seule nouveauté. Maintenant, devant l'établissement, des photographes de presse attendent Mlle Vartan et la mitraillent à tout va. Même si elle peut encore compter sur la complicité de Luce et Annie, Sylvie découvre que sa soudaine notoriété est en train de bouleverser son quotidien.

Vous n'êtes pas prête !

De son côté, alors qu'elle fréquente toujours « Le Petit Conservatoire de la chanson », Françoise Hardy est toute fière d'annoncer à Mireille qu'elle a décroché un contrat avec les disques Vogue ! La réponse de son professeur tombe, directe et cinglante : « Vous n'êtes pas prête ! » Assertion avec laquelle la principale intéressée est parfaitement d'accord. Mais Mireille n'en perd pas pour autant son idée de programmer Mlle Hardy dans sa prochaine émission du 6 février 1962 qui sera donc la première télévision de la jeune femme, alors qu'elle n'a, pour l'heure, pas encore enregistré le moindre disque. Mireille choisit une composition de Françoise elle-même, *La Fille avec toi*, qui figurera quelques mois plus tard sur un de ses disques.

« *Qu'elle était jolie, la fille avec toi...* », susurre l'auteur-compositeur-interprète débutante. Mais elle ne se doute pas un seul instant à quel point elle-même l'est. Et que la caméra tombe, l'air de rien, amoureuse d'elle, exactement comme cela s'est produit quelques mois plus tôt pour Sylvie chez Denise Glaser. Toutes deux accrochent la lumière et se révèlent d'une assez rare photogénie.

Chez Vogue, Jacques Wolfsohn est enchanté. L'artiste qu'il vient de signer fait déjà de la promotion ! Il faut sélectionner des chansons et entrer sans tarder en studio. S'il apprécie les compositions de Françoise, il aimerait aussi une adaptation d'un rock américain. Il compte même tout miser là-dessus ! À ce moment-là, bien sûr, le directeur artistique a conscience que la Johnny au féminin est déjà sortie et qu'elle s'appelle Sylvie. Ce qui le pousse encore plus à s'inscrire dans ce créneau twist et rock d'outre-Atlantique. Il porte son dévolu sur *Uh Oh*, écrite et composée par Bobby Lee Trammell. La chanson devient *Oh ! Oh ! Chéri* sous la plume des adaptateurs de Johnny, Jill et Jan. Seront ajoutés à ce 45 tours le titre *J'suis d'accord*, au tempo également assez enlevé et deux ballades,

Il est parti un jour et *Tous les garçons et les filles*, écrits et composés par Mlle Hardy. La séance d'enregistrement a lieu le 25 avril 1962.

Françoise est tout entière au bonheur de cette session qu'elle attendait avec impatience. Seulement, deux choses l'ont contrariée. Alors qu'elle est auteur-compositeur de ses titres, elle doit partager la signature des mélodies avec un certain Roger Samyn, chef d'orchestre chez Vogue et chargé de la transcription des thèmes qu'elle a elle-même écrits, parce que, ne sachant pas traduire la musique en notes, elle ne peut être membre de la Société des auteurs, compositeurs et éditeurs de musique (Sacem) ! Toutes ses chansons seront cosignées Hardy-Samyn pour la musique, jusqu'à ce que ce statut qui brille par son absurdité et sa malhonnêteté soit modifié en 1963. Résultat, Samyn, qui ne fera pourtant guère carrière, amassera une fortune sur le dos de Françoise, notamment avec *Tous les garçons et les filles*, le plus grand succès de l'artiste à ce jour ! Outre cette double signature qu'on lui impose, les arrangements et orchestrations de ces premiers titres sonnent à son oreille comme peu imaginatifs et sans relief.

La première fois qu'elle entend *Tous les garçons et les filles* sur Europe n° 1, après avoir été présentée par Daniel Filipacchi dans « Salut les copains », Françoise n'en revient pas. La voilà programmée parmi les artistes qu'elle admire ! L'attaché de presse de Vogue décide de lui faire rencontrer les programmateurs de Radio Monte Carlo et de Radio Télé Luxembourg. Elle est enchantée, sauf quand elle découvre que ces radios préfèrent programmer *J'suis d'accord* pour l'été ! La jeune fille tient tête et parvient à leur faire comprendre que *Tous les garçons et les filles* est le titre qu'il faut défendre. C'est à la fin du mois de mai que le 45 tours est mis en vente et entame gentiment sa carrière.

Si Françoise est fière et honorée à l'idée d'être programmée entre Johnny et Sylvie, ce n'est pas pour rien. Elle apprécie déjà le beau rocker blond, qu'elle ne croisera pas chez Vogue puisqu'il vient de quitter cet éditeur pour Philips, et elle aime aussi beaucoup le travail de Sylvie. Elle a perçu la richesse et la qualité des orchestrations et des arrangements produits par son frère Eddie Vartan.

La collégienne du twist

En ce printemps 1962, Sylvie conforte sa position. Depuis son Olympia de janvier, elle a enchaîné les disques et, pour les médias, elle est devenue « la collégienne du twist » ! Son second 45 tours solo, *Est-ce que tu le sais ?*, a très bien marché et toute une génération de filles est en train de la prendre pour modèle, bluffée par son audace lorsqu'elle attaque en début de chanson : « *Regarde un peu ce beau garçon, j'aimerais bien connaître son nom ! Oh oh, est-ce que tu le sais ?* » Son allure, à la fois fraîche et désinvolte, enthousiasme les teenagers mais agace les adultes. Enfin, pas tous et surtout pas dans la profession. Depuis son « Musicorama » du mois de décembre, Gilbert Bécaud ne l'a pas perdue de vue et il lui propose de passer en lever de rideau de sa tournée de printemps, qui aura lieu du 2 mai au 6 juin. Ce sera le premier tour de France de Sylvie, toujours accompagnée par son frère.

En juin aussi va avoir lieu un événement qui s'avère capital pour elle comme pour Françoise, tout autant qu'il le sera pour leurs futures consœurs, les jeunes Annie et Isabelle. Daniel Filipacchi, fort du succès toujours croissant de son émission « Salut les copains » sur Europe n° 1, décide de créer un magazine portant le même nom, qui va devenir la bible de la jeune génération, les adolescents représentant alors trente pour cent de la population française. Il propose à Jean-Marie Périer, son assistant photographe à *Paris Match*, d'être reporter pour le journal. Sa mission, flasher tous les jeunes rockers français, que l'on ne nomme pas encore yéyés. Jean-Marie est un enfant de la balle. Fils adoptif de l'acteur François Périer, il connaît bien le métier et les artistes. Il se glisse dans cet univers comme un poisson dans l'eau.

Pour l'heure, nombre des clichés qui ont illustré les disques et les unes de magazines sont généralement le fruit du talent d'André Nisak ou de Sam Lévin, les photographes de la génération d'avant. Cela a été le cas pour Johnny Hallyday dont toutes les pochettes durant son année chez Vogue sont issues d'une séance chez Nisak. Les premiers clichés promo de Sylvie, puis de Françoise, sont du même photographe. Sam Lévin, lui, s'occupe de ces nouveaux artistes pour leurs premières cartes postales, destinées à être dédicacées. Mais avec le jeune Jean-Marie Périer, tout va changer. Il a le même âge que ses modèles et établit sans effort une complicité avec eux. Et, surtout, il va les faire sortir des studios pour les photographier dans un cadre naturel, en ville, à la campagne et beaucoup à l'étranger pour le plus grand plaisir des jeunes Français avides de connaître des contrées qui leur paraissent encore lointaines.

De retour de sa première tournée, Sylvie découvre le numéro 1 de *Salut les copains* avec Johnny en couverture. Huit pages lui sont consacrées à elle, seule fille à se frayer un chemin parmi les garçons. « Sylvie entre dans le clan », titre l'article, indiquant clairement sa condition d'unique demoiselle du rock. Tiré à 100 000 exemplaires, ce premier numéro, très vite en rupture de stock, se trouve aussitôt réimprimé et épuisé. Daniel a visé juste en prenant très au sérieux ce jeune lectorat qui apprécie son idée de magazine aussi luxueux que *Paris Match*, mêlant photos et articles de fond.

Isabelle à la découverte des coulisses

En classe de quatrième, sans être mauvaise élève, Isabelle se passionne surtout pour le chant et la musique, matières dans lesquelles elle est première. C'est pressée d'écouter son émission favorite « Salut les copains » à la radio qu'elle rentre tous les soirs chez elle. Là, vite un goûter préparé avec amour par sa mère Cécile, un minimum de temps pour les devoirs, et elle rejoint ses frères, parfois ses cousins, pour faire « la chanteuse ». Robert Gall est amusé, pour ne pas dire satisfait, de l'intérêt toujours croissant de ses enfants pour la musique et, comme il a un faible pour sa petite dernière, il n'hésite pas à lui faire rencontrer des artistes dont il est l'auteur.

Celle dont l'adolescente gardera le souvenir le plus étrange et le plus fort est Édith Piaf. Chez elle d'abord, où elle reçoit Robert et Isabelle dans son grand salon du 67, boulevard Lannes, dans le 16e arrondissement. La jeune fille d'à peine plus de 14 ans est surtout frappée par la taille de la pièce meublée uniquement d'un canapé et d'un immense piano à queue ! La voix grave d'Édith lorsqu'elle parle et qu'elle

Sylvie, Françoise, Annie et Isabelle

ne reconnaît pas lui semble si étrange. Mais c'est de ses derniers concerts à l'Olympia où l'artiste chantera quasiment jusqu'à sa mort qu'elle gardera les images et les souvenirs les plus frappants. Derrière la scène surtout, lorsqu'après avoir électrisé la foule, elle déambule comme une somnambule dans les couloirs pour rejoindre sa loge. Elle semble enfermée dans une bulle, n'entendant ni ne voyant plus rien ni personne. Isabelle observe ses mains crispées d'arthrite et de rhumatismes et le peu de cheveux savamment crêpés qui ne parvient pas à dissimuler son crâne. C'est comme si la femme dont la voix avait enflammé la salle s'était rabougrie au point d'avoir vieilli à une vitesse défiant le temps, passé la frontière du rideau. Isabelle est stupéfaite lorsqu'elle apprend que la star est à peine âgée de 46 ans. Son père ne lui dira pas qu'elle chante sous morphine tant les douleurs qu'elle endure sont atroces.

En cette année 1962, Robert Gall, ayant ses entrées un peu partout, propose à sa fille de tourner dans des publicités, autre activité artistique qui pourrait, peut-être, élargir le champ de ses goûts et de ses connaissances. Lors de ces quelques captations, le sourire déjà éblouissant d'Isabelle charme tout le monde.

Un jour, Robert, qui doit se rendre à l'Ancienne Belgique, la salle de music-hall la plus célèbre de Bruxelles, pour rencontrer Charles Aznavour, propose à sa fille de l'emmener avec lui. Elle est ravie bien sûr mais elle rappelle à son père qu'elle a cours le lendemain. Qu'importe, lui répond-il, je te ferai un mot d'excuses ! Comment résister à pareille invitation ? Ainsi Isabelle, à l'instigation de son père, sèche-t-elle une ou deux journées de collège. Elle est ravie d'assister au concert d'un grand de l'époque, mais c'est encore une fois aux coulisses qu'elle trouve le plus de magie. Elle s'y sent bien, au milieu des adultes qui ne cessent de traverser d'interminables et sombres couloirs, débouchant sur la loge de l'artiste.

Jeune producteur cherche jeune chanteuse

C'est au mois de septembre 1962, après un été agité au cours duquel elle a même chanté au casino de Perros-Guirec, que la vie d'Annie Chancel bascule. Si l'accueil du public estival n'a pas toujours été très chaleureux avec ses copains, les Guitares Brothers, Annie répète d'arrache-pied en espérant passer au Golf Drouot, le temple de cette nouvelle génération, situé au 2, rue Drouot, juste au-dessus du café d'Angleterre, à l'angle du boulevard Montmartre qui fait la césure entre le 9e et le 2e arrondissement. Henri Leproux, le patron de ce minigolf où l'on vient aussi boire un coca et écouter du rock, a encouragé la jeune fille à répéter pour pouvoir passer chez lui. Cet endroit est à l'époque l'un des plus branchés de la capitale et surtout celui où il faut se montrer pour devenir une vedette du rock.

Quelques jours plus tard, un auteur-producteur, Claude Carrère, passe voir Leproux, lui demandant s'il ne connaîtrait pas une jeune chanteuse. Hasard des rencontres, Leproux pense aussitôt à Annie et lui indique l'endroit où elle répète avec son groupe, un cinéma désaffecté du 14e arrondissement. Dès le lendemain, le producteur vient les écouter. Annie enchaîne les quelques titres qu'elle affectionne devant un Claude Carrère qui reste froid, mais prévient qu'il reviendra le jour suivant. Ce qu'il fait, cette fois accompagné d'un monsieur un peu plus mûr qui n'est autre que Jacques Plait, directeur artistique chez Philips. Annie et les garçons jouent à nouveau leur répertoire. Du Presley, du Petula Clark. Dans l'ancien cinéma, les deux hommes se concertent avant de demander à la jeune fille d'interpréter une bonne dizaine de titres, sur lesquels ils l'interrompent dès les premières paroles, la transformant ainsi en juke-box. Mais il en faut davantage pour impressionner celle qui accroche chaque jour le chaland, pour vendre un pain au chocolat ou les multiples bonbons qu'elle brandit au-dessus de l'étal. Les deux hommes s'esquivent rapidement. Avant de tourner les talons, Carrère s'adresse à la jeune fille, lui demandant de fixer un rendez-vous avec ses parents. Date est prise pour la semaine suivante, la rencontre aura lieu dans un café restaurant, *Le Fleurus*, boulevard Jourdan, non loin du domicile des Chancel. Annie ne demande pas plus d'explications.

Un photographe et son modèle

C'est également en septembre, alors qu'elle rentre de vacances, que Françoise va faire la connaissance de Jean-Marie Périer. Sa maison de disques, qui vient de lui apprendre qu'elle a passé la barre des 2 000 exemplaires vendus, aimerait qu'elle fasse des photos pour le nouveau mensuel *Salut les copains*. La jeune fille est ahurie en entendant ce chiffre, qui lui semble énorme. Pour Vogue, il est simplement suffisant pour continuer l'aventure. En revanche, l'idée de faire des photos l'angoisse déjà. Lorsque Jean-Marie se présente au domicile de la rue d'Aumale, il est accueilli par

Madeleine Hardy et remarque aussitôt celle pour qui il est là. Françoise se tient derrière sa mère, un peu gauche dans son pull en V trop grand, une jupe droite et des chaussures à talons plats. La maladresse de la jeune fille ne colle pas du tout avec sa beauté. Il ne peut se douter que cela tient à la déconsidération de sa grand-mère maternelle qui n'a cessé, depuis la plus tendre enfance de Françoise, de lui seriner à longueur de week-ends et de vacances, qu'elle passe dans son pavillon d'Aulnay-sous-Bois, qu'elle est laide et sans allure ! Immanquablement, ces litanies ont développé chez la jeune fille de profonds complexes. Elle a fini par se persuader de l'ingratitude de son physique, ce qui sera très difficile à comprendre pour le jeune photographe, mais restera pour elle une cicatrice à vie.

Lors de cette première rencontre, quelques clichés sont rapidement saisis dans la chambre de la jeune chanteuse. Mais Jean-Marie pense que ses premières prises ne rendront pas justice à la beauté naturelle de son modèle. Avant même d'en voir les résultats, il décide d'une nouvelle séance. Celle-ci aura lieu dans les rues de Paris au mois d'octobre. On retrouvera Françoise à Montmartre, sur les bords de Seine ou devant la tour Eiffel.

La promenade parisienne, Jean-Marie s'y est essayé peu de temps avant avec Sylvie Vartan, au bois de Boulogne. Il en résulte une série de photos dont une va servir de pochette au nouveau 45 tours de « la copine des rockers » : *Le Locomotion*. Un titre rapporté des États-Unis par Daniel qui a déjà fait un carton là-bas avec la voix de la très jeune Little Eva. L'effet est le même en France. Très vite, cette nouvelle chanson grimpe dans le hit-parade d'Europe n° 1, un célèbre clip est tourné dans le petit train du Jardin d'acclimatation, par Claude Lelouch, qui n'est pas encore réalisateur de cinéma.

Jolie petite Sheila

C'est le 15 septembre 1962 que M. et Mme Chancel rencontrent Claude Carrère. Il leur explique ce qu'il veut faire de leur fille : une chanteuse populaire, dont il n'imagine pas un seul instant qu'elle ne puisse rencontrer le succès. Ils peuvent lui accorder leur confiance. Le producteur, au physique étrange, avance être auteur de chansons pour Richard Anthony notamment, soit l'une des stars du moment, mais surtout être diplômé d'une école de hautes études commerciales, ce qui fait de lui l'homme de la situation en termes de marketing, un point très important pour l'avenir de leur fille. Il ne leur parle pas en revanche de son expérience avortée de chanteur qui l'a amené à se projeter de l'autre côté du rideau. Bien que circonspects mais dans l'impossibilité de vérifier les dires de ce dénommé Carrère, André et Micheline Chancel, qui ont pourtant les pieds bien ancrés dans la terre et la tête sur les épaules, n'ont guère le cœur à refuser la proposition de ce génie qui semble tout droit sorti de la lampe d'Aladin. Et puis comment résister à l'enthousiasme de leur fille chérie ? Même s'ils préféreraient qu'elle trouve un métier qui la mette à l'abri, ils savent profondément combien elle ne s'intéresse qu'à la chanson, et cela depuis des années.

Dès l'enfance, la jeune Annie a senti une puissante vocation artistique. C'est ainsi qu'elle a longtemps fait de la danse, afin de poursuivre son vœu le plus cher : devenir ballerine ou écuyère ! Sa passion pour la chanson, même si elle est ancrée en elle, est venue plus tard. Convaincant, Carrère tend un contrat à André et Micheline Chancel qu'il leur fait prestement signer. Le fait qu'il soit comme eux d'origine auvergnate a ouvert leur confiance. Pour l'heure, le plus grand talent de cet homme venu d'on ne sait où est de jeter de la poudre aux yeux à d'honnêtes gens qui ignorent tout des métiers du spectacle et encore plus de l'industrie du show-business naissante, dans laquelle sont en train de se glisser des individus avides de réussite et attirés par le gain. Mais de quoi s'agit-il exactement en ce qui concerne la jeune Annie ?

Les Chancel viennent de signer un contrat d'exclusivité au nom de leur fille, avec une société que Carrère s'est empressé de créer un peu plus tôt, prenant soin d'y associer Jacques Plait. En tant que directeur artistique chez Philips, celui-ci assurera ses entrées dans la célèbre firme qui abrite à présent Johnny Hallyday. Ainsi, Annie n'a pas signé avec une maison de disques mais avec la société de Claude Carrère, dont elle sera salariée. Du jamais vu. Le montant de ses cachets sera de 3 % du prix de gros des ventes de ses disques, tous frais de promotion déduits. Évidemment les Chancel n'imaginent même pas ce que cela représente et ils n'ont surtout pas l'aplomb d'un Georges Vartan ou d'une Madeleine Hardy dont les métiers les protégeaient de ce genre de stratagème bien ficelé. Non seulement ce montant est extrêmement bas, mais l'artiste est pieds et poings liés à ce mentor pour dix ans.

Dans la foulée, quatre chansons sont choisies pour le premier disque d'Annie, notamment l'adaptation d'un titre américain, *Sheila,* écrit par Tommy Roe et traduit en français par Claude Carrère. Seconde entourloupe de la collaboration avec son pygmalion, il signera ou cosignera tous les titres de la chanteuse, y compris lorsqu'il n'en aura pas écrit un mot ! Et c'est dans le même mouvement qu'il décide de rebaptiser sa jeune protégée Sheila ! *Sheila* par Sheila, c'est idéal et ça sonne américain. Après tout Johnny Hallyday ne s'appelait-il pas Jean-Philippe Smet, un nom impossible pour un rocker ? Le disque, enregistré en un temps record, doit sortir le 13 novembre. Eh oui, car Carrère est superstitieux et veillera à ce que toutes les dates importantes de la vie de son artiste portent le chiffre 13. La pochette ne présente pas de photo mais un message très court : « Elle s'appelle SHEILA, elle a 16 ans, écoutez-la ! » Première injonction du maître du marketing, qu'il appuie par un texte succinct au verso du disque : « Sheila est en train de vivre un vrai conte de fées. Elle se levait à 4 heures du matin pour vendre des bonbons. En un mois, sa vie a totalement changé. Maintenant elle chante pour vous. »

Jolie petite Sheila, jolie petite Sheila
Ce nom que tu m'as donné
Tout au fond de mon cœur je le garderai
Toujours je te le promets...

Des paroles, lourdes de sens, qui vont s'avérer prophétiques. Carrère s'inclut dans la chanson car c'est bel et bien lui qui donne son nom de scène à la jeune fille. Le gardera-t-elle tout au fond de son cœur ? C'est une autre histoire... Ces mots laissent entendre que Sheila fait serment à son maître de le servir à vie ! Mais il est peu probable qu'elle en ait conscience à l'époque tant les choses se font dans la spontanéité et surtout dans la précipitation. Pas question de réfléchir à la portée de ces textes, Claude Carrère est là pour ça. Le disque fonctionne bien même si la chanson-titre est interprétée par d'autres artistes au même moment, ce qui est courant à l'époque. Mais Claude Carrère a du mal à l'imposer aux radios. La France va découvrir Sheila lors de sa première télé le 3 décembre 1962 dans l'émission « Toute la chanson », vêtue d'un pyjama et se trémoussant dans une chambre d'adolescente ! Ce sont les débuts de la « créature de Carrère » qui, hors caméra, s'agite, lui indiquant le moindre des mouvements qu'elle doit reproduire, sans se soucier une seconde d'ôter tout naturel à la jeune fille. Mais il ronge son frein face aux résultats de ce premier disque. S'il veut concurrencer, voire détrôner, car il ne doute de rien, Sylvie Vartan et Françoise Hardy, il va lui falloir frapper un coup énorme.

Tous mes copains

Après le grand succès du *Locomotion*, Daniel et Eddie décident de faire enregistrer un titre original à Sylvie, soit une création française et non plus une adaptation. Ils en confient la tâche à l'un des jeunes auteurs-compositeurs les plus prometteurs du moment, Jean-Jacques Debout. Très vite, Jean-Jacques, déjà proche d'Eddie, se laisse charmer par sa petite sœur qui, elle, tout à son nouveau répertoire, n'y fait pas vraiment attention. Ainsi naît *Tous mes copains*, une très belle ballade sur un texte sensible et sensuel dans lequel on peut lire, en filigrane, le drame de la guerre d'Algérie, après la signature récente des accords d'Évian.

Sylvie, Françoise, Annie et Isabelle

*Tous mes copains quand je les vois passer,
Tous mes copains sont à moi...*

*L'armée me les emmène par les quatre chemins,
La nuit me les ramène sans attendre demain,
Certains ne viendront plus, certains sont revenus,
Ils vont se marier et je ne les vois plus...*

Le disque sort en décembre, c'est le second tube en trois mois de la fille qui challenge maintenant les garçons. Première victoire qui ne va pas rester sans suite. Mais peu importent ces succès... Sylvie est au trente-sixième dessous. Découvrant que l'homme qu'elle aime n'est pas vraiment libre, c'est la mort dans l'âme qu'elle se résout à une rupture. Le rêve s'effondre et la jeune fille atterrit brusquement sur terre. Cette histoire d'amour à laquelle elle croyait de tout son être était un leurre, un peu comme une chanson. Et soudain le texte de son nouveau succès doit résonner différemment : « *Ils vont se marier et je ne les vois plus...* »

Sylvie continue sa route, professionnelle avant tout, souriant aux photographes. Mais en coulisses, c'est autre chose. Elle n'a plus goût à rien et vit, à 17 ans et demi, intensément ce premier chagrin d'amour...

Le triomphe de Françoise

Alors qu'elle a enregistré deux autres 45 tours depuis *Tous les garçons et les filles*, édité au printemps, Françoise Hardy est invitée à participer à l'émission spéciale consacrée aux résultats du référendum à l'élection au suffrage universel du président de la République. Nous sommes le dimanche 28 octobre 1962. Tous les Français possédant un poste de télévision sont rivés à l'écran de l'unique chaîne de l'époque et n'hésitent pas à inviter famille et voisins. La jeune fille présente sa chanson, parmi les numéros musicaux qui animent la soirée. Ce sera *Tous les garçons et les filles*.

Dès le lendemain, les disquaires sont dévalisés. On réimprime à tour de bras tant et si bien que 500 000 exemplaires sont écoulés en fin d'année. Ce chiffre sera quasiment doublé l'année suivante. Du jamais vu jusqu'alors. À peine connue, Françoise devient la première vendeuse de disques de sa génération, ses chiffres étant comparables à ceux des Américains tel Paul Anka, dont on entend de plus en plus régulièrement les noms. Cette performance vaut à Mlle Hardy de se retrouver en couverture de *Paris Match* dès janvier 1963 et de passer allègrement les frontières.

> *Tous les garçons et les filles de mon âge*
> *Se promènent dans la rue deux par deux*
> *Tous les garçons et les filles de mon âge*
> *Savent bien ce que c'est d'être heureux*
> *Et les yeux dans les yeux et la main dans la main*
> *Ils s'en vont amoureux sans peur du lendemain*
> *Oui mais moi je vais seule, par les rues, l'âme en peine*
> *Oui mais moi, je vais seule, car personne ne m'aime...*

Oncle Dan et les enfants du rock

Mais l'année 1962 n'est pas terminée. Daniel propose à Sylvie d'aller voir Johnny en concert, non loin de sa maison de campagne, au sud-est de Paris. Pourquoi pas, pense-t-elle, il paraît qu'il est formidable et elle n'a encore jamais assisté à l'un de ses spectacles. Elle n'est pas déçue même si elle fait la différence entre le personnage de scène et le garçon plus introverti qu'elle a croisé en début d'année à l'Olympia et lors d'une émission pour « SLC ».

Après le concert, enthousiaste, Filipacchi invite les deux jeunes vedettes chez lui et doit compter sur sa verve naturelle pour empêcher la rencontre d'être sinistre. Johnny et Sylvie, aussi timides et réservés en privé l'un que l'autre, parviennent à peine à échanger quelques mots. Malgré tout, Johnny a un vrai coup de cœur pour Sylvie. Il vantera même le talent de la jeune femme à l'occasion de la sortie de son premier 33 tours en fin d'année dans *Salut les copains*. Mais comment la perçoit-il réellement ? En fait, l'un comme l'autre sont tout autant dans la douleur de la séparation et donc loin d'être prêts à se lancer dans une nouvelle histoire.

Le Temps de l'amour

En revanche, dès leur seconde rencontre, Jean-Marie Périer se rend compte que Françoise ne le laisse pas indifférent. Il est frappé par sa beauté, son charme, sa photogénie, qu'il est le premier à mettre en valeur. Il tombe amoureux à travers son objectif. Les deux jeunes gens ont commencé à bâtir une amitié et Françoise est rapidement fascinée par l'histoire de Jean-Marie. Fils de Jacqueline Porel, une actrice de l'époque dont la grand-mère était Réjane, l'une des plus grandes tragédiennes du début du vingtième siècle. Enfin, son père adoptif n'est autre que François Périer, star du grand écran et du théâtre. En comparaison, son milieu social semble à Françoise bien modeste. Elle vit avec sa mère et sa sœur cadette dans un petit appartement du 9ᵉ arrondissement, alors même que son père, qui n'a jamais reconnu ses deux filles, les a abandonnées dès la naissance de la sœur de Françoise. Courageuse et dotée d'une forte personnalité, Madeleine Hardy a assumé l'éducation de ses deux enfants, sans pouvoir compter sur une pension de leur père, avec son seul salaire de comptable.

Il y a donc un fossé entre la vie qu'a connue Jean-Marie qui habite un magnifique hôtel particulier chez ses parents à Neuilly et Françoise dont il est vraiment en train de tomber amoureux. N'osant se déclarer si tôt auprès de la jeune artiste, il parle de sa situation à son attachée de presse qui se charge de transmettre ses sentiments à l'intéressée. C'est ainsi que, très vite, naît une idylle entre le jeune photographe et la chanteuse. Madeleine Hardy convainc alors sa fille d'acheter un studio rue du Rocher, pour abriter ces amours quelque peu clandestines, comme il se doit à l'époque. Françoise, contrariée de laisser sa mère et sa sœur dans leur petit appartement, les installe peu de temps après tout près de chez elle.

C'est le temps de l'amour, le temps des copains
et de l'aventure
Quand le temps va et vient, on ne pense à rien malgré
ses blessures
Car le temps de l'amour, c'est long et c'est court
Ça dure toujours, on s'en souvient...

Sylvie, Françoise, Annie et Isabelle

Deux amis pour un amour

Chacun de leur côté, les deux numéros 1 du moment sont bien occupés. Johnny repart en tournée et Sylvie entame sa deuxième de l'année, avec l'autre chanteur star du moment, Richard Anthony. Déjà très professionnelle, elle donne tout à son public malgré le chagrin qui continue de la ronger. Lors de la dernière, à Aix-en-Provence, Eddie s'aperçoit que Johnny et Jean-Jacques Debout jouent à quelques kilomètres, et, ne sachant plus quoi faire pour la distraire de sa mélancolie, il emmène sa sœur les rejoindre.

Jean-Jacques, secrètement amoureux de Sylvie, est aux anges. Depuis peu, il sait qu'elle a rompu, il peut enfin tenter sa chance. Johnny privatise pour l'occasion une pizzeria dans un hôtel du célèbre port de Marseille, enchanté de cette rencontre improvisée. La soirée se passe, agréable, et, encore dans l'euphorie de leurs concerts, les jeunes décident d'entamer le début de la nuit dans un club de la Canebière. C'est là que, au grand regret de Jean-Jacques Debout, Johnny s'intéresse de plus en plus à sa consœur et qu'ils vont jusqu'à partager quelques slows. Debout comprend instantanément qu'il a raté son tour. Blessé par la situation – car Johnny sait qu'il craque pour Sylvie –, le jeune homme repart pour Paris, abandonnant la tournée, le cœur en peine. Pour autant il n'y a pas encore d'idylle entre les deux jeunes stars du show-biz naissant.

Chapitre 3

L'école est finie

Si le premier disque de Sheila a connu un succès honorable, il a laissé Claude Carrère sur sa faim. Opiniâtre, l'homme se démène depuis l'automne pour trouver le titre qui doit définitivement lancer sa première artiste et la mettre en tête de ce peloton de filles qui commence à se dessiner et dont, pour le moment, seules Sylvie Vartan et Françoise Hardy se détachent. S'il y a bien une chose qu'on ne peut pas enlever à Carrère, c'est la volonté à toute épreuve qui l'anime. Aucune difficulté ne le fait reculer et, via son associé Jacques Plait, il parvient à rencontrer les principaux éditeurs parisiens, pour trouver le titre qui fera de sa chanteuse la vedette qu'il imagine déjà. Ne dit-on pas qu'il faut croire très fort aux choses pour leur donner la chance d'exister ? Le producteur a une foi inébranlable en cet avenir qui lui tourne dans la tête du matin au soir. Il déniche enfin une mélodie qui lui semble accrocheuse, sur laquelle il écrit le texte de *L'école est finie*. Le tout est prestement emballé, Sheila répète assidûment dans la voiture de Carrère, son mentor qu'elle suit partout, les quatre titres efficaces qui composeront son second 45 tours. Sur la photo de pochette, elle ne porte pas encore ses fameuses couettes, Dieu sait pourtant si Carrère ne cesse de penser au look de sa chanteuse qu'un célèbre coiffeur parisien finira par trouver.

Le disque sort le 13 février 1963 ! On peut lire au dos un petit mot signé Sheila : « Mon premier disque est sorti le 13 novembre. Mon deuxième disque vient de sortir le 13 février. J'ai beaucoup travaillé pendant ces trois mois. Dites-moi si j'ai fait des progrès… » À travers ce simple message, Carrère livre entièrement sa jeune vedette au public qu'il ambitionne de séduire. Pour cela, il lui faut le soutien des radios. Sur Europe n° 1, l'animateur casse le disque à l'antenne, déclarant que cette chanson est une honte. Il n'est pas le premier à agir ainsi. Lucien Morisse, patron de la même station, avait dénigré le premier disque de Johnny trois ans plus tôt ! Il n'est pas exclu que le personnage de Carrère ait déplu davantage que la chanson. Mais les autres stations suivent le manager de Sheila qui les assaille sans relâche et très vite aussi la télévision, pour laquelle seront tournés trois clips sur les quatre chansons du disque. Claude Lelouch réalise celui, particulièrement tonique, de *L'école est finie* : la chanteuse y twiste, lance des livres de classe et se démène sur ce qui devient l'hymne du moment des enfants comme des adolescents.

Donne-moi ta main et prends la mienne
La cloche a sonné, ça signifie,
La rue est à nous, que la joie vienne,
Mais oui, mais oui, l'école est finie…

Une chanson populaire est forcément universelle, et c'est le cas de *L'école est finie*. Le talent de Carrère va, pour la première fois, être récompensé par Sheila qui, en un titre, devient un personnage. Elle incarne une jeune fille gaie, énergique, positive, proche, celle qu'on appellerait aujourd'hui la girl next door. Elle n'effraie personne. Sa proximité la démarque d'emblée de ses deux concurrentes Sylvie et Françoise, déjà stars dans l'âme, et que leur timidité rend plus lointaines.

Le phénomène se déclenche quasi instantanément. Des dizaines de milliers de disques s'arrachent, les ruptures de stock se succèdent et, au point culminant, il s'en vend jusqu'à 45 000 par semaine ! Carrère se frotte les mains mais en éternel insatisfait ne se laisse nullement éblouir par cette déferlante. Au total, ce sont plus de 700 000 45 tours qui rejoignent les foyers français. Non seulement aucun artiste n'a jamais vendu autant d'exemplaires en si peu de temps, mais c'est une prouesse si l'on tient compte du fait qu'à l'époque tous les foyers français sont loin d'être équipés d'un tourne-disques.

Face à l'événement, Sheila reste la fille unique chérie de ses parents et c'est bien ce qui lui permet de garder la tête sur les épaules, tout comme ses consœurs Sylvie et Françoise. Très rapidement, elle reçoit un chèque de dix mille francs. Elle n'y croit pas, le replie dans son enveloppe et regrette d'être trop occupée pour le montrer sur-le-champ à ses parents. Elle devra attendre 3 heures du matin, l'heure où elle rentre chez elle, pour rejoindre le modeste cosy corner dans lequel elle dort dans la salle à manger. Là, elle ne résiste pas à l'idée de réveiller André et Micheline. Les trois membres de la famille Chancel partagent pleurs et joie dans une confusion totale une partie de la nuit.

Malgré tout, si M. et Mme Chancel sont reconnaissants de ce que Claude Carrère a fait pour leur fille, Micheline ne laissera pas passer certaines choses. Sheila racontera plus tard que sa mère n'a pas hésité à entrer en conflit avec son manager lorsqu'il lui a demandé, sur un ton autoritaire, de ne plus appeler sa fille Annie mais Sheila ! Ordre auquel elle a répondu : « Vous êtes gentil mais c'est hors de question ! C'est ma fille, elle s'appelle Annie, et dans cette maison elle ne sera jamais appelée Sheila ! » C'est la première dispute des parents d'Annie avec Carrère. Ils n'appelleront jamais leur fille Sheila, pas davantage que Carrère ne l'appellera Annie, même dans les moments d'intimité[1] !

L'idole des jeunes

Le temps a passé depuis décembre dernier mais Johnny pense toujours à Sylvie. Elle a maintenant de plus en plus de titres qui en ont fait une vedette populaire. Aussi arrive-t-il à convaincre son manager, Johnny Stark, de l'inviter à partager sa tournée de fin février à fin mars 1963. Par chance, elle est libre, elle vient de signer pour l'Olympia où elle doit se produire pour un mois avec Claude François en avril. Alors elle accepte de partager ce marathon de trente-sept dates avec l'idole des jeunes. Tout se passe bien artistiquement entre eux, leurs répertoires s'harmonisent sur scène et le public de Johnny semble adouber la jeune femme. Mais, au bout de quelques jours, Johnny, qui a définitivement craqué sur Sylvie, n'en peut plus. Jamais ils ne peuvent se voir seul à seul. Elle est toujours accompagnée par son frère et son équipe ; quant à lui, entre son manager, son secrétaire particulier et néanmoins ami, Jean-Pierre Pierre-Bloch, et les musiciens, il n'est pas davantage qu'elle libre de ses mouvements. Se retrouver en tête à tête avec elle devient une idée fixe mais, il le comprend bien, impossible au milieu de ce maelström dans lequel, hors scène, ils sont l'un comme l'autre plongés. Pour ne rien arranger, Johnny Stark n'arrête pas de convier la presse régionale à chaque étape de la tournée.

L'idée de n'avoir pas pu même embrasser Sylvie ne serait-ce qu'une fois rend fou le jeune Hallyday ! Alors qu'ils sont à Genève et qu'il ne parvient pas à s'endormir, il appelle Jean-Pierre, s'ouvre à lui de la situation et le convainc d'aller parler au plus vite à Sylvie ! Lui expliquer qu'il n'arrête pas de penser à elle et que, bref ! Qu'il se débrouille, il saura trouver les mots, lui. D'abord hésitant, le secrétaire finit par accepter. Le lendemain matin, Sylvie est surprise de voir débarquer un Jean-Pierre bredouillant dans sa chambre. Elle l'écoute et n'en croit pas ses oreilles. Pourquoi Johnny n'est-il pas venu se déclarer lui-même, cela aurait été plus simple et plus direct surtout ? Sans doute la timidité, pense-t-elle.

Lorsqu'elle descend à la table du petit déjeuner autour de laquelle l'équipe se retrouve tous les matins, son regard pour Johnny est différent, et le jeune homme le perçoit aussitôt. S'il se rongeait les sangs en raison de son idée saugrenue de la veille, il est soulagé de constater que son émissaire a rempli sa mission. Alors que Stark établit le programme de la journée, comme à son habitude, Sylvie et Johnny se mettent à rire sans raison. Puis soudain le rocker entraîne la jeune fille avec lui, laissant Stark et Eddie circonspects. L'idylle vient de naître...

En quatrième vitesse

Les choses sont vraiment en train de changer pour Sylvie. Non seulement parce qu'une romance vient chasser ses idées noires et lui redonner le sourire. Mais aussi parce que Johnny Stark, qui ne voit pas forcément d'un très bon œil cette union, songe à intégrer Sylvie dans son écurie, histoire de mieux contrôler la situation.

Le manager sait qu'elle a vendu beaucoup de disques et qu'elle est très demandée sur scène. Mais qui a-t-elle pour agent ? Elle est constamment sollicitée par les médias, presse, radios, télé. Eddie est bien placé pour le savoir. C'est lui qui gère tout cela depuis les débuts de sa sœur. Et, si la partie artistique le passionne, cet aspect des choses l'agace et le rend de plus en plus anxieux, il sent bien qu'il a atteint ses limites dans ce domaine. Stark lui propose de s'en occuper, Eddie en parle à la principale intéressée et tous deux acceptent, étant donné le talent et la maîtrise du manager de Johnny. Il vient de l'ancienne génération mais, depuis qu'il a pris le jeune chanteur sous son aile, il mène sa carrière comme le colonel Parker celle d'Elvis outre-Atlantique. Parcours sans faute. L'affaire est rapidement conclue. Johnny Stark sera désormais l'imprésario de Sylvie et Eddie éprouve un grand soulagement à s'occuper uniquement de musique.

Premiers essais pour Isabelle

En cette année 1963 explosive pour Sylvie, Françoise et Sheila, Isabelle, à 15 ans, poursuit ses cours en classe de troisième et chante plus que jamais ses airs favoris, dont la liste, via son père, ses frères et ses cousins, ne cesse de s'étoffer. Chose incroyable, la famille Gall habite avenue du Général-Michel-Bizot, à quelques mètres du domicile de la famille Vartan. Les frères d'Isabelle connaissent Eddie Vartan et il est déjà arrivé à Isabelle de croiser Sylvie, dont elle fredonne parfois les chansons, mais sans oser l'aborder. Car, sous ses airs très volontaires, elle est aussi timide que la reine des hit-parades.

Robert profite des vacances de Pâques pour faire des essais en studio. Bien sûr, il connaît sa voix, mais il sait aussi qu'elle doit apprendre à la placer et à se caler sur les musiciens.

Isabelle est enthousiaste et surtout peu étonnée de la proposition de son père dont elle connaît les fantaisies, au point qu'il la réveille parfois en pleine nuit pour l'emmener faire un tour dans Paris à moto, à la découverte des plus beaux monuments illuminés ! Elle choisit quatre morceaux qui indiquent déjà la maturité de ses goûts. *Donne tes seize ans* d'Aznavour, *Il a le truc* des Gam's, *Parce que tu le sais* des Chaussettes noires et enfin un classique du jazz, *Take Five* de Dave Brubeck. C'est dans une euphorie mêlée de naïveté qu'elle se prête à l'exercice qui ne l'impressionne pas puisqu'elle passe le plus clair de son temps à chanter. Elle ne pense surtout pas à ce qui pourrait advenir si un producteur et une maison de disques s'intéressaient à elle, encore moins à la projection que fait son père, lui qui rêvait d'être chanteur et a échoué dans cette voie.

Satisfait du résultat, Robert Gall en parle à son ami Denis Bourgeois, directeur artistique chez Philips. Intrigué, Bourgeois lui dit : Pourquoi pas ! Reste à prévoir la date d'une future audition. Pour l'heure il est temps de rejoindre la route du collège.

De l'Ancienne Belgique à *Château en Suède*

Françoise, qui continue d'être la chanteuse de *Tous les garçons et les filles*, dont les ventes ne cessent de s'accroître, parsème son jeune répertoire de compositions poétiques qui, dans une moindre mesure que son premier titre, rencontrent le succès. Son personnage plaît, au-delà de la population des adolescents. Elle impose le respect pour être le premier auteur-compositeur de sa génération. Elle propose de nouvelles pépites, comme *Le Temps de l'amour* et *Le Premier Bonheur du jour*, qui accrochent auprès d'un public s'élargissant aux jeunes adultes. Son premier album, sorti fin 1962 et récompensé par le prix de l'académie Charles Cros, s'est vendu à 100 000 exemplaires. Un chiffre rare à cette époque pour ce format dit 33 tours, très peu acheté par les adolescents. Son image atteint également la cible adulte grâce à *Paris Match*, qui lui consacre une couverture le 5 janvier après l'immense succès de sa première chanson. Une autre suivra fin mars, alors qu'elle vient de participer au concours de l'Eurovision, depuis Londres, représentant les couleurs de Monaco avec le titre *L'amour s'en va*, pour lequel elle se classe cinquième.

Ses premières scènes datent du début d'année, à l'Ancienne Belgique, à Bruxelles. À l'époque, Bruno Coquatrix codirigeait ce grand music-hall belge où Françoise est bien accueillie, du 12 au 17 janvier 1963.

Simple et assurée, Françoise nous apparut dans une ravissante robe noire aux manches longues et détailla ses chansons avec une splendide grâce souriante. Françoise Hardy est un tel phénomène de popularité que la Haute Direction de la maison de disques s'était déplacée pour l'accompagner à Bruxelles. Vogue mit d'ailleurs un point d'honneur à recevoir dignement celle dont le succès dépasse celui des vedettes même consacrées et organisa, au Scotch Club... une réunion où se retrouvèrent tous ceux qui, de la presse écrite, radiophonique ou télévisée, suivent de près l'actualité musicale... Françoise y fut une reine qui prouva à tous que le succès ne fait pas toujours tourner la tête, elle reçut tout le monde avec une très grande gentillesse et se prêta avec une sincère bonne volonté aux interviews qu'on lui proposa[2].

Peu de temps après, elle est approchée par Roger Vadim pour un rôle dans l'adaptation au cinéma d'une pièce de théâtre de Françoise Sagan, *Château en Suède*. Ce n'est pas un premier rôle, mais une prestigieuse affiche l'entoure puisqu'elle réunit Jean-Claude Brialy, Suzanne Flon, Curd Jürgens, Jean-Louis Trintignant et Monica Vitti. Cette proposition, arrivée comme un cadeau et élargissant la visibilité de Françoise, ne lui laisse pourtant pas un souvenir impérissable. « Au cinéma, on passe son temps à attendre, on s'ennuie énormément entre deux scènes ! » se souvient-elle dans ses mémoires. Elle s'aperçoit qu'en dehors de l'écriture et de la composition les choses lui paraissent rapidement monotones. Bien vite, elle se consacre à de nouveaux titres, mais, son succès passant les frontières, elle chante de plus en plus régulièrement sur scène en France comme en Allemagne ou en Italie, pays dans lesquels elle est très bien accueillie. Elle ne se doute pas encore que son image au cinéma va plaire. Et pour cause, elle absorbe totalement la caméra.

Ce qui est aussi le cas à la télévision où la jeune femme est fréquemment invitée, notamment par l'incontournable Denise Glaser, le 21 avril 1963.

L'animatrice, très sûre d'elle-même, lance à la jeune chanteuse : « Françoise Hardy, cette mélancolie dans vos yeux et dans vos chansons, c'est sans doute l'expression de votre âge, de votre tempérament. Est-ce que vous pensez que c'est aussi l'expression chantée d'une époque ou tout au moins d'une génération ? »

À cette interminable question, la jeune fille répond sans ciller : « Je pense que les gens de ma génération ont, d'ailleurs à toutes les époques, des moments de cafard et des moments de joie. On aime les retrouver dans des chansons ou des poèmes. »

D'où viens-tu Johnny ?

> *J'écoute en soupirant la pluie qui ruisselle,*
> *Frappant doucement sur les carreaux,*
> *Comme les milliers de larmes qui me rappellent,*
> *Que je suis seule en l'attendant...*

Dès la fin de la tournée qu'elle vient de partager avec Johnny, Sylvie est à l'Olympia avec Claude François où elle chante cette fois en vedette, et Johnny doit enchaîner en mai sur le tournage d'un film, *D'où viens-tu Johnny ?*, calibré comme le sont ceux d'Elvis Presley. La mort dans l'âme, il va jouer ce rôle mais en demandant avec insistance au réalisateur, Noël Howard, que Sylvie participe également au long métrage. Il ne se sent pas capable d'être séparé d'elle durant six semaines. L'homme accepte et crée le personnage de la petite amie du héros dans le scénario. Après quatre semaines passées à l'Olympia, Sylvie pense qu'elle aura tout le temps de se reposer, entre les quelques scènes auxquelles elle doit participer. Si le séjour en Camargue, lieu principal du tournage, est très agréable, la jeune fille est rapidement rattrapée par son métier. Interviews, clips et séances photo se succèdent au point de la rendre à peine disponible pour son rôle si modeste soit-il ! Alors qu'elle surfe sur un nouveau succès, *En écoutant la pluie,* il faut déjà songer aux chansons de l'été pour un nouveau 33 tours, son second, qui doit paraître en juillet. Malgré tout, Sylvie est heureuse, elle va fêter les 20 ans de Johnny le 15 juin. Un premier anniversaire ensemble, sous le ciel et sur les plages de Camargue.

Mais c'est sans compter sur Johnny Stark qui voit là l'occasion de présenter le nouveau couple. Déjà, lors de la tournée, alors que personne n'était censé être au courant du rapprochement sentimental de Sylvie et Johnny, des bruits avaient fuité et la presse à scandale avait commencé à s'en faire l'écho. Le soir des 20 ans de Johnny, les deux jeunes gens, qui s'emploient encore à rester discrets sur leur relation, sont tout de même surpris par la nuée de photographes et de journalistes qui se mêle à l'équipe du tournage naturellement invitée. Stark feint de s'en étonner lui-même et ce premier anniversaire passé ensemble tourne en une foire dont Johnny comme Sylvie se seraient bien passés. Tout est voyant, à commencer par le cadeau, un étalon camarguais !

Les jours qui suivent, via la presse, vont permettre au public de s'inviter à la fête. On parle de plus en plus de Sylvie et Johnny comme d'un couple alors qu'ils en sont au tout début d'une histoire d'amour qu'ils ne souhaitent, évidemment, pas partager publiquement. Métier oblige, les rassure leur entourage. Mais pas le temps de s'appesantir, le tourbillon continue pour l'un comme pour l'autre.

22 juin 1963, la naissance des yéyés

Le magazine *Salut les copains*, devenu l'un des titres de presse les plus vendus de l'Hexagone, va fêter ses un an. L'idée d'organiser un événement à cette occasion traverse la tête de Daniel Filipacchi. Pourquoi pas un concert en plein air, auquel participeraient quelques-uns des jeunes artistes en vue, et se greffer à la date du départ du Tour de France, véritable institution, lequel a lieu le 22 juin ? Tout se prépare dans la précipitation. Les participants au spectacle sont vite choisis. Il y aura Danyel Gérard, Frank Alamo, Les Gam's, Les Chats Sauvages, Richard Anthony, Sylvie Vartan et Johnny Hallyday.

Daniel, qui a pourtant les pieds sur terre, s'attend à ce que la soirée réunisse au maximum 15 000 personnes, ce qui, à l'époque, représente déjà un gros rassemblement. Pour seule publicité, il lance un message aux auditeurs de « Salut les copains » sur Europe n° 1 : « Venez nombreux, samedi soir à 9 heures, place de la Nation. Il y aura Johnny, Sylvie et Richard. Ce sera formidable. » Ce concert va devenir la première grande manifestation à laquelle les adolescents du baby-boom vont participer. La majorité du public est âgée de 15 à 20 ans. Jamais, dans ses rêves les plus fous, Filipacchi n'aurait imaginé que ce spectacle prendrait une telle envergure.

En début de soirée, un avion affrété par Europe n° 1 est venu chercher Johnny et Sylvie à l'aéroport de Nîmes. Ils sont eux-mêmes au courant depuis peu, mais guère inquiets car, passant leur vie sur scène, ils sont toujours prêts. Dès leur arrivée à l'aéroport d'Orly, ils sont emmenés vers le lieu du spectacle par un Eddie plus tendu que jamais. Il vient d'entendre à la radio que, si 3 000 personnes à peine étaient présentes à 18 heures sur les lieux, elles affluaient maintenant par grappes de dizaines de milliers, de toutes les stations de métro. Les sièges disposés au bord de la scène ont même été retirés pour libérer de l'espace.

Au moment où Sylvie et Johnny parcourent le chemin qui doit les mener sur les lieux, ils sont au moins 150 000 sur la place de la Nation à applaudir et scander les noms des artistes qui ouvrent les festivités. On ne peut plus accéder aux lieux par les rues adjacentes, il faut emmener les deux stars au commissariat de l'avenue Daumesnil où elles enfileront leurs tenues de scène et d'où elles repartiront en car de police pour rejoindre le podium ! Johnny commence par se révolter, puis se mure aussi rapidement que Sylvie, se préparant à affronter cette marée humaine qui, via les indications de la radio, ne cesse d'augmenter, pour atteindre bientôt les 200 000 personnes.

Malgré leur jeunesse, ils connaissent la scène et, en professionnels, ils savent que ce concert sera totalement inédit pour eux. Dans le panier à salade, les policiers sont on ne peut plus bienveillants et vont jusqu'à tapisser le sol de couvertures, afin que Johnny et Sylvie puissent s'allonger sans salir leurs costumes de scène, car il est hors de question que la foule puisse les apercevoir avant que le fourgon ait atteint le pied du podium. Sylvie porte une robe bleu marine à pois blancs confectionnée par les ateliers Réal, Johnny un smoking marine également. Mais inutile de dire que les deux artistes ont autre chose à penser qu'à leurs tenues. Depuis un moment déjà ils sont retranchés en eux-mêmes, s'isolant du vacarme extérieur. Le véhicule, au pas, traverse la foule avec difficulté. On perçoit le bruit assourdissant de cette masse insensée qui arrive à couvrir la sono malheureusement insuffisante. Le fourgon est à présent en bas de la scène, les portes s'ouvrent et plusieurs policiers permettent à Sylvie et Johnny de rejoindre la loge au pied de l'escalier. Ils ne reconnaissent pas la voix de Richard Anthony qui termine son tour de chant. Mais, le voyant descendre l'escalier, tel un boxeur KO, Sylvie réalise que son tour est venu.

Johnny l'encourage en lui hurlant à l'oreille : « Tu vas faire un malheur ! » Sur scène, elle se laisse porter par le rythme de sa première chanson, sans distinguer quoi que ce soit dans cette foule. On dirait des têtes d'épingles. Elle passe au second titre. Non loin du podium, Stark, Eddie et les proches sont rassurés, si elle a réussi à passer le cap de la première chanson, elle ira jusqu'au bout. Comme le chantera Johnny, à peine plus tard, cette fille-là mon vieux, *Elle est terrible*. Sylvie termine son tour de chant, redescend mais ne reviendra sur terre qu'une fois celui de Johnny passé. Jusque-là, elle déroule dans sa tête les titres que son compagnon interprète sur scène.

La soirée du 22 juin 1963 va évidemment faire couler beaucoup d'encre. On parle de « nuit des voyous » au cours de laquelle auraient eu lieu un nombre incroyable de saccages. Tout cela est faux et résulte du fait que la nuit de la Nation est la première manifestation d'une telle envergure. Tout le monde en est débordé. Six ans avant Woodstock, c'est en France, à Paris, qu'est né le plus grand concert de rock. Ce 22 juin restera la date de la consécration de la jeunesse, qui se sent un peu à l'étroit dans la France gaullienne de l'époque. Cette jeunesse vient de décrocher, à coups d'applaudissements et d'exaltation, son nouveau statut, celui de l'adolescence. Cette frange d'années où l'on a beau avoir quitté l'enfance, on n'en n'est pas pour autant adulte. Le sociologue Edgar Morin, frappé par les « yé-yé » dont ces jeunes chanteurs ponctuent leurs refrains, donne son nom à cette nouvelle vague d'artistes à peine plus âgés que le public venu les applaudir. De son côté, s'il est satisfait du retentissement de la soirée, Daniel Filipacchi ne mâche pas ses mots lorsqu'on lui demande de se prononcer.

> Il y a des gens pour lesquels le fait de pouvoir réunir deux cent mille jeunes gens, sur une place publique, sur les seuls noms de vedettes de music-hall, constitue une véritable injure à la morale. C'est absurde : pour la première fois depuis des années, la France a une jeunesse jeune, c'est-à-dire qui ne s'embarrasse pas de toutes sortes de considérations métaphysico-politiques et qui n'aspire qu'à une chose : s'amuser sans arrière-pensée. Il est bien évident qu'il y a là de quoi exciter la jalousie ; car aucun politicien, aucun organisateur de rencontres sportives, bref, aucune organisation qui, d'ordinaire, déplace les foules, ne peut espérer approcher le succès de Johnny ou de Sylvie. Moi, je trouve que c'est un signe plutôt rassurant... Peu importe, d'ailleurs, que l'on soit ou non de mon avis : c'est un fait, et nous n'y pouvons, pour l'instant, rien changer[3].

Pendant les vacances

Comme il se doit, la période des vacances est, pour les artistes, synonyme d'intenses moments de travail. Alors que Sylvie et Françoise enchaînent tournées et galas, Sheila planche sur ses nouvelles chansons. Seule la jeune

Sylvie, Françoise, Annie et Isabelle

Isabelle a encore le temps de prendre la route pour une période de villégiature en Bretagne et en famille. Alors que les Gall sont à peine arrivés, Denis Bourgeois appelle Robert pour lui apprendre que l'audition de sa fille aura lieu le 11 juillet au Théâtre des Champs-Élysées. Il a, du reste, convoqué pour l'occasion des musiciens chevronnés, notamment Alain Goraguer, le pianiste et arrangeur de Boris Vian, Serge Gainsbourg et Jean Ferrat. Robert et Isabelle prennent le train pour Paris, même si la jeune adolescente est contrariée de devoir interrompre si rapidement ses vacances. La session se passe bien. La justesse de la voix et le sens du swing de la débutante ne laissent pas de marbre cette assemblée de professionnels aguerris qui lui donne rendez-vous à la rentrée. Isabelle et Robert rejoignent leur famille en Bretagne. Si la jeune fille retrouve ses jeux avec frères et copains, Robert réfléchit de plus en plus à ce que pourrait contenir le premier 45 tours d'Isabelle, très heureuse à l'idée d'enregistrer, la rentrée s'annonçant un peu triste : elle va redoubler sa troisième.

Du côté de Claude Carrère, même si le tube de Sheila reste en tête des hit-parades, il profite de la période estivale et frappe fort en adaptant deux succès américains. Il y a d'abord le titre qui deviendra en français *Pendant les vacances* :

Demain je pars tout l'été
Il va falloir nous séparer
Pendant les vacances
Essaie de ne pas m'oublier...
Deux mois c'est si long
Tu es un garçon

*D'autres filles te plairont
Tu vas t'amuser sans moi
Et ton amour pourrait changer...*

Et *Première surprise-partie* naît dans la foulée :

*Ce soir pour la première fois
Mes parents m'ont enfin permis
D'inviter des amis chez moi
C'est ma première surprise-partie...*

On ne peut être plus près des préoccupations des adolescents pour donner une suite à la chanson qui a révélé son artiste en début d'année. Les deux titres tournent en boucle sur toutes les radios durant l'été, tandis que les émissions télé se multiplient. À quoi s'ajoute la première une de la jeune femme pour *Paris Match* en plein mois d'août, qui consacre à son tour le phénomène, montrant l'idole naissante chez ses parents, puisqu'elle vit encore avec eux. Et surtout, le look de Sheila, les fameuses couettes, a enfin été trouvé. Cette coiffure va marquer, alors que la jeune fille y restera fidèle à peine plus d'un an. C'est à travers cette image qu'elle est définitivement identifiée, celle que le public gardera en mémoire.

Carrère, incorrigible, va clamer partout que la trouvaille est de lui, bien que ce soit celle d'un certain Michel Mastey, dont le salon se situe avenue Kleber, dans le 16e arrondissement de Paris. Et on ne change pas une méthode qui gagne, le producteur continue de faire communiquer Sheila avec ses admirateurs, au dos du disque, le troisième donc, qui paraît à l'été 1963 : « Vous avez fait de moi ce que j'avais toujours rêvé d'être et je ne l'oublierai jamais.

Mon deuxième disque, L'ÉCOLE EST FINIE, marche tellement bien qu'il avait été décidé de ne sortir le troisième qu'en septembre.

Mais vous m'avez tous écrit en me demandant un disque pour les vacances.

Alors voilà, j'ai fait celui-là spécialement pour vous, pour que, pendant les vacances, on soit encore ensemble. »

Les idoles des jeunes

Après le succès du spectacle « Les idoles des jeunes » qui a mis pour la première fois Sylvie en vedette et s'est joué à guichets fermés tout au long du mois d'avril à l'Olympia, c'est quasiment la même affiche qui prend la route pour une tournée marathon de soixante dates à travers la France au cœur de l'été. Les Gam's en lever de rideau, Jean-Jacques Debout, Claude François puis enfin Sylvie. Eddie, toujours à la tête de l'orchestre de sa sœur, embarque cette dernière au volant de la Buick flambant neuve qu'elle vient d'acheter.

La tournée de Sylvie et Claude François est l'une des plus en vue de l'été 1963. Mais dans les coulisses règne une certaine tension. Le jeune chanteur, âgé de quelques années de plus que Sylvie, surfe sur la vague de son premier succès *Belles, belles, belles*, qu'il a attendu quelque temps, et vit très mal de ne pas être la vedette du spectacle. Sylvie a maintenant deux ans d'activité et une série de tubes qui lui valent cette place, due d'ailleurs à la décision de Bruno Coquatrix, qui a produit le spectacle au printemps. Aussi puéril qu'autocentré, Claude lance ses équipes, la nuit qui précède l'arrivée dans une ville, pour qu'elles recouvrent les affiches de Sylvie par les siennes ! Comme si elle ne faisait pas partie du concert. Lorsqu'ils découvrent le stratagème, Eddie et Sylvie en sont abasourdis. En outre, Claude, submergé par une jalousie et un machisme maladifs, ne se montre guère aimable avec sa partenaire. Mais, prenant conscience de leur succès commun, il tente de se faire pardonner et offre à la chanteuse, pour ses 19 ans, le 15 août, un cocker, qu'elle appellera Molière.

Durant cette première tournée d'été, Sylvie découvre aussi les débordements de la foule et l'insuffisance du service d'ordre. On doit chaque soir faire appel aux gendarmes des communes dans lesquelles ils se produisent. Apprenant cela, Johnny, qui vient la rejoindre le 16 août pour fêter son anniversaire, arrive accompagné de l'un de ses meilleurs amis, Carlos, étudiant en kinésithérapie, qu'il intronise garde du corps de Sylvie ! Toujours prêt à s'amuser, ce dernier n'hésite pas à se lancer dans une aventure dont il ne mesure pas encore l'aboutissement. Garçon intelligent, plein d'humour et cultivé, il s'entend aussitôt avec Sylvie et Eddie. Très rapidement, il réalise que le rôle de protecteur, qu'il vient d'accepter avec légèreté, va s'avérer plus que nécessaire.

Votre carrière est terminée mademoiselle Vartan !

Le 20 août 1963, la tournée passe par le théâtre de verdure du Cannet. Le lieu est plein à craquer et le public, comme toujours, surchauffé. Les Gam's commencent, mais la sono semble ne pas fonctionner comme les soirs précédents. Le spectacle continue, Claude François a des difficultés à se faire entendre. Quand Sylvie entame son tour de chant, la sono a sauté, le public n'entend plus rien et une véritable rixe se déclenche tant à l'extérieur que dans les coulisses. Sylvie, affolée, qui vient de se tourner vers son frère et Carlos, s'aperçoit qu'ils sont en pleine bagarre avec d'autres garçons dans la régie. Elle sort de scène. Dehors, c'est un désordre indescriptible qui ne laisse bientôt place qu'à des fauteuils détruits.

Au matin du 21 août, Sylvie est taxée de fauteuse de troubles et de menace pour la sécurité publique par le maire du Cannet dans les journaux locaux qui se font, bien entendu, l'écho de cet incident. L'affaire va plus loin et le maire invite Sylvie à venir s'expliquer sur une antenne régionale de la télévision. Alors qu'il vient de lui dire que sa carrière était terminée, elle lui répond, le menaçant du doigt : « Rendez-vous dans cinq ans, on verra où vous en serez et moi aussi ! » Un arrêté préfectoral est pris, Sylvie se voit interdite de monter sur scène lors des prochaines dates et l'affaire prend un tournant national. Bref, une situation surréaliste à laquelle Johnny Stark, accompagné de son avocat, va trouver une solution express. On se rend compte rapidement que l'organisateur local du spectacle n'avait rien trouvé de mieux que de diviser la sono en deux pour assurer une autre manifestation à peine plus loin ! Dès le lendemain Sylvie reprend ses galas à Saint-Raphaël.

Quand Isabelle devient France

Tandis qu'Isabelle rejoint le collège sans grand enthousiasme dès le mois de septembre, Robert fait le tour des grands éditeurs parisiens à la recherche des quatre premières chansons qu'interprétera sa fille. Le choix est rapidement arrêté. Le titre phare, pour s'inscrire dans la vague du moment, s'inspire d'un tube américain, adapté par Pierre Delanoë, *Stand a Little Closer*, traduit en *Ne sois pas si bête*, qui met en avant la voix de tête d'Isabelle. Les paroles s'adressent très directement aux garçons. Le disque comprend une seconde adaptation puis une ballade d'après l'Adagio d'Albinoni, pour finir sur un morceau jazz, *Pense à moi*, qui donne à la chanteuse débutante l'occasion d'exploiter ses dons pour ce style de musique. Comme Isabelle n'a même pas seize ans alors que la majorité est à vingt et un, c'est Robert Gall qui signe pour elle avec la maison Philips. Pour des raisons juridiques, le disque sortira le jour de ses 16 ans, le 9 octobre 1963, date à laquelle elle peut être émancipée.

Se pose aussi la question du prénom de la chanteuse. Isabelle, c'est impossible, car Isabelle Aubret est en train de rencontrer le succès, accru par sa victoire au concours de l'Eurovision l'année précédente. Le choix se fait entre hommes. Pourquoi pas France ? L'écho à d'homériques matchs de rugby les amuse ! Plus tard, Isabelle devenue France dira que ce nouveau prénom, plus tendre, lui correspondait beaucoup mieux. Mais sur le moment, elle vit ce changement comme une dépossession même si elle en comprend les raisons. Elle se sent un peu dans un entre-deux. Un pas vers le dédoublement de personnalité qu'elle ne perçoit pas encore. De toute façon, ce sont les adultes qui décident. Entre Robert Gall et Denis Bourgeois, c'est l'accord parfait, ils travaillent d'ailleurs ensemble au plan de sortie de ce premier disque. Ainsi peut-on voir au dos de la pochette un texte de présentation de « la petite », comme

Sylvie, Françoise, Annie et Isabelle

l'a fait Claude Carrère un an plus tôt pour Sheila : « France Gall a 16 ans. Elle aime le jazz, les slows un peu tristes, le rythme des twisters américains, Charles Aznavour et Claude Nougaro. Elle chante depuis toujours pour son plaisir (en s'accompagnant au piano et à la guitare) et depuis un an, pour préparer son premier disque. Avec Robert Gall et Jacques Datin, elle a écrit (un peu) et répété (beaucoup) *J'entends cette musique* et *Pense à moi*, et pour faire danser ses amis (elle ne dit pas copains !) elle a choisi *Ça va je t'aime* et *Ne sois pas si bête*... Il reste le plus important : il faut que cela vous plaise au moins un peu, peut-être beaucoup, si possible passionnément... »

Ne sois pas si bête, bête, bête,
Serre-moi plus fort et plus fort encore,
Ne t'en fais pas, ne crains rien de moi,
Car tu es encore une petite fille pour moi...

Dès sa sortie, le disque de France est bien reçu, notamment par Daniel Filipacchi qui élit la chanson comme titre chouchou de la semaine dans sa célèbre émission, tel qu'il l'avait fait pour Sylvie et Françoise. Durant les premières semaines de diffusion, France ou plutôt Isabelle au civil est retournée suivre ses cours de troisième au collège Paul-Valéry. Mais sa chanson décolle rapidement – le disque est calibré pour animer les surprises-parties – et elle est très vite contactée pour de premières interviews. Tout d'abord par Philippe Bouvard, alors présentateur sur RTL d'une émission en public. Les invités sont habitués à rire davantage des questions de l'animateur, déjà installé dans son rôle de trublion, qu'aux réponses des invités. À France, il assène : « Vous commencez à un âge où les autres vont encore à la maternelle. Quand vous aurez 40 ans, vous prendrez votre retraite à Ris-Orangis ? » La salle, qui, en grande majorité, ne sait pas plus qu'elle de quoi parle Bouvard, éclate de rire, bon enfant, suivant le principe de l'émission. France répond à peu près n'importe quoi, car elle ne sait évidemment pas que Ris-Orangis, petite ville de l'Essonne, au sud de Paris, abrite une maison de retraite pour les artistes. Première interview, premier mauvais souvenir, et bien d'autres vont creuser le même sillon. Sauf celles de Daniel Filipacchi qui prend France sous son aile, considérant qu'elle aussi incarne parfaitement cette nouvelle génération qu'il a contribué à lancer.

Alors qu'elle vient de fêter ses 16 ans, un journaliste lui demande comment elle voit sa carrière évoluer. N'en ayant pas la moindre idée, elle lui répond : « Dans cinq ans, j'arrête. » Son directeur artistique, Denis Bourgeois, qui l'accompagne, la prend à part, la traite de folle et lui envoie une gifle magistrale. Sans doute la première qu'elle ait jamais reçue de sa vie. Ravalant ses larmes, elle porte, à partir de là, un regard méfiant sur ce monde d'adultes qui ne comprennent décidément rien à ce qu'éprouvent les jeunes. Ce jour-là, elle l'ignore bien sûr, mais elle vient de donner une réponse presque prophétique à cet homme de presse. 1968 sera en effet une année virage pour elle.

Françoise à l'Olympia

Le premier bonheur du jour
C'est un ruban de soleil
Qui s'enroule sur ta main
Et caresse mon épaule...

Sylvie, Françoise, Annie et Isabelle

À l'automne 1963, Françoise se produit pour la première fois sur la scène de l'Olympia du 7 novembre au 12 décembre, pour un spectacle qu'elle partage avec Richard Anthony, après un « Musicorama » qui a eu lieu au printemps précédent, et avant de partir pour une longue tournée en province avec le chanteur. Le 30 mars 1963, *Paris Match* avait consacré à la jeune vedette un article dont le titre précise : « Françoise Hardy, 1,5 million de disques, 5000 francs par soirée, nouvelle grande vedette de la chanson... »

> Il y a trois mois, Françoise Hardy, révélée par la télévision en octobre 1962, le soir du référendum, ne touchait que 300 francs par soirée. Aujourd'hui, à 19 ans, elle est devenue une vedette qui vient de faire connaissance avec les tournées de province. En robe noire, elle chante pendant vingt minutes. Elle triomphe avec *Tous les garçons et les filles*. À la sortie, c'est l'assaut pour les autographes. Malgré le succès, Françoise continue de vivre dans un deux-pièces avec sa mère et sa sœur qui est étudiante, mais elle vient d'acheter un appartement. Elle ne sait pas encore si elle l'habitera. Françoise a un secret : elle ne fait rien sans consulter son horoscope. Elle lit tous ceux des différents quotidiens. Elle consulte souvent une voyante qui lui avait prédit sa carrière lorsqu'elle était inconnue. Sa passion pour l'astrologie est si grande, qu'elle est capable d'ignorer complètement une personne dont le signe ne s'accorde pas avec le sien (le Capricorne).

En octobre, son deuxième album est édité. Il s'ouvre sur *Le Premier Bonheur du jour*, une chanson poétique, qui n'est pas de sa plume, mais qui lui va si bien. Elle est immédiatement suivie d'un autre titre connu, *Le Temps de l'amour*, le second à avoir été composé par un certain Jacques Dutronc qui travaille dans les équipes de Jacques

Wolfsohn. À l'époque, Françoise vit depuis un an avec Jean-Marie Périer et c'est à peine si elle remarque Jacques dont elle se souviendra, plus tard, qu'il n'était pas le beau garçon qu'il allait devenir et avait le visage recouvert de nombreux boutons ! La seconde chanson qu'il a écrite pour elle s'appelle *Va pas prendre un tambour*. Peu de temps après, le jeune homme disparaît pour dix-huit mois de service militaire comme il se doit à l'époque.

Françoise s'entend bien avec Jean-Marie, mais elle souffre de l'éloignement que leurs situations professionnelles respectives leur font subir. Elle avec les tournées, lui les reportages photo incessants, souvent à l'étranger. Françoise note même dans son autobiographie que, si elle n'avait connu la situation de Sylvie (en couple depuis quelques mois avec Johnny), elle aurait été jalouse, car la belle blonde passait presque plus de temps qu'elle avec Jean-Marie ! Mais elle a une totale confiance en Sylvie pour qui elle a surtout une réelle amitié et qu'elle connaît déjà fort bien : « Sylvie avait tout ce que je n'avais pas : beaucoup de volonté, de cran, mais aussi de féminité… l'art d'occuper la scène, de s'habiller, de se mettre en valeur… entre autres. D'une grande simplicité dans l'intimité, elle assumait bien mieux que moi ce qui était de l'ordre de la représentation, capable de se comporter en véritable star quand les circonstances l'exigeaient[4]. »

L'ennui qu'inspirent les obligations de paraître à Françoise n'a pas échappé à Bruno Coquatrix, qui s'en confie à « SLC » en février 1965 : « Je suis très sensible à son art, parce qu'elle a ce que j'appelle "la présence du diable". Elle symbolise ce mystère ineffable de la jeunesse, qui touche non seulement les garçons et les filles de sa génération, mais encore leurs aînés. Ce que je crains, toutefois, c'est qu'elle n'ait pas la passion – l'adoration même – que le métier du music-hall exige de ceux qui s'y vouent. Elle n'a pas non plus, me semble-t-il, le sens des problèmes (annexes mais importants) qui se rattachent à la profession, notamment en ce qui concerne la gestion de ses intérêts. Mais heureusement pour elle, ses chances restent intactes : si elle prend conscience des points qu'elle a pu négliger jusqu'ici, elle peut devenir une vedette colossale. »

Sylvie à Nashville

Le second album de Sylvie est paru au milieu de l'été, porté par les tubes *En écoutant la pluie*, *Il revient* et *Twiste et chante* ainsi que *I'm Watching*, une chanson spécialement écrite pour elle par l'Américain Paul Anka. De retour à Paris le 9 septembre, elle s'envole avec Johnny pour les États-Unis le 14. La maison de disques de Sylvie a décidé de mêler l'utile à l'agréable. La première étape a lieu à New York où les deux jeunes « amoureux » (bien qu'ils n'aient fait aucune déclaration officielle) parcourent la ville, ivres de tout ce qu'ils y découvrent. Ils sont accompagnés par Jean-Marie Périer et les équipes de *Salut les copains* chargées de réaliser de somptueux reportages photo. En réalité, ce voyage ressemble à tout sauf à des vacances. Sylvie comme Johnny travaillent du matin au soir pour les images que diffuseront les magazines. Heureusement, les membres de *Salut les copains* sont aussi jeunes qu'eux et tous s'entendent très bien. Mais c'est la seconde étape du voyage qui est la plus importante.
Sylvie est attendue aux célèbres studios Bradley de Nashville dans lesquels les géants du rock américain gravent

la plupart de leurs disques : Presley, Gene Vincent, Jerry Lee Lewis. Étant donné le succès de la jeune femme, la firme RCA décide de la faire enregistrer en Amérique avec en tête l'idée de la tester hors des frontières de l'Hexagone. Pourquoi la collégienne du twist ne produirait-elle pas le même effet sur la jeunesse internationale que sur la jeunesse française, d'autant qu'elle chante en anglais sans aucun accent ? Cette facilité s'explique par l'abandon de sa première langue, le bulgare, pour le français, dès l'âge de huit ans. Et les Américains ont un intérêt tout particulier pour ces filles baptisées « yéyé girls », dont ils n'ont pas l'équivalent chez eux. Philips vient d'ailleurs d'exporter à leur demande le premier album de Sheila intitulé *The French Yéyé Girl*.

À Nashville, Sylvie se retrouve au milieu d'une équipe de professionnels américains, seul Eddie est français. Pour la première fois, elle va enregistrer ses douze nouvelles chansons en son direct comme ils le font là-bas : l'artiste chante en même temps que les musiciens jouent. La jeune femme trouve l'exercice stressant mais passionnant. Cet album va renfermer deux de ses plus grands tubes. *Si je chante*, adapté de *My Whole World Is Falling Down*, succès américain inconnu en France, qui va faire un carton dès l'hiver.

> *Si je chante c'est pour toi, c'est pour toi, oui pour toi*
> *Je t'en prie ne pleure pas et va sécher tes larmes...*
> *Il t'a dit je t'aime et tu l'as cru, c'était le soir même où tu l'as connu*
> *Aujourd'hui tu pleures car tu l'as vu embrasser la meilleure de tes amies...*

Et parmi les autres titres se glisse un standard, le premier de Sylvie. *La Plus Belle pour aller danser*, écrite par Charles Aznavour et composée par Georges Garvarentz, va entrer dans la longue liste des classiques de la chanson française.

Françoise s'envole à l'international

Alors que le deuxième album de Françoise rassemblant ses principaux succès de l'année est commercialisé en octobre, c'est encore *Tous les garçons et les filles* qui la poursuit. L'enregistrement de la chanson a eu lieu un an et demi auparavant, mais le disque n'a cessé de se vendre tout au long de cette année 1963. Cela n'empêche pas Françoise de proposer régulièrement de nouvelles chansons, mais il faut bien avouer que son premier titre, devenu un standard, les supplante dans le cœur et l'oreille du public. Dès lors, il n'est pas étonnant que le marché international s'intéresse à cette jeune chanteuse qui, en outre, a participé au concours de l'Eurovision au printemps précédent.

L'Italie est la première à lui ouvrir ses frontières en traduisant la célèbre chanson en *Quelli della mia età*. Immédiatement, ce ne sont pas loin de 300 000 jeunes Italiens qui, à leur tour, se précipitent chez les disquaires, pour s'emparer du célèbre refrain. Dans la foulée, ils traduisent *Le Temps de l'amour* : *L'età dell'amore* rencontre à son tour autant de succès qu'en France.

Le résultat ne se fait pas attendre. Après cette percée italienne, les portes de la plupart des pays européens s'ouvrent à Françoise, puis ce seront le Japon, le Canada et les États-Unis. En Amérique du Nord, la jeune femme se voit consacrée dans les pages du célèbre magazine *Vogue*, soit le top des journaux de mode. En mars d'abord puis en juillet. Sur ce dernier numéro, sublimée sur une quinzaine de pages par William Klein, un artiste multiforme, connu pour être photographe, réalisateur mais aussi peintre et plasticien. La France suivra en août avec une superbe couverture signée Helmut Newton. Bref, c'est l'envolée pour Françoise qui a déjà bien du mal à assurer ses premières tournées. Ce tourbillon la fait souffrir tant il l'éloigne de sa sédentarité naturelle et surtout de l'homme qu'elle aime. Elle a également des difficultés avec l'idée que l'image qu'elle dégage puisse plaire à ce point. Cela lui échappe même totalement, tant elle reste persuadée de la banalité de son physique qu'elle trouve ingrat ! Et puis ce serait aussi minimiser son travail, à savoir ses chansons qu'elle est maintenant obligée d'écrire et de composer dans d'anonymes chambres d'hôtel. Ses chansons devenues ses meilleures amies et compagnes d'infortune.

Un parfum de fiançailles

De retour des États-Unis, Sylvie décide qu'il est temps de présenter Johnny à ses parents, d'autant que les fuites sur leur relation pullulent dans la presse people : même sans acheter ce type de journaux, on ne peut les éviter tellement ils sont présents dans les kiosques et leurs unes placardées partout. *Paris Match* s'en était fait l'écho en consacrant sa première une à Sylvie au printemps entre la tournée et le film. C'est au couple qu'elle forme avec Johnny que les principales pages sont consacrées. Très vite un dîner est organisé

Sylvie, Françoise, Annie et Isabelle

avenue du Général-Michel-Bizot, au domicile des Vartan. À ce moment-là, ils ont de Johnny l'image du blouson noir largement diffusée par les médias, qui ne les rassure guère. Leur fille a beau être devenue en deux ans l'une des plus grandes vedettes françaises de la jeune génération, elle n'en reste pas moins pour eux l'enfant qu'ils choient et protègent. Seule une chose permet de les rassurer : Johnny est très proche de leur fils Eddie et ce dernier, qui collabore aussi avec lui, l'apprécie beaucoup.

La rencontre se passe finalement au mieux : M. et Mme Vartan voient arriver un garçon d'une timidité frappante au premier regard et très bien élevé. Ilona a préparé le plus classique des plats bulgares, une moussaka. Elle craint d'abord que le jeune homme ne l'apprécie pas, sans savoir qu'il le lui réclamera et s'en régalera des années durant. Ce soir-là, elle est attendrie par celui qui ne correspond en rien à l'image que l'on véhicule de lui. Elle perçoit même, comme Sylvie six mois plus tôt, le côté chien perdu sans collier de Johnny, qui touche sa fibre maternelle. Voir ce jeune homme rire avec Eddie lui plaît et les égards qu'il a pour sa fille la rassurent. Pour Johnny, ce premier moment avec les parents de sa future fiancée est un bouleversement. Il voit cohabiter une véritable famille, dans laquelle chaque membre est indissociable, alors que lui n'en a jamais connu ! Il n'en a pas les codes, encore moins les repères et découvre plus surpris qu'autre chose combien il s'apprête à entrer dans un clan soudé.

Le statut de Sylvie, que ses parents voient naître en même temps qu'elle, cette évolution vertigineuse que connaissent de nombreux jeunes qui disparaissent du jour au lendemain du paysage médiatique inquiètent M. et

Mme Vartan. Il ne faudrait pas que leur fille mène une vie de cigale sans se soucier de son avenir. Bien sûr elle réussit tout ce qu'elle entreprend, son succès ne se dément pas, mais elle doit aussi penser à mettre de l'argent de côté en prévision de lendemains peut-être moins fastes... Sylvie, comme son frère, ayant toujours vu ses parents uniquement travailler, a l'idée de confier à leur père la recherche d'une maison familiale, ni trop loin ni trop près de Paris. Georges prend le défi en main et le relève en découvrant, au nord de la capitale, dans le Vexin, une région du département de l'Oise, un ancien manoir entouré d'une immense propriété. L'endroit n'est même pas situé dans un village mais dans Loconville, un bourg d'à peine plus de trois cent cinquante habitants. Sylvie achète le manoir de Gagny et, avec son frère, insiste pour que leurs parents cessent de travailler. Il est grand temps pour eux de profiter de la vie.

Quelques jours plus tard, le 19 octobre 1963, Sylvie et Johnny acceptent que leurs fiançailles soient annoncées au journal de 20 heures de l'unique chaîne de la télévision française. L'annonce est relayée dans toute la presse, sur toutes les radios, et on ne parle plus que des jeunes fiancés. Seul Johnny Stark marque des signes d'inquiétude. Si Johnny comme Sylvie se fiancent, ils ne sont plus disponibles pour le « rêve de leurs fans ».

Sheila sur scène

Pour la première tournée française de Sheila, Carrère, encouragé par le succès fulgurant de ses premières chansons, a vu les choses en grand. Elle a, en un an à peine, plusieurs tubes à son actif, même les faces B de ses disques font des cartons. Aussi décide-t-il de ne pas lui faire franchir les étapes que sont l'ouverture de spectacle ou la vedette américaine, mais de la propulser immédiatement en artiste phare. Ainsi, Sheila ne connaîtra pas ces stades intermédiaires si formateurs et importants, pour l'endurance qu'ils font naître progressivement. De l'automne 1963 au printemps de l'année 1964, la jeune fille de 17 ans sera sans relâche sur les routes. Mais pas à Paris, surtout pas, cela peut être un promontoire très dangereux. Il décide d'emblée d'en faire une vedette de province. De la France d'en bas, dirait-on aujourd'hui ! L'annonce est faite en dos de pochette de son nouveau disque, *Le Sifflet des copains* : « Comme le temps a passé vite. Il y a presque un an j'enregistrais mon premier disque...

Voici le 4e qui paraît au moment où je m'apprête à partir pour chanter devant vous sur la scène, accompagnée par cinq garçons sympas : Les Guitares.

Je suis très contente car on va enfin se voir.

À bientôt,

Sheila »

Ainsi fait-elle ses débuts le 15 octobre sur la scène du cinéma l'Empire à Reims. Bien que ce premier concert ait lieu en province, toute la profession est aux aguets. Un grand nombre de médias parisiens et nationaux font le déplacement pour couvrir ses débuts. La première partie du spectacle est assurée par Frank Alamo et les Surfs avant de céder la seconde à Sheila. Le succès est immédiat, partout où elle passe on refuse autant de monde qu'il y a de places louées dans les salles. À peine a-t-elle le temps de faire un saut à

Paris le 23 novembre pour recevoir le grand prix du disque national 1964, en récompense pour sa chanson *L'école est finie*, devenue un hymne populaire.

C'est le moment que Claude Carrère, qui sait se montrer généreux, choisit pour installer la famille Chancel dans un bel appartement de quatre pièces situé dans le 14ᵉ arrondissement. Un petit palais comparé au deux-pièces qu'ils occupaient dans le 13ᵉ, dans lequel il les a connus et où il s'est rendu de façon assez condescendante. Il va d'ailleurs rapidement espacer ses visites, surtout depuis qu'il lui a été servi une petite salade à l'ail. Un plat à proscrire quand on s'appelle Sheila et qu'on doit s'élever dans la société ! M. et Mme Chancel en sont restés sans voix.

La Mamma

Fin 1963, la chanson de France *Ne sois pas si bête* s'est installée dans les hit-parades de toutes les radios, il n'y a donc plus qu'à penser à la suivante. Mais, au-delà des débuts prometteurs de sa fille, Robert Gall voit au même moment triompher le titre *La Mamma* qu'il a écrit pour le grand Charles Aznavour. Incroyable, d'autant que *La Mamma* n'est autre que la propre histoire de la mère de Robert Gall. Elle devient le plus grand succès d'Aznavour, le seul de sa génération à rejoindre les jeunes en termes de ventes. Ce titre sera l'un, voire le standard d'Aznavour, au point de passer les années et les frontières. Des rivières d'or sont en train de couler sur la famille Gall, toujours aussi bohème et qui ne s'enorgueillit pas de ce nouveau statut qu'elle vient d'atteindre. Dès l'hiver, Robert achète un superbe appartement en lisière du 16ᵉ arrondissement, juste au-delà de la porte de Saint-Cloud, à Boulogne-Billancourt. Il y installe royalement sa famille. Autant dire un changement incroyable en comparaison de celui de l'avenue du Général-Michel-Bizot dans lequel les trois enfants partageaient la même chambre.

Début 1964, la première invitation télévisée de la jeune fille a lieu. L'enregistrement est confié à Jean-Christophe Averty, jeune réalisateur avant-gardiste, connu pour ses caprices, sa mauvaise humeur et son irrévérence. Lorsqu'elle arrive sur le plateau, France est effrayée par la manière dont il s'adresse à une autre jeune chanteuse qu'il éconduit en la traitant de nulle. C'est donc tremblante qu'elle se présente. Miracle, sa première captation télévisée se déroule parfaitement. La chanson marchait déjà fort mais là, c'est le sourire et la photogénie de la jeune chanteuse qui apparaissent et la rendent, à son tour, célèbre du jour au lendemain. Comme ce fut le cas deux ans plus tôt pour Sylvie, elle ne pourra plus pénétrer dans l'enceinte de son collège. Les établissements scolaires de l'époque, loin de se féliciter de la célébrité de l'une de leurs élèves, voient la chose d'un très mauvais œil, déclarent l'intéressée « fauteuse de troubles » et la reconduisent au-delà des grilles.

C'est la rupture des relations entre France et la vie scolaire. Dans l'excitation qu'elle vit à ses tout débuts, France ou Isabelle – que se passe-t-il dans sa tête ? – n'en conçoit pas de contrariété particulière. D'autant qu'elle vivait mal son redoublement. Mais, peu de temps après, elle se rend compte de ce dont cette nouvelle voie, que son père a largement choisie pour elle, va la priver : son adolescence, et donc des risques d'entrer dans l'âge adulte sans y avoir été préparée avec les inconvénients que cela comporte dans tous les domaines. À l'époque, seule Mme Gall l'avait pressenti, elle qui choyait sa fille qu'elle considérait trop jeune pour devenir « saltimbanque ».

Sylvie, John, Paul, Ringo et George

Bruno Coquatrix, l'un des tout premiers découvreurs de cette nouvelle génération de chanteurs à laquelle il s'est très vite attaché, a l'idée de composer une affiche internationale de numéros 1, réunissant l'Amérique, la Grande-Bretagne et la France. Ce sera pour les États-Unis Trini Lopez, surfant sur le succès de son tube mondial, *If I Had a Hammer*, bientôt adapté en français en *Si j'avais un marteau*, par Claude François. Les Beatles qui font sérieusement parler d'eux outre-Manche et dont le tube *Love Me Do*, passant quotidiennement sur Europe n° 1, promet un envol mondial à leur carrière, représentent le Royaume-Uni. Enfin, Sylvie pour la France, qui a déjà réalisé des prestations dans le célèbre music-hall, et enchaîne les tubes, notamment avec *Si je chante*, enregistré à Nashville à l'automne précédent. Bruno n'ignore pas que ce carton va être suivi par *La Plus Belle pour aller danser*. Son flair légendaire l'amène à penser que cette chanson ne passera pas non plus inaperçue. Sa confiance s'adosse au succès de *Retiens la nuit*, écrite par les mêmes Aznavour et Garvarentz, deux ans plus tôt, pour Johnny. Il ne se trompe pas.

Ce soir je serai la plus belle pour aller danser, danser
Pour mieux évincer toutes celles que tu as aimées, aimées...
Tu peux me donner le souffle qui manque à ma vie

Sylvie, Françoise, Annie et Isabelle

Dans un premier cri de bonheur
Si tu veux ce soir cueillir le printemps de mes jours
Et l'amour en mon cœur...

Le spectacle est programmé pour trois semaines à l'Olympia, du 16 janvier au 5 février, mais les locations sont prises d'assaut et il faut multiplier les représentations par deux ou trois par jour, jusqu'à arriver au chiffre hallucinant de 42 soit 84 000 spectateurs pour cette manifestation dédiée aux adolescents. Les choses ne se passent pas forcément bien dans la salle tous les soirs. Hormis Trini Lopez qui fait l'unanimité avec son tube, Sylvie est souvent chahutée par le public des balcons, quant aux Beatles, ils ne sont pas suffisamment connus en France pour éviter les sifflets, dont Paul McCartney se plaint à l'époque. Malgré les désordres, parfois maîtrisés par un Johnny belliqueux en coulisses, car il abhorre la lâcheté des cracheurs d'injures dissimulés dans les rangs du music-hall, Sylvie, dans sa petite robe de mousseline bleue de chez Réal, qui va devenir légendaire, monte d'un cran et se démarque définitivement des filles de sa génération sur scène. À peine la série de concerts terminée, RCA édite *La Plus Belle pour aller danser* en 45 tours. La chanson devient en France comme à l'étranger le premier standard de Sylvie.

Françoise outre-Manche

Si, en 1963, Françoise a participé au concours de l'Eurovision, lequel se déroulait à Londres, c'est l'année suivante que les Anglais vont fondre pour sa classe. Habillée par Courrèges qui lui crée une silhouette longiligne, elle incarne le chic français dans toute sa modernité. Outre les territoires qu'elle a récemment conquis comme l'Italie et l'Allemagne, c'est à Londres qu'elle viendra le plus régulièrement chanter. Début 1964, elle enregistre un 45 tours en anglais dont la chanson *Catch a Falling Star* se distingue, mais ce sont deux autres titres, qu'elle a écrits en français l'année précédente, qui retiennent d'abord l'attention et se classent au hit-parade. *Et même* et *Dans le monde entier*, respectivement traduites en *However Much* et *All Over the World*, sont deux ballades romantiques qui plaisent alors. C'est le début d'une aventure avec les Anglais qu'elle sera la seule des quatre à connaître.

Dès l'année suivante, Françoise sera invitée au Savoy, l'une des salles les plus branchées de Londres située au cœur d'un complexe hôtelier où il est incroyable de voir une chanteuse française à l'affiche. Cela lui permet de se singulariser très rapidement dans le petit monde de la variété française. Insatisfaite des arrangements de ses premières chansons, elle entre dans le sésame de la musique de ces années-là, celui de la pop anglaise que viennent d'annoncer les Beatles.

Elle est alors invitée par Denise Glaser pour un nouveau « Discorama », le 26 avril 1964. Toujours un peu « vache », cette dernière la taquine à propos de ses chansons, insistant sur leur répétitivité : « Oui, c'est toujours le même style mais j'ai changé d'arrangeur alors je pense que… ce n'est pas le même son tout à fait », répond Françoise. Ce à quoi l'animatrice rétorque : « Vous pensez que c'est surtout une question d'arrangements, vous ne pensez pas qu'il y a un problème d'inspiration, de paroles différentes, de thèmes différents ? » Françoise ne cherche pas à se défendre et dit simplement : « Les thèmes sont les mêmes, enfin les thèmes en ce qui concerne les textes mais peut-être en ce qui concerne la musique ce n'est pas exactement pareil. Et puis j'ai fait des adaptations américaines assez modernes, en dehors de mes propres chansons, je fais toujours moitié moitié… » Françoise met ici en lumière une vérité qui vaut pour un grand nombre d'artistes de l'époque. Les adaptations qu'ils font de titres étrangers, souvent dans les studios londoniens, sont nettement plus réussies que les versions originales enregistrées à la hâte dans leurs propres pays.

Gainsbourg chez les yéyés

S'il y a bien une chose qu'on n'attendait pas en ce printemps-là, c'est l'arrivée de Gainsbourg chez les yéyés. L'idée vient de Denis Bourgeois, le directeur artistique de France. Satisfait des résultats du premier disque de sa chanteuse, il demande à cet homme de 34 ans, qu'il produit mais ne parvient absolument pas à faire décoller, d'écrire et de composer pour la jeune fille. Comment Gainsbourg, avant tout musicien et poète, artiste Rive gauche de la génération précédente, pourrait-il s'adapter à ce nouveau mouvement ? Il écrit pour lui des textes très littéraires, chante dans des cabarets, collabore avec Boris Vian et compose, entre autres, pour Juliette Gréco. Bourgeois, qui appartient à la même génération que Serge, le connaît très bien et l'apprécie au point qu'il veut à tout prix le faire sortir de lui-même. Sûr de lui, il organise une rencontre. L'auteur-compositeur et l'interprète sont mutuellement impressionnés. Il est vrai qu'ils viennent, l'un comme l'autre, de domaines, dont ils ont apparemment tout à découvrir.

D'emblée, un respect mutuel s'installe, dont le témoin le plus évident est le vouvoiement qu'ils garderont jusqu'au terme de leur collaboration. Celle-ci ne va pas tarder à s'inscrire dans les sillons du second 45 tours de France. La chanson-titre s'intitule *N'écoute pas les idoles* et montre que Gainsbourg n'est pas un artiste figé dans les années 1950, mais un visionnaire qui a tout compris du phénomène en train de faire émerger les adolescents des années 1960. Encore enfant pendant la guerre, ayant été privé lui-même de jeunesse, il a évolué dans un monde d'adultes qui l'ont rejeté. Le moment est venu de leur prouver de quoi il est capable. France Gall est la première femme-enfant qu'il va faire triompher et il ignore encore qu'il gardera intact ce talent de pygmalion jusqu'à la fin de sa carrière. Sa formation classique n'est qu'une facette qui lui servira toujours de base, mais ne l'empêchera jamais de s'approprier des musiques d'influences bien différentes, à commencer par la pop anglo-saxonne.

N'écoute pas les idoles
Écoute-moi
Car moi seule je suis folle
Folle de toi...
Ces chansons que tu fredonnes
Comment veux-tu
Que je les aime personne
N'a jamais pu
Me faire croire que l'on se donne
À cœur perdu
Pour se quitter à l'automne
Bien entendu...

Le second 45 tours de France édité dès le début du printemps 1964 est aussitôt une réussite. Dès lors, Denis Bourgeois ne lâche plus le poète et sa nouvelle muse. Ils travailleront ensemble sur la plupart des disques suivants de Mlle Gall. C'est aussi en ce mois d'avril que France fait ses premiers pas sur scène, en lever de rideau de Sacha Distel, à l'Ancienne Belgique. Le grand music-hall bruxellois dans lequel son père Robert l'avait emmenée applaudir Aznavour. Si le fait de connaître l'endroit la rassure dans un premier temps, c'est les jambes sciées par le trac qu'elle entre en scène. Ce premier contact avec le public lui laisse un goût amer. Comme ses consœurs, elle est accueillie par autant d'enthousiasme que de sifflets.

Peu à peu, sa notoriété se développant à la vitesse de l'éclair, elle sera plus chaleureusement reçue et apprivoisera la scène. En revanche, elle se plaint auprès de son père et manager des conditions le plus souvent improbables dans lesquelles elle doit se produire. Robert entend sa fille et, pensant qu'elle a raison mais qu'il est hors de question qu'elle cesse de chanter sur scène, fait construire un chapiteau de 4 000 places dans lequel public et artistes seront confortablement installés par tous les temps. L'aventure du « cirque France Gall » commence et va durer quelques années.

Le second 45 tours auquel participe Gainsbourg est édité à l'été, *Laisse tomber les filles* rencontre également le succès. Ce sont aussi les dernières vacances en famille de France, toujours à Noirmoutier. Cette fois, la caravane embarque de nombreux sacs de courrier de fans auquel la jeune fille s'apprête à répondre depuis la Vendée. Une nouvelle forme de devoirs de vacances. On la découvre en une de *Salut les copains* en juillet. C'est définitif, sa carrière est lancée.

La rumeur

La rumeur est une mort lente, qui condamna Annie à vie…
Mais que chancelle la flamme, jamais ne s'éteint la bougie,
Mais que chancelle la flamme, jamais ne s'éteindra Annie.

Alors qu'elle poursuit sa tournée marathon, entamée au début de l'automne précédent, début avril, victime d'épuisement et de soucis de santé, Sheila s'évanouit sur scène à Roanne. La jeune fille étant à peine préparée à ce genre d'exercice éreintant, cela n'a rien d'étonnant. Durant sa convalescence, elle est interviewée pour *France Dimanche* par le journaliste romancier Gérard de Villiers, que connaît Claude Carrère. Amaigrie, ne pouvant cacher qu'elle est souffrante, Sheila se confie un peu naïvement sur la nature de son mal, donnant des détails sur son traitement, lequel comprend notamment des hormones mâles. Avide de sensations, de Villiers écrit que Sheila est en train de devenir un homme ! Une rumeur s'emballe, qui la suivra toute sa vie.

L'annonce s'étale dans tous les médias populaires et bientôt on ne parle plus que de ça. La jeune fille et ses parents sont anéantis, au point de ne plus oser sortir de chez eux pour s'entendre poser la même sempiternelle question. Le regard des autres, même des plus proches, a changé. Tout le monde doit penser que si c'est écrit dans les journaux c'est que c'est forcément vrai. De son côté, Claude Carrère tente de réconforter les Chancel, leur assurant que la seule chose importante est que l'on parle de Sheila, quels qu'en soient les termes ! Vingt ans plus tard, Sheila découvrira qu'il était à l'instigation de cette affreuse histoire qui « pourrira toute sa vie et celle de ses parents ». Mais pour l'heure, personne ne peut ne serait-ce

Sylvie, Françoise, Annie et Isabelle

qu'imaginer une telle machination. Carrère a réussi si l'on peut dire et, inquiet de ce que l'on ne s'intéresse plus à celle qui commence à le faire vivre royalement, il n'a pas hésité à frapper un grand coup pour faire parler d'elle.

Il peut maintenant sortir en toute quiétude son nouveau titre : *Chaque instant de chaque jour*, un slow, suivi de *Vous les copains, je ne vous oublierai jamais* qui devient rapidement un nouveau standard de la chanteuse. Tout va bien dans le meilleur des mondes à l'automne 1964.

Vous les copains, je n'vous oublierai jamais
Di doua di doua di dam di didou
Toute la vie, nous serons toujours des amis...
Tous ensemble, on est bien
Car on suit le même chemin...

Sheila est toujours au premier plan, son succès ne démérite pas. Il faut désormais une structure professionnelle pour s'occuper du courrier surnuméraire que la jeune idole reçoit au quotidien. Claude Carrère décide de fonder un club à destination des admirateurs de la chanteuse. La grande nouvelle est annoncée au dos de son cinquième 45 tours : « Ça y est c'est décidé, on fait un club. Nous allons le créer ensemble et il sera ce que nous en ferons : un club de copains dynamiques qui cherchent à s'entraider. Vous pourrez dans un bulletin mensuel communiquer entre vous et avec moi. Ainsi dans quelque région que vous soyez vous ne serez plus jamais seul(e)s. Qu'en pensez-vous ? Je vous embrasse tous très fort. Sheila. »

Au mot qu'elle leur écrivait déjà au dos de pochette de chacun de ses disques va bientôt s'ajouter une équipe qui permet de renforcer le lien déjà très fort que Sheila vient de tisser en à peine deux ans avec son public. Elle est la première de son époque à avoir un fan-club. Son producteur, il faut le souligner, est en train de créer le nouveau show-business, de dessiner l'industrie du disque de la seconde moitié du vingtième siècle. Il n'a pas son pareil pour savoir ce qui va permettre d'asseoir la popularité d'un artiste dans la durée. Et après le fan-club, il se dit que les jeunes filles qui fredonnent les chansons de Sheila pourraient également avoir le désir de s'habiller comme elle.

C'est alors que lui vient l'idée de lancer une ligne de mode qui serait distribuée dans des boutiques Sheila. Comme il voit les choses en grand, il loue deux étages d'un immeuble situé au 12, rue des Jeûneurs dans le 2e arrondissement de Paris, soit en plein cœur du Sentier, quartier quasi exclusivement consacré aux métiers du textile et de la confection. Au début, les créations Sheila seront principalement distribuées dans les grands magasins. Sans doute était-il honnête quand il se déclarait un as du marketing. Il en fait la démonstration éclatante, qui sera bientôt suivie par les managers de nombreux artistes.

Patate

Alors que Sylvie poursuit sa route, flamboyante, c'est le cœur gros qu'elle voit Johnny la quitter pour rejoindre la caserne d'Offenbourg, à la frontière allemande. En plein succès, l'idole des jeunes s'apprête à vivre un moment difficile. Mais il est impossible de s'y soustraire. Johnny Stark a mené les opérations comme l'avait fait le colonel Parker pour Elvis quelques années auparavant. Pas question qu'un des artistes préférés des Français ne se comporte pas comme ses pairs. Malgré tout, ces seize mois que Johnny s'apprête à vivre seront source d'angoisse. Comment garder sa place de numéro 1 en s'éloignant si longtemps ?

Trois jours après le départ de Johnny, Sylvie enchaîne sur son premier vrai rôle au cinéma. Cette fois, elle n'est pas juste un faire-valoir, mais incarne un personnage qui lui ressemble et se trouve au centre du scénario. Entourée d'un casting quatre étoiles, elle est Alexa, adolescente qui fait tourner toutes les têtes et surtout avancer l'intrigue. *Patate* est l'adaptation d'un immense succès de boulevard, joué plus de 2 000 fois au théâtre Saint-Georges et adapté par l'auteur en personne, Marcel Achard, avec le réalisateur du film, Robert Thomas. « Adapté » est bien le terme, car le film ne se contente pas d'être du théâtre filmé. Il est dynamique, virevoltant, empreint d'un rythme de comédie. Un rythme yéyé ? À n'en pas douter, l'entreprise tourne entièrement autour de Mlle Vartan. Alors que son personnage met trois bons quarts d'heure à apparaître au théâtre, Alexa fait ici l'ouverture du film, sortant du lycée avec tous ses camarades, exclusivement masculins ! La joyeuse bande file au bar du coin. Coca et sandwichs autour du juke-box. Le style Sylvie dynamite ce boulevard un peu poussiéreux. Elle y est une jeune fille de son temps. Ingénue et délurée, dansant le madison en séchant les cours de maths. L'étoile du film, c'est elle, et ses prestigieux partenaires semblent l'avoir compris et accepté dès le début du tournage. Avec tendresse Danielle Darrieux, qui joue sa maman, la prend sous son aile et lui prodigue de bons conseils. Pierre Dux n'est pas avare de compliments :

« Pierre Dux, est-ce que Sylvie fait des progrès ? » « Elle n'a pas besoin d'en faire ! Elle est bien du premier coup[5] ! »

Quant à Jean Marais, il est aux anges, à 51 ans, de tenir dans ses bras l'idole du moment.

Malgré des critiques pas forcément injustifiées, le film est un succès avec 1,4 million d'entrées. Sorti en octobre à Paris, il devient *Friend of the Family* en novembre à New York et *L'amico di famiglia* en Italie, ces titres étrangers tournant autour de la romance Sylvie-Jean Marais plus que sur le personnage central d'origine.

Même s'il reste fidèle à l'histoire de Marcel Achard, c'est bel et bien la jeune fille dans le vent dont le réalisateur a fait le centre de *Patate*, en s'inspirant de sa vie. La première scène ressemble à s'y méprendre à une photo connue prise par un paparazzi deux ans auparavant à l'entrée du lycée Hélène-Boucher, alors que Sylvie, devant un groupe d'étudiantes, affronte les objectifs. Et ces dernières sont nettement moins lookées qu'elle. Manteaux, gabardines et pataugas sont leurs tenues quotidiennes, alors que Sylvie, classeurs sous le bras, arbore déjà un style très mode. Veste en daim, jupe droite au-dessus du genou et talons aiguilles. L'ouverture de *Patate* paraît vraiment découler de cette image, alors que Sylvie, rayonnante et entourée de garçons, est vilipendée par deux de ses camarades particulièrement ingrates. « Je ne vois vraiment pas ce qu'ils lui trouvent à cette Alexa ! » dit l'une d'entre elle. « Elle a un genre facile ! Voilà tout ! Si on voulait… », répond l'autre. La scène qui suit, dans un café près du lycée, fait également penser au début du film *D'où viens-tu Johnny ?*, et propose une vision fantasmée de la jeunesse d'alors, dont Sylvie est bien sûr la chef de file.

Et il est difficile de ne pas songer, en la voyant dans les bras de Jean Marais, à la rupture qu'elle a vécue à peine un an et demi plus tôt. Dans la presse, Robert Thomas ne tarit pas d'éloges sur sa jeune première. « Avec elle, je joue gagnant. Qu'on n'affirme surtout pas qu'elle est une nouvelle Brigitte Bardot. Non, non et non. Sylvie ne montre pas ses seins. Son œil brille, ses cheveux bougent, elle est notre Marilyn. Une Marilyn made in France[6]. » On peut aussi interpréter cela comme une petite pique personnelle du réalisateur, car, pour la poitrine dénudée, voire plus, Mlle Vartan lui a opposé un refus ferme et catégorique ! Dans la scène où Jean Marais et Sylvie entrent dans le petit appartement qui abrite leurs amours clandestines, le scénario prévoyait clairement la nudité de l'héroïne, mais l'actrice gardera sa robe et rien ni personne ne parviendra à la faire changer d'avis.

De plus, elle tique souvent sur certaines répliques désuètes dont elle a vite compris qu'elles essayaient de « sonner jeune »... en vain ! Elle explique à Robert Thomas que c'est ridicule, qu'elle ne dirait jamais ça dans la vie. Thomas abdique. Il comprend vite qu'il n'imposera rien à sa star. La collégienne du twist est du signe du Lion et on n'impose jamais rien à une lionne.

Le grand producteur américain Darryl F. Zanuck y serait-il parvenu, lui ? En octobre, alors que le film est sur les écrans, l'ex-dirigeant de la Twentieth Century Fox, qui a gardé la majorité des parts de la compagnie, coule une sorte de préretraite à Paris, tout en continuant d'imposer ce qui lui chante à l'un des principaux studios hollywoodiens. La Fox distribuant *Patate* à l'étranger, Zanuck demande une projection du film, dans le seul but de découvrir les capacités de cette jeune fille qu'il voit tous les jours à la une des magazines parisiens. Il est bluffé et souhaite immédiatement la rencontrer. Rendez-vous est pris dans son appartement du 44, rue du Bac où Sylvie est, bien entendu, accompagnée de Johnny Starck.

Le producteur américain, qui réalise qu'elle parle un anglais quasiment parfait, propose un contrat dans la foulée, mais il faut que Sylvie comprenne qu'elle devra s'installer, pour un temps du moins, à Los Angeles. Comme elle doit se rendre aux États-Unis pour enregistrer un prochain album, elle profite de ce séjour pour rencontrer les gens de la Fox et faire des essais afin de tester sa photogénie. Mais, autant tout est ficelé en ce qui concerne son programme musical, malgré les élans de Darryl F. Zanuck, les choses sont encore opaques concernant le cinéma. En réalité, au moment des premières projections de *Patate*, les frères Hakim, producteurs alliés entre autres à la Fox, ont appelé Starck pour lui faire des propositions. Le redoutable imprésario leur a répondu qu'en dépit de leur intérêt Mlle Vartan n'était pas disponible avant fin 1966 ! Sylvie apprendra cela plus tard. Lors de l'interview qu'elle accorde à Yves Salgues pour *Jours de France*, on comprend que des rendez-vous sont pris certes mais uniquement pour des tests photo.

« À Hollywood, mon programme ne comportera, pour cette fois, que des essais de maquillage. Les équipes d'esthéticiennes de la Fox étudieront, parmi les différentes teintes de cheveux, de rouges à lèvres et de masques de tournage, celles qui me conviennent le mieux. Ensuite, je ferai des essais de photogénie... Pas question, pour l'instant, d'apprendre des fragments de rôles et de jouer devant une caméra... Je voudrais jouer un rôle dramatique... J'ai éprouvé d'énormes difficultés à tourner les scènes anodines de *Patate*... Je me sentais beaucoup plus à l'aise dans les scènes sérieuses[7]... »

En parallèle, pour le retour de l'armée de Johnny, Stark avait aussi un projet cinéma pour lui. Un biopic sur James Dean, l'idole absolue du rocker. Malheureusement, tout cela ne verra jamais le jour. La rentrée arrivant, le contrat avec la Fox ne se signe pas et d'autres projets attendent de toute façon la chanteuse, la rassure Johnny Stark.

France amoureuse

Entre deux tournées, fin 1964, France profite d'un moment de trêve pour aller applaudir Claude François en vedette à l'Olympia. Installée dans les premiers rangs, elle tombe sous le charme du jeune homme et se rend, après le spectacle, dans sa loge pour le féliciter de sa performance. Perdue au milieu du Tout-Paris, elle l'observe, il la remarque et l'étincelle commune ne met pas longtemps à se produire.

De soir en soir, puisque France retourne régulièrement à l'Olympia, le phénomène s'amplifie. Ce n'est plus un collègue qu'elle regarde et applaudit mais celui dont elle vient de tomber brusquement amoureuse. Elle le connaît peu, mais il se montre toujours charmant et poli lorsqu'ils se croisent. De son côté, Claude, toujours marié mais vivant mal la relation de sa femme avec Gilbert Bécaud, n'est pas insensible au charme de France qui correspond en tous points à ses critères. Jeune, blonde, jolie, charmante. Il craque de la même manière qu'elle et bientôt ce qu'ils pensent sincèrement être le début d'une belle aventure s'engage.

Mais bien vite la jeune fille est rattrapée par ses soucis de vedette, dont les managers, succès aidant, veulent « tirer le meilleur » en un temps record. Une sorte de course à la réussite à tout prix, assez peu éloignée finalement de celle que Claude Carrère fait vivre à Sheila. Denis Bourgeois et Robert Gall, qui se sont associés pour créer une structure d'édition, viennent d'avoir l'idée de faire enregistrer à France une chanson qu'elle n'aime pas. Ils s'avèrent très convaincants et décident cette fois d'attaquer la cible des enfants. *Sacré Charlemagne* est née. Pour accompagner ce titre, ils lui en font enregistrer trois autres que seuls les moins de sept ans pourront fredonner. Lors de ces brèves sessions, France rechigne, accepte, obéit puis repart bien vite en tournée, puisque son cirque l'attend, cette fois en Belgique. Mais le cœur lourd tout de même. Comment avoir la tête à tant de choses en même temps ? France fait confiance aux adultes qui l'entourent, mais sa naïveté s'amenuise tout de même de jour en jour. Depuis la Belgique donc, elle a Bourgeois au téléphone qui lui explique que son nouveau 45 tours va sortir, le « buzz » est excellent sur toutes les radios, ils vont faire un carton !

Cela lui rappelle la conversation qu'elle a surprise entre Bourgeois et son père et dans laquelle elle avait entendu qu'il « fallait presser le citron tant qu'il était mûr » ! « Mais vous n'allez pas faire une chose pareille ! s'exclame-t-elle au téléphone, je déteste cette chanson, je vous l'ai déjà dit. » Ce titre détonne quelque peu avec les quatre 45 tours dans le vent qu'elle vient de publier et surtout le personnage de gamine acidulée que Gainsbourg, à travers ses textes et ses compositions, est en train d'installer. Elle a raison à 100 %, mais seul l'avis des adultes compte malheureusement, elle ne doit pas oublier qu'elle a seulement 17 ans !

Qui a eu cette idée folle, un jour d'inventer l'école ?
C'est, ce, sacré Charlemagne, sacré Charlemagne !

Le disque sort en décembre 1964 et c'est la première très grosse vente de France, dans l'Hexagone, mais aussi dans plusieurs pays européens et maghrébins. Robert Gall et Denis Bourgeois se frottent les mains tandis que France, ou plutôt la petite « Isabelle » pleure. Si elle ne peut prendre aucune décision, et qu'en plus on lui fait interpréter des chansons qui lui déplaisent et développent un personnage clairement immature qu'elle n'est pas, autant arrêter.

A Gift Wrapped From Paris

Après la traditionnelle tournée d'été, Sylvie s'envole début septembre avec son frère et Stark pour enregistrer son premier album en anglais. La maison RCA, très satisfaite des résultats récents de ses disques français, qui totalisent plusieurs millions de ventes, poursuit son idée de la lancer à l'international. Le parfait accent anglais de la jeune fille les amène aussi à prendre cette décision. C'est ainsi qu'elle l'envoie graver *A Gift Wrapped From Paris*, à New York. L'album sortira l'année suivante sur plusieurs continents et dans de nombreux pays sauf la France. À peine de retour, la Plus Belle repart en tournée, sans oublier son fiancé qu'elle rejoint dès que son emploi du temps le lui permet. Le succès de Sylvie est insolent alors que le moral de Johnny se trouve au plus bas. Et ce ne sont pas les lettres enflammées qu'elle envoie de l'hôtel Pierre, l'un des plus beaux palaces de New York, qui le rassurent.

L'idole des jeunes déprime, se demandant alors comment il va pouvoir reconquérir sa place de leader du show-business français, une obsession qu'il doit à son manager. Il aime Sylvie bien sûr, immensément, mais à condition que l'on parle moins d'elle que de lui. Or, c'est l'inverse qui est en train de se produire et il le vit très mal. Sylvie se rend à la caserne puis à l'auberge dans laquelle Johnny a loué une chambre, où ils vivent des moments intenses. Pour des photos de presse, à peine mises en scène, la jeune femme devient la Madelon des soldats, juchée sur un char en robe Réal ou signant des autographes aux copains de régiment de son fiancé. Puis bien vite rappelée par ses occupations, elle repart.

Chapitre 4

Huit millions de filles dans le vent

Depuis peu, Daniel Filipacchi, loin de se laisser griser par le succès du magazine *Salut les copains*, s'inquiète au contraire de l'aspect éphémère qui pourrait frapper ses ventes spectaculaires. L'expérience lui permet d'anticiper : les modes musicales ne sont pas faites pour durer. Déjà en coulisses et tout particulièrement dans celles des médias, dont la cruauté n'est pas nouvelle, on annonce la fin des yéyés. À peine baptisés ainsi en juin 1963, après trois ans d'un incontestable triomphe, ils seraient sur le point de disparaître... Symboliquement, il faut l'avouer, le départ de Johnny pour l'armée a comme un parfum de fin de surprise-partie. En revanche, Sylvie est au top. Surfant sur l'impact de *La Plus Belle pour aller danser*, la voilà réclamée par les États-Unis. Son public, Daniel l'a compris, est principalement féminin. Et s'il était là, l'avenir du mouvement ? Chez les filles ? La femme n'est-elle pas l'avenir de l'homme selon Aragon ? Alors pourquoi Françoise, Sheila, France et Sylvie ne seraient-elles pas celui de son entreprise de presse naissante ?

De cette peur de voir chuter les ventes de *SLC* en même temps que celles des disques des yéyés va naître le premier magazine féminin pour les adolescentes. Car si les rythmes du twist ou du madison sont effectivement passagers, le désir d'émancipation des filles, lui, est bien réel et loin de s'émousser. La musique pourra bien changer, ça n'empêchera pas les adolescentes de vouloir être jolies, à la mode, bien coiffées et bien habillées. Jusque-là, elles sont très peu nombreuses à se maquiller et, lorsque l'envie prend les plus effrontées d'entre elles, elles sont obligées d'emprunter les produits de beauté de leurs mamans. Concernant leur façon de se vêtir, il y a également encore peu de différences avec celle de leurs mères. Même si leur principale préoccupation, ça Daniel ne peut l'ignorer, reste de rêver au prince charmant, de le rencontrer et surtout d'en parler avec leurs copines. Parler d'amour, parler des garçons, n'est-ce pas ce que font Sylvie, Françoise, France et Sheila à travers leurs chansons ?

C'est donc tout naturellement que les yéyé girls vont devenir le fer de lance de ce magazine, *Mademoiselle Âge tendre*, que l'on nommera bien vite *MAT*, et qui naît en novembre 1964. Avec ce mensuel, Daniel Filipacchi vise ni plus ni moins 8 millions d'adolescentes, en abordant des thèmes sociologiques de fond, légers ou plus sérieux, dont il fait de nos quatre héroïnes les égéries. Il va toucher sa cible dès le premier numéro qui met en une France Gall, 17 ans, surfant sur la fraîcheur d'à peine un an de carrière.

Que propose le sommaire de ce premier numéro ? L'amour ! Et pas n'importe lequel. Celui de Sylvie pour Johnny ! L'accroche principale de cette une est « Pourquoi j'aime Johnny ? » par Sylvie. À l'intérieur, la jeune fille

Sylvie, Françoise, Annie et Isabelle

raconte sa rencontre avec l'idole des jeunes et le début de leur romance. Et puisqu'une fille parle d'un garçon, pourquoi un garçon ne parlerait-il pas des filles ? C'est Frank Alamo qui se voit attribuer ce rôle.

La toute jeune France Gall, en couverture, donc, propose ses choix pour organiser une surprise-partie et donne de précieux conseils pour qu'elle soit réussie.

> Quand c'est moi qui reçois, dit-elle, je suis toujours affreusement inquiète. Ai-je bien tout préparé ? Mes amis ne vont-ils pas s'ennuyer ? Je puis en tout cas vous donner un conseil : ne négligez pas le point le plus important d'une surprise-partie, celui qui concerne la musique. Si vous n'avez pas beaucoup de disques, demandez à vos invités d'en apporter… Il sera bon, aussi, qu'une seule et même personne puisse s'occuper du choix des morceaux pendant toute la durée de la fête. Si chacun réclame le disque dont il a envie, cela finit toujours, plutôt sur les mélodies, les chansons lentes immanquablement, de la même manière : on arrête un slow brusquement pour passer à un rock ou un hully-gully, et bientôt tout le monde s'énerve, plus personne ne danse. Dans l'idéal, voici quel devrait être, à mon avis, le bon « ordre d'écoute » des disques. Au début de la surprise-partie, passez beaucoup de morceaux « rapides » : ils vous permettront de mieux « chauffer » vos danseurs. Puis tenez-vous au rythme suivant : trois slows, trois rocks, deux hully-gullys ; puis de nouveau trois slows, etc. Et vers la fin, au contraire, insistez. Et maintenant, je vous souhaite un bon après-midi.

Une séance photos de mode suit sur quatre pages.
Une rubrique psycho, l'horoscope, trois nouvelles illustrées, on retrouve toutes les bases d'un féminin classique. Mais à la mode yéyé. Filipacchi adopte les mêmes recettes

que pour *Salut les copains*, qu'il a voulu d'emblée comme le « petit frère » de *Paris Match*.

Côté beauté, c'est la jeune Anne-Marie Périer qui va se charger de la rubrique « Belles, belles, belles », qui évoque le premier tube de Claude François. L'aventure de la petite sœur du photographe de *SLC*, Jean-Marie Périer, à peine âgée de 19 ans, fonctionne en parallèle de celle de nos héroïnes. Après un bref passage chez Chanel, où elle s'ennuie ferme, elle fait des pieds et des mains pour rejoindre l'équipe du jeune magazine *Mademoiselle*. Mais ce dernier, après des problèmes juridiques, met la clef sous la porte au bout de quelques numéros à peine. C'est alors que Jean-Marie décide de présenter sa sœur à Daniel qui est en train de lancer *MAT*. Anne-Marie, qui se voyait assistante ou secrétaire, comme chez *Mademoiselle*, est directement propulsée journaliste. Daniel Filipacchi veut une équipe rédactionnelle en phase avec les lectrices. De la rubrique beauté, la jeune femme va rapidement monter en grade, jusqu'à devenir rédactrice en chef ! La plus jeune rédac' chef de Paris, dira le PDG de *Paris Match* !

Rapprocher le plus possible les lectrices du magazine est une idée particulièrement novatrice. Faire de toutes ces adolescentes une possible « jeune fille dans le vent ». Dès le premier numéro est lancé l'appel au concours « Mademoiselle âge tendre »... et quarante candidates sont déjà présentées dans le numéro 2 ! De fil en aiguille, à l'été 1965, la première gagnante de ce tremplin pour devenir *in* est élue. Elle s'appelle Elsa Leroy et pose immédiatement pour le nouveau mensuel. De nombreuses autres jeunes filles vont suivre. Se glissant dans les pages glacées et colorées de *MAT*, elles réalisent le rêve de toutes les autres. Le temps d'un numéro, en

Sylvie, Françoise, Annie et Isabelle

présentant la mode aux côtés de Sylvie, Françoise, Sheila et France. C'est l'intuition la plus forte de Daniel, qui préfigure même les émissions de télé-réalité des années 2000. C'est aussi le quart d'heure de gloire de tout le monde dont Andy Warhol aura la prémonition dès 1968 lorsqu'il dirigera son innovante et originale Factory en plein New York. Mais pour la France, le visionnaire des années 1960, de l'évolution de la place des jeunes dans la société, c'est incontestablement Daniel Filipacchi. Les jeunes filles ne sont pas ingrates puisqu'elles portent *MAT* en triomphe avec une moyenne très rapide de 400 000 ventes par mois. Soit l'équivalent des publications adultes auxquelles il peut se comparer, *Elle* et *Marie Claire* entre autres, dont leurs mamans sont depuis un moment déjà des fidèles. En outre, les milliers de lettres qu'elles lui adressent et dont certaines sont publiées dans chaque numéro marquent leur attachement.

« Ça a été un magazine précurseur », explique Sheila soixante ans plus tard. « Ils utilisaient notre notoriété et la musique qu'on faisait pour inculquer la mode aux jeunes filles. Mais ça n'était pas un journal de mannequins, ça n'avait rien à voir. C'était vraiment le journal des filles qui chantaient. Pourquoi portaient-elles tel vêtement, pourquoi étaient-elles maquillées comme ça ? Un typique journal de Nanas ! – le premier. » À propos d'Anne-Marie Périer : « Elle a fait un magazine chic, ça n'était pas un dépotoir. Un très beau magazine, très bien fait, intelligent. Ça, c'est Anne-Marie, c'est sa touche », dira Sheila à l'occasion d'un documentaire[8].

Salut les copains comme *Mademoiselle Âge tendre* n'ont pas d'équivalent outre-Manche. Les groupes anglais vont immédiatement être séduits par cette presse jeune. Des

Beatles aux Who, en passant par les Stones, c'est toujours avec plaisir qu'ils viendront illustrer les pages, immortalisés bien entendu par Jean-Marie Périer, qu'ils trouvent très sympa et pour lequel ils ne reculent devant aucune excentricité. Naturellement il a leur âge. Ce côté bon enfant donne des photos d'une inventivité encore jamais vue, y compris pour des vedettes britanniques.

Poupée de cire, poupée de son

C'est le titre de la chanson qui va sauver France Gall et l'empêcher, après le triomphe de *Sacré Charlemagne* qui vient de s'écouler à plus d'un million d'exemplaires, de devenir une chanteuse pour les enfants. Une Chantal Goya avant l'heure mais sans le consentement de France.

Début 1965, Serge Gainsbourg, de plus en plus inspiré par cette nouvelle génération, organise, en quelques vers bien sentis, une sorte de portrait des jeunes chanteuses de l'époque. On pense forcément à Sylvie et à France elle-même lorsqu'on entend « *sous le soleil de ses cheveux blonds* », ainsi qu'à Françoise : « *Mes disques sont un miroir dans lequel chacun peut me voir.* » Quant à Sheila, elle a même droit à un clin d'œil personnel avec « *Je vois la vie en rose bonbon* ». La chanson évoque surtout la jeunesse de ces filles qui n'ont pas forcément l'expérience de ce qu'elles chantent : « *chanter ainsi l'amour sans raison sans rien connaître des garçons* ». Quoique les quatre filles dans le vent soient probablement plus mûres que l'image qu'elles projettent d'elles-mêmes. Dans le même temps, la radio RTL cherche une interprète pour représenter le Luxembourg au très célèbre et prestigieux concours de l'Eurovision de la chanson. Leur choix s'arrête sur France Gall. La dernière-née des quatre incarne parfaitement la fraîcheur d'une jeune fille de l'époque. C'est aussi la première fois qu'est interprétée une chanson au rythme rapide, puisque très vite c'est le titre signé Gainsbourg qui est retenu.

Cette année-là, la ville de Naples est élue pour accueillir le concours qui se déroule devant 150 millions de téléspectateurs. Et, contre toute attente, alors qu'elle s'y rendait en traînant les pieds, France Gall remporte cette édition du 20 mars 1965. Face à son équipe qui vient lui annoncer en loge sa victoire, la jeune fille, aussi heureuse qu'incrédule, ne peut s'empêcher d'appeler son compagnon, Claude François, avant d'aller saluer le public. Il lui répond immédiatement, les yeux encore fixés à l'écran sur lequel il regarde le programme. En guise de félicitations, il lance à sa future jeune fiancée : « Tu as été nulle, tu chantais faux. Tu as gagné l'Eurovision mais moi, tu m'as perdu ! » France raccroche et, pressée par l'équipe, regagne la scène en larmes. Le public l'acclame et imagine que sa seconde interprétation de la chanson gagnante, comme il se doit, moins sûre que la première, est sans doute due à l'émotion du succès. Sur ces entrefaites, France n'a qu'une idée en tête, rejoindre Paris pour retrouver Claude. Il la fera languir, des heures durant, pleurant sur le paillasson du célèbre immeuble du boulevard Exelmans, avant de daigner lui ouvrir la porte ! France est amoureuse ; lui aussi, mais ses sentiments ne l'empêchent pas de se montrer sous son plus mauvais jour. Malgré tout, ils se réconcilient.

Mais leur relation se complique rapidement. France enregistre la chanson en allemand, en italien et en japonais. Et surtout elle se classe dans les hit-parades d'une quinzaine de pays. Un véritable triomphe puisque *Poupée de cire, poupée de son* se vend à un million et demi d'exemplaires. Un tel succès est insupportable pour Claude : l'envolée internationale de la carrière de France le rend malade. Gainsbourg, de son côté, se voit reprocher par certains journalistes d'avoir abandonné le style Rive gauche pour les éphémères yéyés. Il leur rétorque qu'il a cru bon de retourner sa veste en s'apercevant qu'elle était doublée de vison. Plus d'une dizaine d'années plus tard, il déclarera, en 1978, à Michel Berger, lors d'une émission de Maritie et Gilbert Carpentier : « France Gall m'a sauvé carrément la vie. Avant j'étais un marginal ! »

Sheiladermine

Continuant de spéculer sur l'image de Sheila, renforcée par ses récents succès discographiques, Claude Carrère développe les boutiques à un rythme d'enfer. À quoi il ajoute une ligne de produits de beauté baptisée Sheiladermine. Le tout sera supervisé par lui-même, bien sûr, et ses équipes. Mais il a l'idée de nommer André et Micheline Chancel, respectivement, PDG et directrice des ventes ! Pour ce faire, il les salarie. L'aventure de la famille Chancel continue si l'on peut dire, et rencontre à ce moment et plusieurs années durant un succès insolent. Après avoir transformé Sheila en la plus populaire des chanteuses de la première moitié de la décennie, il s'adresse avec cette série de produits dérivés à sa clientèle de province, la plus nombreuse à admirer Sheila.

En effet, comme Carrère a décidé de cesser les tournées depuis celle de 1964, après laquelle la jeune chanteuse est tombée malade, son public est privé du contact direct avec l'idole. Les problèmes de santé sont un prétexte, d'autant que l'artiste n'a qu'une envie, repartir sur les routes à la rencontre des gens. Mais Carrère ne voit pas les choses ainsi. Pourquoi ces tournées épuisantes dans toute la France pour quelques milliers de personnes, alors qu'un simple passage télé assure plusieurs millions de téléspectateurs ?

Comme attendu, les jeunes admiratrices de Sheila font un triomphe à ses lignes de vêtements en se ruant dans ses boutiques. Parmi les produits phares, les sandales Sheila, des espadrilles à rayures multicolores, en tissu bayadère. Côté télé, Carrère vient de créer un nouveau concept. Pour chacun de ses passages dans une émission, Sheila offrira un tableau chorégraphié.

Le couple princier de la chanson

« Mlle Vartan, voulez-vous prendre pour époux M. Jean-Philippe Smet ici présent ? » C'est la question à laquelle Sylvie répond d'abord au maire de Loconville, ensuite au prêtre qui l'a baptisée, venu spécialement de Bulgarie pour la marier. Nous sommes le lundi 12 avril 1965. Sylvie a interrompu la tournée internationale de présentation de son premier album américain. Johnny, lui, est en permission pour quelques jours alors qu'il lui reste quatre mois de service militaire à effectuer. Le mariage est prévu dans la plus stricte intimité. Seules trente personnes ont été invitées et les bans, pour cause de notoriété des jeunes époux, n'ont pas été publiés.

Malgré tout, le jour J, c'est dans une cohue monstrueuse que Sylvie et Johnny se rendent d'abord à la mairie, puis à l'église. On estime la foule à 3 000 personnes, au sein de laquelle se sont glissés 200 journalistes et photographes. Les toits sont occupés, des tuiles ont été enlevées, laissant place à des téléobjectifs. Comment est-ce possible ? La municipalité doit faire appel à toutes les bourgades voisines et ce ne sont pas moins de 200 gendarmes qui arrivent en renfort. Ils ont bien du mal à canaliser la foule et à maintenir l'ordre. Sylvie et Johnny sont bousculés, la robe de la mariée est déchirée par endroits. Sylvie est morte de peur pour sa grand-mère venue de Bulgarie et son père déjà affaibli par la maladie.

Dès le lendemain, le prêtre de la paroisse est accusé d'avoir « vendu » l'événement. On se demande bien quel aurait pu être l'intérêt de ce pauvre homme. Mais la presse veut désigner un coupable, sans pour autant évoquer le manager des mariés, qui a de toute évidence initié ce chaos. Quoi qu'il en soit, après une réception intime dans le manoir des Vartan, les jeunes époux s'envolent en voyage de noces pour les Canaries, entourés comme toujours par les équipes de *Salut les copains*. Pour le reste de la presse et des médias d'une manière générale, la plupart des photos ont été prises le jour même.

Les retombées de l'événement sont énormes. Pour *Paris Match* qui met en une Sylvie essuyant une larme d'émotion, il faut remonter au couronnement d'Élisabeth II, le 2 juin 1953, pour retrouver un tel chiffre de ventes ! Suivent le très sérieux magazine *L'Express*, tous les quotidiens de France, *SLC* et *MAT*, dont Johnny et Sylvie sont le cœur de cible. C'est un peu notre couple princier qui vient de s'unir et ainsi de montrer la voie à cette nouvelle génération de postadolescents et de très jeunes adultes qui vont les suivre dans un grand élan d'enthousiasme. À peine rentrées de leur trêve nuptiale, nos deux jeunes idoles repartent chacune de leur côté. Johnny, le cœur serré, à la caserne d'Offenbourg, Sylvie, au Japon, où elle est attendue pour une série de concerts dans les plus grandes villes, après l'immense succès rencontré par *La Plus Belle pour aller danser* au pays du Soleil-Levant. La carrière de la jeune femme continue de passer allègrement les frontières.

Des îles grecques au Swinging London

Si l'Angleterre n'a pas de yéyé girls, elle voit en revanche l'éclosion de nombreuses jeunes chanteuses dès l'avènement de la musique pop. Et pas des moindres. Toutes ces filles connaissent une réussite immédiate et, pour certaines, elle va durer. Marianne Faithfull, qui sort à l'époque avec Mick Jagger, est au top avec *As Tears Goes By*, chanson écrite et rapidement reprise par les Rolling Stones. Dusty Springfield vient de remporter la palme avec *I Only Want to Be With You*, autre tube planétaire, traduit en France en *À présent tu peux t'en aller* par Richard Anthony, alors au faîte de sa gloire. Sans oublier Lulu avec *Shout* et Sandie Shaw célèbre en France à peine plus tard avec *Puppet on a String* adaptée en *Un tout petit pantin*. C'est dire si Londres est gâtée en termes de jeunes chanteuses. Les Anglais ont repéré Françoise Hardy depuis plus d'une année, plusieurs de ses chansons ont fait des cartons, des airs lents et romantiques, ce qui rapproche la jeune femme de Marianne Faithfull. Au printemps 1965, *All Over the World*, adaptation anglaise de son titre *Dans le monde entier*, s'apprête à passer une quinzaine de semaines dans les charts britanniques.

Pendant ce temps, Françoise, elle, s'acquitte d'une promesse : celle de tourner le film de Jean-Daniel Pollet, *Une balle au cœur*, sur l'île de Skyros, appartenant à l'archipel des Sporades en pleine mer Égée. Malgré la beauté des lieux et le temps de rêve, la jeune femme s'ennuie rapidement. Brinquebalée de droite et de gauche, elle souffre de l'absence de Jean-Marie Périer. Elle s'en confie à un reporter de *Cinémonde* : « En quatre mois, j'ai vu Jean-Marie Périer juste le temps d'un déjeuner. Il était au Japon pour photographier Sylvie Vartan. Au moment où il rentrait à Paris, je partais pour la Grèce. Nous nous sommes croisés à Orly ! Ce n'est plus une vie. Et comble de joie, où nous sommes installés pour le tournage, il n'y a même pas un téléphone... » De plus, le contact avec le beau Sami Frey, son partenaire, héros de ce western grec, ne se fait pas vraiment. Ils souffrent tous les deux du même mal ! Si elle est privée de son photographe adoré, lui ne supporte pas d'être éloigné de Catherine Deneuve, dont il est tombé amoureux sur le tournage de *Avec amour et avec rage*.

Fort heureusement, un matin de ce mois de mai, en plein tournage, Françoise voit débarquer Jean-Marie, de retour du Japon ! Pour quelques jours seulement. Après un beau week-end durant lequel elle chante et joue de la guitare dans des petites tavernes, pour le plus grand plaisir des autochtones éblouis, Jean-Marie doit repartir pour Paris où l'attendent des séances pour *Salut les copains*...

Sylvie, Françoise, Annie et Isabelle

Ce n'est qu'après le dernier « coupez » prononcé par Jean-Daniel Pollet que Françoise pourra retrouver Jean-Marie qui l'attend à Londres accompagné de Jacques Wolfsohn. Et ils ne sont pas les seuls. Car, lorsque l'avion de Françoise se pose à Heathrow, c'est une nuée de journalistes qui la guettent. En effet, elle doit honorer des concerts au cabaret de l'hôtel Savoy. Une énorme conférence de presse l'attend dans les salons de l'aéroport. Elle tente de se prêter au jeu, mais, sous le coup de la fatigue et de l'émotion, la jeune femme fond en larmes face aux journalistes. Évidemment, de nombreuses photos sont publiées, donnant d'elle une image de diva dépressive.

Le Savoy est l'un des plus grands hôtels de Londres. Il comprend notamment une salle de concert de 1 100 places. C'est une reconnaissance incroyable pour une aussi jeune artiste étrangère, française qui plus est, car les Anglais n'ont besoin de personne en matière de musique. La France d'alors investit non-stop, c'est bien connu, tous leurs studios d'enregistrement. Londres est en train de tomber amoureuse du glamour à la française. Effectivement, Françoise n'est pas déroutante pour les Anglais. Elle s'inscrit, par son style, dans la liste des jeunes vedettes qu'ils adulent. Avec ce petit plus qui ne leur échappe pas, cette grâce discrète mais bien présente, qui dépasse toujours la principale intéressée.

Elle apprécie cependant peu la scène, la représentation en public pour tout dire, et reste loin de l'effet qu'elle produit dans ses tenues avant-gardistes. Françoise Hardy et la scène, ce n'est pas tout à fait une histoire d'amour. Une aventure peut-être mais dans laquelle elle ne se projette pas. Profondément solitaire, posture qui convient à la perfection à un auteur-compositeur, la scène lui impose quelque chose de pénible et les compliments qu'elle y récolte ne suffisent pas à la combler.

Elle va pourtant investir les planches de cet endroit mythique à partir du 7 juin 1965 pour une série de représentations où l'on pourra croiser tout le Swinging London et plus particulièrement la turbulente jeunesse de Carnaby Street. Sa silhouette longiligne, mise en valeur par un costume-pantalon blanc signé Courrèges, fait mouche alors que Londres devient l'une des toutes premières capitales mondiales de la musique et de la mode. « Je l'avais vue au Savoy Hotel de Londres, j'avais traîné mon premier mari (John Barry) pour qu'elle chante James Bond, je trouvais ça plus original que Shirley Bassey », raconte Jane Birkin[9].

Les offres de tournées, en France comme à l'étranger, ne tardent pas à assaillir Mlle Hardy. Dans ces années-là, encouragée notamment par Jean-Marie Périer, elle répond présente. Mais elle n'est pas heureuse pour autant. Les séparations, les voyages, bref l'éloignement, l'empêchent de vivre comme elle le souhaiterait, sentimentalement surtout. Alors, elle ne cesse d'écrire et de composer dans des chambres d'hôtel pour exprimer ses souffrances. Elle enrichit son répertoire de petites pépites qui parsèment ses disques et récitals, comme le magnifique *En t'attendant* :

Le lit, le téléphone
Dans la chambre personne
En t'attendant...

Allongée sur mon lit
Tout haut, je te maudis
En t'attendant

*Le téléphone sonne
C'est ta voix qui s'étonne
Et qui comprend
Ce qui t'attend
En attendant...
En attendant.*

Et le tout aussi ciselé, *Non, ce n'est pas un rêve* :

*Ces gens qui me parlent
Et qui m'emmènent
Et moi, je me laisse emporter
Je vais et je viens comme en un rêve
Dont toi seul pourrais m'éveiller
Non, non, non, ce n'est pas un rêve
Nous ne nous verrons plus...
Jamais, jamais, jamais plus
Non, ce n'est pas un rêve.*

Le style *Elle*, c'est elle

Ce sont les mots du magazine *Elle* à l'automne 1964. En fait, l'aventure *Elle*-Sylvie commence dès la fin de l'année 1962. C'est donc tout naturellement à l'hebdomadaire féminin numéro 1 qu'il revient de présenter la première collection de prêt-à-porter signée Sylvie Vartan le 5 août 1965. La jeune artiste n'était pas très emballée par cette idée, plutôt venue de son entourage, mais elle finit par accepter à partir du moment où elle sait qu'elle sera entourée par ses deux amies, Luce Dijoux, camarade du lycée Hélène-Boucher, et Mercedes Calmel, jeune journaliste avec laquelle elle s'est liée d'amitié lors d'une de ses toutes premières interviews. En plus des copines, Sylvie recrute trois jeunes stylistes qui œuvrent déjà dans la couture et vont prendre en main la direction des collections. Il s'agit d'Emmanuelle Khanh, de Christiane Bailly et Chantal de Crisnoye. Tout comme pour sa consœur Sheila, ses modèles doivent être accessibles aux jeunes femmes qui constituent son public, la vocation de cette mode étant de descendre dans la rue en plein essor du prêt-à-porter. Les rédactrices de *Elle* ajoutent : « Elles ont entre quatorze et vingt-cinq ans. Elles vont au lycée, à la fac ou au bureau. Elles aiment s'habiller. Elles n'ont pas beaucoup d'argent. Elles sont exactement comme était Madame Hallyday, il y a... quatre ans à peine. »

La première boutique Sylvie Vartan ouvre ses portes début 1966, avenue Victor-Hugo, dans le 16ᵉ arrondissement. De nombreuses autres vont suivre en France, comme à l'étranger. Si l'entreprise n'est pas aussi importante que celle de Sheila, supervisée par Claude Carrère, elle fait tout de même travailler trois usines à plein temps à la fabrication des modèles. Sylvie portera régulièrement ses créations à la télévision et jouera les mannequins pour les campagnes de presse.

C'est encore elle qui est choisie, avec Johnny, peu après son retour de l'armée, pour représenter la France à la Royal Performance à Londres au mois de novembre. Ainsi, les deux artistes français les plus en vue du moment sont présentés à la reine Élisabeth et au prince Philippe d'Édimbourg parmi un parterre des plus grandes stars mondiales de l'époque.

Sylvie, Françoise, Annie et Isabelle

L'Amérique

L'Amérique est un fantasme pour les chanteurs de l'époque et leur jeune public. Naturellement, il devient un thème récurrent. L'avènement de la télévision en propose de nombreuses images qui font rêver mais, surtout, il n'y a pas une semaine sans que soit diffusé un western sur l'unique chaîne de télé. C'est le genre préféré des Français. C'est donc par refrains interposés que leurs chanteurs favoris vont faire rêver les jeunes. C'est le cas de France et Sheila qui lancent *L'Amérique* pour l'une, *Le Folklore américain* pour l'autre, en cette fin d'année.

Ah, que je voudrais prendre l'avion pour l'Amérique
Ah, que j'aimerais connaître à mon tour l'Amérique
Ah, que c'est tentant d'aller visiter l'Amérique
Quand on a rêvé depuis dix-sept ans d'Amérique
J'irais voir le Texas et le Colorado
Sans parler du Kansas et de San Francisco...
chante France sans grand succès.

Je ne sais pas si vous êtes comme moi
Mais chaque fois ça me met en joie
D'écouter jouer sur un crincrin
Un vieil air du folklore américain
Aussitôt je m'vois déjà
Au fin fond de l'Arizona
Affublée d'un grand chapeau
Et grattant sur un vieux banjo
Woh... Ring ding ding...
Car j'aime bien
Le folklore américain...

Les paroles sont efficaces et s'ancrent dans les mémoires via les numéros chorégraphiés présentés à la télévision pour lesquels Sheila comme ses danseurs sont vêtus de costumes de western. Jupe en daim bleu à franges pour elle, avec santiags et chapeau de cow-boy.

Un nouveau tube assuré, doublé d'un slow, *Tous les deux*, sur le même 45 tours. Lorsque sort l'album annuel, il représente Sheila dans cette tenue, mais cette fois en couleur. L'interaction entre les passages télé et le disque dans les magasins est totale et surtout novatrice. On y perçoit tout le talent de Claude Carrère qui, l'air de rien, invente un mode de communication visuelle encore utilisé aujourd'hui. L'effet est immédiat. Le public de la chanteuse s'élargit un peu plus chaque année qui passe.

Un heureux événement

En décembre 1965, Sylvie est enceinte et folle de joie de l'être. Malgré tout, un voile nuageux vient ternir cet heureux événement. Johnny Stark, qui a, comme on le sait, la mainmise sur les carrières de Johnny d'abord, puis la sienne depuis 1963, ne se réjouit pas de la nouvelle. Tant s'en faut. Selon lui, le statut de mère de famille n'est pas envisageable pour une vedette de son envergure. En devenant maman elle va mettre fin à sa carrière. Mais ce qui contrarie encore davantage le manager est qu'il pense sincèrement qu'elle va ruiner celle de Johnny, son poulain. Celui-ci rencontre déjà des difficultés pour retrouver sa place depuis son récent retour de l'armée. Johnny et Sylvie sont pour lui deux idoles qu'il a créées. Toujours ancré sur la manière dont le colonel

Parker a géré la carrière d'Elvis Presley aux États-Unis, il rappelle que ce dernier n'est pas père, alors pourquoi Johnny le serait-il ?

Sylvie, même si elle n'ignore pas la place qu'elle occupe sur la scène musicale française, n'a jamais pensé à mettre entre parenthèses le fait d'être mère. C'est même la raison principale pour laquelle elle s'est mariée. Célébrer son amour avec Johnny et le mener jusqu'au bout. Ce que Stark ignore à l'époque c'est qu'elle se voit à la tête d'une famille nombreuse ! Et surtout, elle ne partage pas la vision de leur mentor qui les a mis, elle et son mari, sur un piédestal. Pour elle le terme d'idole ne signifie rien. Ni un statut, ni un métier.

Cela fait des mois qu'elle se contient sans cesse de sentir monter une colère qui éclate à ce moment-là. La médiatisation à outrance du mariage avait été une première pierre en son jardin, mais aujourd'hui, cette ingérence continue dans sa vie privée ne lui semble plus acceptable. Bien sûr, elle en parle avec Johnny et Eddie, mais, en cette fin d'année, Johnny, toujours en train de batailler professionnellement, reste assez étranger à ce sujet de séparation. Sylvie, le connaissant bien, sait qu'il ne prendra jamais une telle décision : se séparer de son manager, celui à qui il doit tout, ou du moins le croit-il. Alors elle le fait à sa place. Quitte à passer pour la méchante. Elle n'a aucune difficulté à dire ce qu'elle pense et n'entend certainement pas se laisser dicter la conduite de la vie de son couple. Alors elle décide de rompre, en leurs deux noms, celui de Johnny et le sien, leurs engagements avec Johnny Stark.

Elle n'oubliera pas néanmoins ce qu'il a pu leur apporter à tous les deux. Une place vraiment à part. Et jamais, d'ailleurs, elle ne parlera de lui en de mauvais termes. Elle le décrira plus tard comme un seigneur. Ainsi vont les choses et, à l'aube de 1966, c'est vers un autre manager que Johnny et Sylvie vont se tourner. Il est à peine plus âgé qu'eux, ils se connaissent parfaitement puisqu'il est le bras droit de Bruno Coquatrix, le patron de l'Olympia. Il s'agit de Jean Pons qui va veiller quelques années sur leurs carrières et accompagner leurs destinées.

Des femmes autonomes

Au-delà de leurs chansons, légères pour les unes, plus graves pour les autres, ces quatre jeunes « idoles », dont deux seulement sont majeures, défient la position de la femme dans la société d'alors. Figures de proue d'une génération qui accède au monde adulte, elles modifient la posture du sexe féminin. Jeunes, célibataires pour trois d'entre elles, elles gagnent et rapportent des fortunes. Cela n'échappe pas à une grande partie des jeunes filles de l'époque, qui ne peuvent se satisfaire de leur condition. D'un côté, les filles mères, qui n'ont d'autre choix que de « boire » leur honte et de survivre avec les moyens du bord, de l'autre, de trop nombreuses jeunes épouses, encore tenues par le joug de l'autorité maritale et bien déconfites de se trouver contenues dans les tâches que l'on sait.

Heureusement, cette année 1965 s'inscrit dans le long chemin de l'évolution des droits des femmes. En effet, le 13 juillet, une loi votée par le Parlement marque un changement qui, s'il choque une grande partie de la population, opère une ouverture qui ne va plus cesser de s'agrandir.

Sylvie, Françoise, Annie et Isabelle

Cette loi accorde aux femmes le droit de travailler sans le consentement marital préalable et enfin d'ouvrir un compte en banque ! On oublie facilement qu'en ce milieu des sixties, époque bénie, cœur des Trente Glorieuses – où tout est prétendument possible –, les femmes n'avaient que des espèces pour monnaie d'échange et accéder à la consommation. Ce qui limite logiquement les possibilités d'investissement. Nombre d'entre elles se mettent dès lors à travailler. Cette loi de 1965, si libératrice soit-elle, n'est encore qu'une première étape dans l'émancipation des femmes. Cependant, elle constitue une profonde fissure dans le système patriarcal tel qu'il était conçu jusqu'alors.

Cette mesure vient régulariser un comportement de plus en plus courant. En effet cela fait déjà quelques années que nombre de jeunes femmes investissent le monde du travail sans demander la moindre autorisation à personne. Le législateur ne fera que prendre acte de la situation, comme c'est souvent le cas pour les lois concernant les mœurs. Et il apparaît évident que cette disparité de droits entre femmes célibataires et femmes mariées devient inique.

Les deux prochaines avancées seront décisives dans ce long parcours et marqueront aussi un profond changement sociétal concernant la relation homme-femme : le droit à la contraception et donc au contrôle des naissances, puis plus tard à l'avortement.

Johnny et Sylvie concluent l'année sous la houlette de Jean-Christophe Averty par un grand show qui, tant par sa modernité que le succès qu'il remporte le soir du 29 décembre 1965, va faire date. Un jeune couple définitivement dans le vent, qui se brouille, s'embrouille, se sépare, pour interpréter chacun ses tubes en solo, puis se réconcilie pour le duo *Un cocktail pour deux* où, après une dispute, chacun va noyer de son côté sa peine dans l'alcool, madame comme monsieur ! Les jeunes femmes ne sont plus ce qu'elles étaient et définitivement plus aux ordres de leurs maris…

Deuxième partie

Un nouveau paysage musical

Chapitre 1

Michel, Jacques, Antoine et Nino

Bien que l'époque fasse une large place à la musique anglo-saxonne, c'est à partir de 1966 que le paysage musical français connaît un nouveau changement, sans doute aussi marquant que l'arrivée de la variété née en 1960. Cette seconde moitié de décennie voit la naissance de noms, nombre d'entre eux sont soit auteurs, soit compositeurs de leurs chansons et vont naturellement créer un nouveau front dans la musique hexagonale. Les orchestrations, et particulièrement les arrangements, sont plus pop et soignés que jamais. Ces jeunes artistes, à la forte personnalité, intègrent le travail de leurs aînés tout en apposant leur marque. Avec eux, terminées les adaptations façon Johnny, Eddy, Dick et Cie.

Autant dire que le côté masculin l'emporte avec l'avènement d'Antoine et Nino Ferrer, mais surtout Michel Polnareff et Jacques Dutronc pour les plus marquants. Côté filles c'est le retour des « grandes voix » avec Mireille Mathieu qui, sous l'autorité de Johnny Stark, s'inspire directement d'Édith Piaf. Sans oublier Nicoletta dont le timbre de blues, incontestablement le plus intéressant, s'installe dans une variété classique. Mais ces chanteuses ne sont pas en concurrence avec les quatre filles. Les temps ne sont plus à la recherche d'idoles. Leurs chansons intéresseront d'ailleurs davantage les adultes que les jeunes. Comment les quatre filles dans le vent vont-elles trouver leur place dans ce nouveau paysage et, surtout, conserver leur statut ?

La maison où j'ai grandi

En à peine plus de trois années d'activité, le triomphe de Françoise n'a cessé de s'envoler à l'étranger. L'Angleterre, l'Allemagne et l'Italie se l'arrachent. Trois pays parmi les nombreux territoires où plaisent ses chansons. C'est ainsi qu'elle est invitée au très célèbre festival de la chanson de Sanremo, fin janvier 1966. Pour l'occasion, elle présente *Parlami di te*, traduit en français en *Parlez-moi de lui*. Un titre qu'elle trouve trop emphatique. Si le classement de Françoise ne marque pas les esprits, elle repère en revanche une chanson qui l'enchante aussitôt : *Il ragazzo de la via Gluck*. Composée et interprétée par Adriano Celentano, elle lui avait pourtant valu d'être éliminé en première sélection du festival de Sanremo. De retour à Paris, elle la fait adapter et ce titre italien devient *La Maison où j'ai grandi*. C'est un nouveau succès en cette année qui en connaîtra d'autres. Déjà en 1964, alors qu'elle venait d'être chaleureusement accueillie par les Italiens, Françoise, qui se balade toujours un transistor à l'oreille, avait repéré des mélodies qui l'accrochaient. Comme *Non aspetto nessuno* qu'elle fait traduire en *Je n'attends plus personne*, une jolie réussite.

Après l'Italie, Françoise s'envole pour l'Allemagne et rejoint Londres où elle est à l'affiche du Savoy pour une nouvelle série de concerts. Cette fois, elle se présente aux Anglais vêtue du premier smoking Saint Laurent. L'accueil est toujours aussi enthousiaste et lui vaut une nouvelle proposition de cinéma. Présent à l'une des soirées, John Frankenheimer croit voir en cette jeune femme l'incarnation de l'un des rôles du film qu'il s'apprête à tourner avec pour têtes d'affiche James Garner et Yves Montand. Une proposition qu'elle ne peut refuser, mais qui nécessite sa présence tout au long du tournage. Si elle apprécie les facéties de Montand, elle n'en trouve pas pour autant le temps moins long. Elle s'ennuie terriblement, et ses perpétuelles séparations avec Jean-Marie lui deviennent de plus en plus pesantes.

Toujours fidèle à elle-même, elle n'apprécie que la composition et l'écriture de chansons qui, en raison de son isolement et de ses sempiternels séjours en solitaire dans les hôtels, deviennent de plus en plus mélancoliques. Y compris lorsqu'elles n'abordent pas les frustrations des amours contrariées. Cela étant, elle en fait, à son corps défendant, une sorte de « marque de fabrique » qui plaît toujours autant et la rend inclassable. Quant à son look, qui change assez peu, il va petit à petit faire d'elle une icône intemporelle.

Les Sucettes

Annie aime les sucettes
Les sucettes à l'anis
Les sucettes à l'anis d'Annie

Quatre filles dans le vent

Donnent à ses baisers un goût anisé
Lorsque le sucre d'orge
Parfumé à l'anis
Coule dans la gorge d'Annie
Elle est au paradis...

Le très efficace *Baby Pop*, sorti en janvier 1966, proposait un texte sombre et acide, un constat sans appel pour l'avenir des yéyés. Mais le titre, malgré un accueil correct, n'a pas obtenu le succès escompté. Pour son retour au printemps, Gainsbourg propose donc une chanson nettement plus acidulée : *Les Sucettes*. Si on peut dire qu'il frappe fort, car elle va marquer l'histoire toute jeune de la pop française, il provoque également un virage dans la carrière de France. Pas artistique, mais psychologique. La métaphore érotique des paroles a rendu ce titre légendaire, mais celui-ci a été vécu comme une trahison par la jeune artiste. Celle des adultes qui l'environnent.

Je n'en comprenais pas le double sens et je peux vous certifier qu'à l'époque personne n'en comprenait le double sens. Il se trouve que Serge, avant chaque disque... me demandait de lui raconter un peu ma vie ; et donc cette fois-ci, c'était qu'est-ce que vous avez fait pendant vos vacances ? Alors je lui dis je suis allée à Noirmoutier chez mes parents... Là-bas il n'y a pas grand-chose à faire, alors, moi, chaque jour, j'allais m'acheter une sucette à l'anis. Voilà, je lui raconte ça quoi... Et puis quand il a écrit la chanson eh bien, je me voyais, c'était l'histoire d'une petite fille qui allait acheter ses sucettes... Mais, en même temps... Je sentais que ce n'était pas clair ! Je ne sentais pas que... Mais bon c'était Gainsbourg quand même !... Il me l'a jouée au piano et j'ai adoré la chanson[10]...

Un nouveau paysage musical

> ... Je ne pouvais pas concevoir le fait qu'on puisse faire passer une idée pareille dans une chanson. Donc, effectivement, je n'ai pas capté. Je savais bien qu'avec Gainsbourg, il y avait souvent des doubles sens dont il fallait se méfier. Je voyais bien aussi les drôles de sourires autour de moi, notamment ceux de mon manager. Mais moi, je n'imaginais pas qu'on pouvait me faire ça, à moi[11] !

Si l'on connaît les facéties du maître chanteur, on peut s'étonner surtout de ce que Robert Gall et Denis Bourgeois, le père et le manager de France, n'aient pas saisi le sens caché des paroles. Ce qui sera le cas de la plupart des adolescentes qui fredonneront et achèteront le disque à l'époque. Mai 68 n'est pas encore passé par là et, sans taxer les jeunes d'alors de niaiserie, on est très loin de la libération sexuelle qui aura principalement lieu au cours des années 1970.

À peine le titre enregistré, en toute innocence, France part pour un voyage au Japon où sa chanson *Poupée de cire, poupée de son* a fait un malheur. Elle y vit le même accueil et le même type de tournée que Sylvie, un an auparavant pour *La Plus Belle pour aller danser*. À son retour, la bombe lui tombe dessus : à travers de nombreuses allusions de son entourage, tout comme celles des programmateurs radio, elle comprend le sens exact de la chanson, qui vient de sortir début mai 1966. Morte de honte, elle se terre chez elle pendant plusieurs jours et comme elle le dira plus tard « en veut à la Terre entière ».

Quinze jours avant, alors que la promo a commencé à la radio, Serge est l'invité de Denise Glaser dans « Discorama ». Faisant allusion au fait que l'auteur-compositeur réputé Rive gauche commence à écrire pour les yéyés, l'animatrice demande, provocatrice : « Maintenant c'est vous qui leur fabriquez des sucettes ? C'est même vous l'usine à sucettes ? » « Ah ! répond Serge, mais elles sont au gingembre, mes sucettes ! »

Malgré la mauvaise plaisanterie que trois adultes clefs dans sa vie viennent de lui faire, France repart en campagne. Mais rapidement, il sera acquis qu'elle n'a pas compris l'ambiguïté du texte. Un bref entretien avec Serge, au cours d'une émission de variété, communiquera dans ce sens.

« Expliquez-moi le texte des sucettes... », demande Serge, entre deux bouffées de Gitanes. « C'est une petite fille, qui aime bien les sucettes, qu'elle achète au drugstore pour quelques pennies, hein... et puis c'est tout non ? » répond France avec détachement et une innocence forcément feinte. La faute est réparée. France n'avait pas compris... La jeune interprète va donc pouvoir promouvoir le titre et il y aura de nombreux passages télé, jusqu'à même chanter la chanson en duo avec son auteur, dans l'émission « Dents de lait, dents de loup » en janvier 1967.

Malgré ce petit scandale, à peine plus de 50 000 copies s'en écoulent. Le titre va pourtant rester mémorable, mais également marquer une fêlure dans la carrière de France Gall. Dans sa façon de voir les choses surtout. Ce qu'il vient de lui arriver est proche de ce que Sheila a vécu, quelque temps plus tôt, avec cette terrible rumeur infondée. Une image déformée de leur intimité est tout simplement jetée à la une des tabloïds.

Par bonheur, en cette année 1966, France est réclamée partout après le succès colossal de ses deux tubes, *Sacré Charlemagne* et *Poupée de cire, poupée de son*. Où qu'elle aille, l'accueil enthousiaste amenuise l'« effet *Sucettes* ».

France Gall est au Japon pour deux semaines. Elle y donne douze récitals, dont un devant 4 000 étudiants, et triomphe des Beatles au hit-parade. À 18 ans, « le poids plume » de la chanson française se maintient régulièrement dans les dix premières places... *Sacré Charlemagne* est un hymne officiel pour la jeunesse de plusieurs pays. Sa réussite est celle d'une famille groupée autour de sa petite idole... Quand, plus récemment, France a quitté l'Algérie où *Sacré Charlemagne* est un hymne national adopté par tous les mouvements de jeunesse, un groupe d'étudiants musulmans lui a remis un somptueux étendard, avec ces mots brodés à la main et datés : « À toi, France Gall, qui symbolises la véritable adolescence. » « Il y a un miracle Gall », dit Gainsbourg. En 1966 les miracles s'expliquent[12].

André, John, Mary et Françoise : mini mini !

L'un des aspects les plus significatifs de cette période tient à ce que les teenagers vont prendre en main la mode, et très vite la clientèle des jeunes adultes va suivre. Si les grandes maisons classiques comme Dior, Chanel, Balenciaga existent encore, ce sont bel et bien les nouveaux créateurs qui vont révolutionner les silhouettes. Saint Laurent, issu de chez Dior, s'y emploie déjà, il est rapidement rejoint par André Courrèges, qui a fait ses classes chez Balenciaga : sa collection 64-65 est une véritable révolution. Elle est le symbole même de la mode « space-age » qui explose au centre de la décennie et dont l'ambitieux Pierre Cardin va bientôt devenir un des piliers. Silhouettes sobres, très graphiques, formes trapèze, bottines et chapeaux-casques. La nouvelle ligne de Courrèges est avant-gardiste. La femme est clairement prête à partir dans l'espace ! Mais les jupes s'arrêtent encore très raisonnablement au genou.

Au même moment, à Londres, le jeune couturier John Bates, déjà très populaire, est choisi pour créer la garde-robe de la nouvelle héroïne de *Chapeau melon et bottes de cuir*. En juillet 1965, l'actrice Diana Rigg, interprète d'Emma Peel, entre sur le plateau vêtue d'un ensemble gris clair. La jupe droite, ceinturée de vinyle blanc, est portée bien au-dessus du genou. Le réalisateur s'en émeut. « Diana ! Vous ne pouvez pas porter ça ! » s'exclame-t-il. « Ne vous inquiétez pas, d'ici la rentrée, toutes les femmes porteront ça ! » lui répond, amusée, la jeune comédienne. Et l'histoire lui donne raison car le Swinging London va très vite s'emparer de la minijupe.

Dans la même mouvance, une jeune couturière s'apprête à faire fureur. Elle s'appelle Mary Quant. Bien qu'elle partage avec John Bates et Courrèges le privilège d'avoir créé la minijupe, c'est elle qui est le plus souvent citée. Normal, elle en est l'ambassadrice et en parle beaucoup mieux que les hommes. « Avec ces jupes, une jeune femme peut courir après l'autobus et sauter sur la plate-forme ! » Cette image très forte, on la retrouve dans un *Mademoiselle Âge tendre* de décembre 1965, pour une publicité de collants. De plus, Mary Quant les porte, elle, ces minijupes et minirobes !

Et en France ? Ce n'est certes pas la mésaventure de la ravissante Noëlle Noblecourt qui incite les jeunes filles à raccourcir leurs jupes. En 1964, alors présentatrice de l'émission « Télé Dimanche », elle laisse apparaître, bien involontairement, ses genoux à l'écran. Des lettres de téléspectateurs arrivent en masse à l'ORTF et le couperet tombe aussitôt : Mlle Noblecourt est licenciée *manu militari*. Un an plus tard, c'est Françoise Hardy qui déclenche les foudres des pères-la-pudeur ! Fin novembre 1965, la chanteuse ose porter une minirobe s'arrêtant clairement à mi-cuisses à la télévision alors qu'elle interprète *Le Temps des souvenirs*. « Elle est venue en minijupe dans une émission de Jean-Christophe Averty, "Douche écossaise"... Ho ho... Il faut croire que les techniciens et même les assistants étaient faciles à choquer et tiraient des langues un peu comme le grand méchant loup... La minijupe c'était le tout début, c'était la première fois qu'une comédienne venait avec une petite jupette qui lui coupait les cuisses en deux[13]. »

Cette robe, blanche avec deux longues lignes noires sur les côtés et ourlée de la même teinte sombre, Françoise la porte déjà dans le clip de *Non ce n'est pas un rêve*, qu'elle a tourné à Londres à peine un mois auparavant avec Jean-Marie Périer. L'influence de ce dernier dans les choix de Françoise est bien connue, mais on perçoit également celle de John Bates et Mary Quant dont les robes noir et blanc, en plein cœur du mouvement Op Art, se trouvent dans toutes les vitrines branchées de la capitale anglaise. Très vite, Françoise va opter définitivement pour ce style.

1966 sera l'année de la minijupe et l'interprète de *Tous les garçons et les filles* en sera l'égérie française. Les « go-go boots » blanches et la minidroite qui remonte de plus en plus tout au long de l'année seront sa marque de fabrique. C'est le style qu'elle arbore dans le film *Grand Prix*, de John Frankenheimer, tourné sur les divers circuits de formule 1 de l'année 1966. Minirobe rayée vert et rouge, ou noir et blanc. Minijupe blanche ou vert pomme et toujours ses bottines immaculées. Le film ne lui offre pas vraiment un grand rôle mais son image marque les esprits aux côtés d'Yves

Montand et James Gardner. Ce look culmine le 15 octobre dans le show télé de Jean-Christophe Averty, « Françoise Hardy Blues ». Parmi les invités le petit nouveau Jacques Dutronc et sa chanson *Mini, mini, mini,* qu'Averty met en scène avec beaucoup d'audace et surtout la participation à chaque plan des jambes de Françoise, de ses boots blanches et sa jupette à carreaux façon drapeau à damier, hommage à *Grand Prix* sans doute.

Françoise n'est pas la seule à faire du cinéma. La même année, Claude Carrère décide de lancer sur grand écran son égérie. *Bang-Bang* sera le premier film de Sheila dans lequel bien sûr elle va chanter. Pour *L'Heure de la sortie,* sous prétexte d'une séance de gymnastique avec une vingtaine de danseuses, elle arbore un mini ensemble orange excessivement court, porté avec une paire de baskets blanches. La chorégraphie très sportive la rend bien plus sexy que les familles, qui l'adorent, auraient pu s'y attendre !

Si Annie aime les sucettes, France va adorer la minijupe. Pour autant elle n'en porte pas encore pour interpréter la sulfureuse chanson de Gainsbourg et se contente de sages robes au genou. Les mises en scène de ses passages télé, avec des danseuses manipulant des sucres d'orge géants, sont bien assez évocatrices comme ça. En revanche, lorsqu'en fin d'année elle s'en va chanter à Hambourg, l'Allemagne la réclamant à cor et à cri depuis le succès de *Poupée de cire, poupée de son,* elle s'y présente dans une véritable mini à mi-cuisses portée avec mocassins et chaussettes blanches. Son look écolière est en train de se préciser...

Et Sylvie ? Si la naissance de David le 14 août 1966 l'a privée, pour son plus grand bonheur, de jouer les modèles, elle va vite se rattraper. En fin d'année, on peut la voir jerker sur le tonique *Garde-moi dans ta poche*, vêtue d'une minirobe noire à mi-cuisses, portée avec des collants blancs. Dans la rue, les jeunes femmes ne sont pas encore bien nombreuses à oser ce nouvel accessoire de mode, mais les quatre filles dans le vent, elles, l'ont déjà adopté.

Héroïnes de pop culture

La bande dessinée et surtout ses héroïnes sont dans l'air du temps depuis la création de *Barbarella* en 1962. Il était trop tentant pour certains de ces artistes encore peu considérés que de s'inspirer des stars les plus modernes. Jean-Claude Forest avait déjà emprunté les traits de Brigitte Bardot pour Barbarella. Guy Peellaert utilise ceux de Sylvie pour donner vie à la jeune espionne Jodelle. Cela donne lieu à un album plus proche d'une œuvre pop art que d'une BD. Le graphiste fait également participer à l'aventure quelques-uns des personnages les plus en vue de l'époque : Jodelle croise la route de James Bond, du ministre de la Culture André Malraux, des Beatles. Et même celle du pape et de Jésus-Christ, en train de devenir une des figures obsessionnelles de l'univers beatnik. Si Jodelle est très sexy et volontiers déshabillée, elle se distingue de la chanteuse qui, elle, n'incarne absolument pas la violence du personnage de BD. Guy Peellaert ne s'arrête pas en route et, deux ans plus tard, c'est l'image de Françoise Hardy qui lui inspire le personnage de Pravda. Le jeune artiste ne va pas tarder à devenir incontournable, créant des pochettes d'albums cultes comme le *Diamond Dogs* de David Bowie et *It's Only Rock'n Roll* pour les Rolling Stones.

Bang-Bang

Sheila continue sur sa lancée, alignant les tubes. Le premier de l'année 1966 annonce la couleur. Il s'appelle *Le Cinéma* et elle y exprime, sur un rythme de tamouré, le désir de vivre dans la même ambiance qu'un film d'action qui se déroulerait à Hawaï. Ce succès tombe à point pour annoncer que l'idole va tourner son premier film, tout au long de l'été, dont le titre de travail est *Les Aventures de Sheila : première mission*. Car Claude Carrère a clairement l'ambition de faire de sa chanteuse la tête d'affiche de ce que l'on appellerait aujourd'hui une licence. Sheila y devient une sorte de James Bond au féminin, version teenagers. Elle est l'héritière d'une prestigieuse agence de détectives, léguée par son oncle Guy. Pour pouvoir la diriger, elle va suivre les cours d'une école de police britannique. Sur cette trame très mode, tout à fait dans le ton des parodies d'espionnage qui envahissent les salles à l'époque, Claude Carrère confie le scénario à Albert Simonin, connu pour ses polars adaptés avec succès au cinéma, notamment *Touchez pas au grisbi*, et à sa jeune épouse Marie-Hélène Bourquin, journaliste et essayiste. La réalisation est confiée au vétéran Yves Allégret. Pas pour longtemps. De rapides différends opposent Carrère au metteur en scène qui finit par jeter l'éponge.

Ainsi, alors que la production commençait avec une équipe de professionnels reconnus, elle prend petit à petit une direction plus fantaisiste. Pour remplacer Allégret, Carrère engage un nouveau réalisateur, Serge Piollet, dont ce sera le premier film. Peu importe que son nom ne soit pas célèbre. C'est Sheila qui fera venir le public. Le producteur prend la main sur le travail du jeune homme, pourtant

Un nouveau paysage musical

doué et qui s'inspire de Richard Lester qui a œuvré pour les Beatles dans les films *A Hard Day's Night* et *Help*. Une excellente direction qui correspond bien au dynamisme et à la fantaisie de l'héroïne. Mais cette mise en scène est rapidement mise à mal par Claude Carrère qui insiste pour faire de nombreux gros plans sur la vedette et qui coupe dans le scénario tout ce qui ne concerne pas de près Sheila : c'est elle, la star. C'est elle que l'on vient voir ! Elle doit donc être de tous les plans ou presque !

Or, on le sait, un film c'est avant tout un scénario qui se tient ! Exit le travail des auteurs, l'aventure devient incohérente et difficile à suivre. Serge Piollet, manquant d'expérience et d'autorité, est dépassé par ce démiurge qui rend son quotidien impossible. Le tournage est chaotique de bout en bout. Hélas pour Sheila qui, elle, est en pleine forme. Ravissante et bondissante, elle s'amuse visiblement comme une petite folle dans les scènes d'action, chevauchant une moto, tirant à la mitraillette, apprenant le judo et se bagarrant comme si elle était née pour ça. Elle est heureusement bien entourée par Jean Yanne et Jean Richard, dont le professionnalisme vient renforcer les déséquilibres du film. Ce dernier va d'ailleurs changer de titre en cours de route. *Les Aventures de Sheila : première mission* sera troqué contre *Bang-Bang*.

Bang-Bang, le nouveau 45 tours de la chanteuse, sort peu avant le début du tournage, le 13 juin 1966, et il cartonne durant tout l'été. Autant faire bénéficier le film de ce succès discographique, ce titre en forme d'onomatopée allant par ailleurs très bien avec l'ensemble, pop et coloré. Et qu'importe si au final la chanson, aux accents tragiques, ne fera pas partie du film. Carrère a inséré dans l'œuvre deux autres airs qui composeront le disque automne-hiver de Sheila : *L'Heure de la sortie* et *Tu es toujours près de moi*.

Mise en place le 26 octobre, *L'Heure de la sortie* va encore mieux marcher que *Bang-Bang*.

L'heure de la sortie
Tout au long de l'année...
C'est le meilleur moment de la journée

La chanteuse présente plusieurs fois le ballet du film à la télévision, puis finalement un clip est tourné un mois plus tard aux Galeries Lafayette, illustrant plus fidèlement le thème de la chanson, à savoir la sortie du bureau. Le sujet est bien éloigné de celui du scénario, mais qu'importe, les ventes, impressionnantes, sont au rendez-vous et annoncent la sortie du long métrage pour le début de l'année. Le 4 février 1967, un avion est affrété au départ de l'aéroport du Bourget. Il arbore un large logo « Sheila Paris Nice Paris ». La première aura lieu quelques jours plus tard, à Nice, dans une salle de 3 000 places, pleine à craquer. C'est l'idée de génie de Claude Carrère. Inquiet de sa réception à Paris, devant un public qu'il considère comme snob, élitiste et appréciant peu la chanteuse, il organise sa sortie en province ! Le film ne sera projeté qu'au mois de mai sur les écrans de la capitale, alors qu'il a déjà engrangé plus d'un million d'entrées. Carrère avait vu juste car la critique parisienne n'est pas tendre, mais le public, incluant la banlieue, est cependant au rendez-vous et permet d'additionner 500 000 entrées supplémentaires.

Malgré ce succès, réalisant sans doute qu'il ne peut pas porter la double casquette de producteur de disques et de cinéma, Carrère, auquel le fait de déléguer ne vient même pas à l'esprit, décide de ne pas renouveler l'expérience.

Il y a deux filles en moi

Début 1966, Jean-Jacques Debout offre une nouvelle chanson à Sylvie, qui deviendra le titre de son nouvel album *Il y a deux filles en moi*.

En fin observateur et alors qu'il connaît très bien Sylvie et Johnny, il pressent que l'attente de leur premier enfant risque de ne pas avoir lieu sous les meilleurs auspices. Il a raison. Le comportement de Johnny, depuis son retour de l'armée, est assez erratique. Son désir obsessionnel de regagner sa place le fait voler de gala en gala, parcourant un nombre insensé de kilomètres, s'absentant le plus clair du temps et menant une vie assez dissolue. Raison pour laquelle Sylvie ne veut pas rester seule à attendre son enfant dans leur grand appartement de Neuilly où Johnny ne fait que de brefs passages.

> *Il y a deux filles en moi, celle qui chante la joie,*
> *Il y a deux filles en moi, celle qui pleure tout bas...*
> *L'une dit : j'ai de la chance, et pour lui j'ai tant d'amour,*
> *Que mon cœur aura confiance, attendant son retour,*
> *L'autre dit : demain peut-être, il ne me reviendra pas,*
> *La maison sera déserte, la vie s'arrêtera...*

On ne peut être plus clair sur la situation de la jeune femme. Adulée et reconnue comme l'une des toutes premières artistes françaises, esseulée comme le sont un grand nombre de femmes dans leur vie privée. Mais cela, personne ne le sait. Denise Glaser, toujours aussi curieuse, essaiera de le lui faire avouer dans l'un de ses « Discorama ». Alors qu'une Sylvie assez enjouée fait le récit de sa première télé cinq ans auparavant, la fameuse présentatrice la coupe : « C'est drôle de vous voir rire, c'est assez rare... » « Oh non, pas du tout », rétorque la jeune artiste. Et l'intervieweuse de reprendre : « J'ai vu une série de photos de regards de vedettes, récemment... Et vous étiez celle de toutes qui avait un très beau regard mais un regard extrêmement triste. » « Ah bon », répond Sylvie dans un sourire. « Pas triste si vous voulez, mais très mélancolique... » Sylvie continue de s'en défendre. Mais l'entretien avance et la nouvelle chanson écrite par l'ami Jean-Jacques est évoquée. Une chanson sur mesure, affirme Denise Glaser. Sylvie l'admet et en décrit l'intention : il y aurait en elle une fille gaie et l'autre peut-être, un peu triste. L'intervieweuse a finalement obtenu ce qu'elle souhaitait.

Durant ces longs mois de solitude, même si elle est entourée de l'affection de sa famille, l'homme qu'elle aime lui manque terriblement. Johnny s'envole vers le Canada pour douze dates, puis passe par Istanbul, Paris, Toulouse et Bruxelles pour une semaine. En mai, il part pour l'Afrique subsaharienne et revient faire quelques dates en France avant de s'attaquer en juin à une tournée dans les pays de l'Est. Il appartient plus que jamais au public. Mais nettement moins à sa famille...

Par moments, atteinte de lucidité, Sylvie se dit qu'il ne changera jamais et elle s'imagine encore seule après la naissance de son enfant... L'idée de finir vieille fille à Loconville ne la séduit pas du tout. Alors, parfois, elle en

Un nouveau paysage musical

vient à envisager le divorce. Elle s'en confie à sa mère, Ilona, qui la raisonne, l'aide à patienter.

Dans l'attente, Sylvie enregistre deux chansons pour publier un nouveau 45 tours d'été, qui sera complété par deux titres de son album précédent. Quelle tête fera Johnny en entendant *Mr John B* ? Prendra-t-il seulement le temps de le faire entre deux avions ?

Aujourd'hui ton bateau revient
Trois ans ce n'est pas rien
Es-tu fier de toi, Mr John B ?
Mais qui cherches-tu sur le quai là-bas ?
On n'attend pas un garçon comme toi...
Ton sac a l'air lourd à porter
Tu t'es bien débrouillé
Mais as-tu gardé tes mains propres Mr John B ?...
La rose des vents, tu l'as effeuillée
L'alcool a coulé, l'argent a passé
Tu dis je t'aime dans toutes les langues Mr John B
Mais qui cherches-tu sur le quai là-bas ?
On n'attend pas un garçon comme toi...
Aujourd'hui ton bateau revient
Alors tu te souviens
Qu'une fille t'attendait ici Mr John B
Pourtant sur le quai, regarde, elle est là...
Un garçon comme toi ne la mérite pas...

Le moins que l'on puisse dire est que ses auteurs la connaissent parfaitement et sont très au courant de la situation. Et ce n'est pas le deuxième titre, *La Chanson*, qui va adoucir le message...

Elle parlait des horizons de la vie
J'y croyais mais la chanson a menti
La chanson m'avait pourtant promis
De te faire pour toujours changer de chemin
En mettant à jamais ta main dans ma main
Elle voulait que l'on apprenne son refrain
Oui mais la rengaine d'un seul et même amour
Fatiguait ton cœur en blanchissant tes nuits...

Le 14 août 1966, David naît à la clinique de Boulogne-Billancourt où Carlos, sa fiancée Mimi, grande amie de Sylvie, et Ilona, bien sûr, ont accompagné la jeune maman. Cette dernière et le bébé vont bien mais Johnny, pour cause de gala en Italie, est absent. Il fait un aller-retour le lendemain matin pour faire connaissance avec son fils et embrasser Sylvie qui fête le jour même ses 22 ans. Même si elle comprend et aime profondément Johnny, qu'elle connaît le désarroi et les grands vides qu'il traverse depuis l'enfance, elle prend conscience qu'il ne sera jamais celui dont elle rêve depuis toujours. L'homme qui sera là pour l'épauler. L'état d'ébriété dans lequel il s'est présenté à la clinique vient de tristement le lui rappeler. Elle garde néanmoins le silence. « Maintenant elle n'est plus seule. Johnny parti, elle a David ! » titre *Paris Match* dans son numéro du 27 août 1966. La presse est au courant du drame qui se joue en coulisses.

Les paroles d'Ilona, si pleines de sens soient-elles, ne sont malgré tout, cette fois, pas parvenues à infléchir l'avis de Sylvie. Johnny, en pleine tourmente, n'a pas mesuré l'étendue des dégâts. À son retour à Paris, il apprend la nouvelle par son avocat : Sylvie intente une procédure de divorce.

Chapitre 2

Françoise Hardy Blues

C'est le titre du show télé « de luxe » que Jean-Christophe Averty imagine et met en scène pour Françoise Hardy le 15 octobre 1966. L'homme de l'art a définitivement un coup de foudre pour la jeune génération qui l'inspire jusqu'au délire.

Superbement filmée, Françoise chante de nombreux titres, écrits et composés par elle, tous plus beaux les uns que les autres... Jean-Christophe Averty n'est pas l'ogre que l'on dit. Non seulement il n'a pas passé Françoise Hardy à la moulinette, mais encore il a tiré le plus merveilleux parti de son visage calme et lisse, de sa chevelure de sirène, de sa grâce à la Botticelli... Les verbes aimer, souffrir, partir, revenir, oublier, sont l'essentiel de son vocabulaire... On ne peut nier qu'il se dégage de sa personne un grand charme attendrissant. Elle représente d'une manière assez émouvante « la jeune fille ». C'est un rôle difficile à tenir longtemps. Que restera-t-il d'elle quand elle aura cessé de nous toucher par cette simplicité de petite fille qui a grandi trop vite[14] ?

Est-ce le sujet du très beau *Mon amie la rose* qui inspire le critique de *Télé 7 Jours* ? Ce n'est pas la vision d'Emmanuel Berl, écrivain, philosophe et mari de Mireille, qui exprime un sentiment différent et semble trouver l'écrin un peu lourd pour le bijou :

> Françoise Hardy n'est pas seulement une vedette, elle est une personne. Photogénique à vous couper le souffle, et d'une élégance naturelle qui ne cesse de vous surprendre, même si on la connaît de longue date : sur elle, la vieille robe de chambre de Diderot paraîtrait une création géniale de Chanel... Jeune fille triste, sœur Anne qui attend l'amour et ne voit rien venir, elle faisait à Johnny Hallyday un pendant nécessaire. Jean-Christophe Averty a déversé sur nous un torrent d'images, presque toutes saisissantes, épuisantes à la fin, par leur nombre et par l'excès de l'invention... Il y a un moment où on soupçonne Averty d'aimer tout... sauf les chansons, il craint qu'on ne puisse les avaler et les enrobe de sucreries multicolores... C'est vrai que ses chansons se ressemblent, mais c'est également vrai qu'il aurait pu nous laisser une minute tranquilles avec elle...

Parmi les professionnels souvent timorés de ce milieu, Averty reste, cela dit, l'artisan le plus avant-gardiste du petit écran, auquel il apporte une vraie modernité. Et, comme Sylvie et Johnny un an plus tôt, Françoise va bénéficier de ses approches surprenantes. Dans ce show, Jacques Dutronc participe déjà à trois titres : *Mini, mini, mini*, *Les gens sont fous les temps sont flous* et *Les Play-Boys*. Et pour finir un duo gag, *Les Garçons*, qu'il partage avec la vedette du show ! Françoise attaque, directe : « *Moi je n'aime pas les play-boys ! Moi j'aime les garçons, les garçons...* » Et Jacques de répondre : « *Tu aimes les garçons, les garçons de café, les garçons coiffeurs, les garçons de bureau...* »

Le duo apparaît clairement comme une parodie des premiers succès de Jacques, même rythmique pop, même style impertinent. La chanson se terminant sur un dérivé des *Cactus* : « *L'amour est une espèce de hérisson / Qui s'y frotte s'y pique / Mais c'est tellement fantastique.* »

De quoi étonner le public ! Françoise Hardy et Jacques Dutronc seraient-ils plus que de simples camarades ? Non, comme le confirme la chanteuse dans son autobiographie : « Comme Jacques et moi étions dans la même maison de disques et qu'on nous voyait souvent ensemble dans des lieux publics, la presse à scandale eut tôt fait de nous fiancer et les médias prirent le pli de ne pas faire appel à l'un sans faire appel à l'autre... »

En effet, dans la célèbre émission « Dim Dam Dom », le 9 avril 1967, ils se lancent dans un nouveau duo, dont le texte n'est qu'une moquerie de l'histoire d'amour que leur prête la presse...

> Françoise : *J'ai couru par-ci par-là*
> Jacques : *Oui moi aussi j'étais là*
> Françoise : *Pourquoi toujours derrière moi ?*
> Jacques : *Parce que je pense toujours à toi !*
> Les deux : *Hardu / Trondy / Dutry / Hardon / Dutronc Hardy ! On s'est trouvés, rien n'est perdu, nous sommes éperdus...*

Travail, famille, patrie

Alors que la France entame une année capitale concernant les droits des femmes, Sheila, via Claude Carrère, va ancrer un peu plus profondément son personnage dans les valeurs gaulliennes de l'époque. Elle est celle des quatre filles qui a la place la plus importante dans le cœur des familles françaises : depuis ses débuts certes, et quatre ans après, on la considère encore comme une grande sœur, une cousine, bref quelqu'un de proche. La proximité avec son public, c'est à cela que son producteur travaille, ciselant ainsi ce lien indéfectible qu'elle entretiendra avec lui.

Après la valeur travail clamée par *L'Heure de la sortie*, succès populaire de l'automne précédent, c'est à *La Famille* que l'équipe de Sheila s'intéresse, en la représentant, comme elle se vit ces années-là dans nombre de milieux, de manière encore conservatrice.

> *L'autre soir nous avions décidé*
> *D'nous payer une p'tite sortie dehors*
> *Je n'sais pas qui en a eu l'idée*
> *Mais tout l'monde était tout d'suite d'accord*
> *Sans prévenir grand-père est arrivé*
> *Et il n'aime que la télévision*
> *Mais comme il faut tout lui expliquer*
> *On est tous restés à la maison*
> *La famille ça fait partie des p'tits soucis quotidiens*
> *Mais pourtant c'est une vie qu'on aime bien...*

Sur des paroles simples mais fédératrices et une musique au tempo enlevé, Sheila démarre une nouvelle année avec un titre que ne tardent pas à fredonner des centaines de milliers de personnes. À la télévision, la chanson est présentée sous forme de ballet, dans lequel même le grand-père est présent. Le personnage de Sheila se démarque ainsi nettement de la vague pop française ou anglo-saxonne qui ne cesse d'avancer. Or, son producteur le sait, les chanteurs qui durent sont ceux qui savent rester fidèles à eux-mêmes. Pour enfoncer le clou, l'une des chansons du 45 tours s'attache à décortiquer le célèbre proverbe « Impossible n'est pas français ».

Impossible n'est pas français
Ce proverbe on le connaît
Impossible n'est pas français

J'ai connu un brave paysan
Travaillant nuit et jour
Labourant obstinément
Sa terre avec amour
Mais un trésor, il a trouvé
Un jour par hasard dans son champ
Et je comprends pourquoi il disait
Toujours à ses enfants…
Impossible n'est pas français

Des refrains à travers lesquels Sheila reste, depuis près de cinq ans, un personnage positif, capable de donner un moral d'acier à la France en démontrant la valeur de l'effort qui ne peut conduire qu'à la réussite.

Non ce n'est pas un rêve

Alors que les Anglais les plus *in* du moment, Mick Jagger en tête, sont tous dingues de Mlle Hardy, c'est un acteur relativement peu connu qui retient son attention. Peter McEnery a quelques rôles à son actif lorsqu'elle le découvre au cinéma, à Paris, dans le nouveau film de Roger Vadim, *La Curée*. Dans cette adaptation du célèbre roman

Quatre filles dans le vent

d'Émile Zola, transposé dans les années 1960, McEnery rend Jane Fonda folle d'amour pour lui. Charmant et léger, regard pétillant, sourire moqueur et coupe à la Beatles, il a tout du jeune homme anglais à la mode. Françoise tombe sous le charme, par écran interposé, sans se douter une seule seconde que le destin va les amener à se croiser dans les jours qui viennent. De retour à Londres où l'attendent ses obligations professionnelles, toujours liées à l'interminable tournage de *Grand Prix*, elle doit normalement dîner avec la vedette du film, Yves Montand. Mais ce dernier annule au dernier moment et, n'ayant guère l'envie de rester seule dans sa chambre d'hôtel, comme c'est trop souvent le cas, elle décide de rejoindre un ami anglais pour dîner dans un club branché. Et là, surprise, elle croise le garçon qui la veille à peine l'a émue dans le film de Vadim. Spontanément elle va le saluer et le complimenter pour son travail, lui expliquant que le film fonctionne très bien...

« Tout aurait pu et dû s'arrêter là, sauf qu'au moment de quitter le restaurant, l'acteur en question vint me saluer et suggéra qu'on se revoie. Ma relation à Jean-Marie n'était plus la même depuis un certain temps, mais ce fut celle qui commença avec ce très séduisant jeune homme qui en sonna le glas[15]. »

En réalité, si douce soit-elle, cette rencontre déclenche une prise de conscience chez la jeune femme. Son histoire d'amour avec Jean-Marie est partie en fumée sans qu'elle puisse rien empêcher. Trop de voyages pour l'un comme pour l'autre aux quatre coins du monde les ont séparés. La vie que mène Françoise depuis plusieurs mois ne prédispose pas à une relation amoureuse stable, perpétuellement transbahutée d'un pays à l'autre, d'un aéroport à une salle de spectacle, d'un taxi à un hôtel, elle n'entend plus la voix de Jean-Marie que par téléphone.

Ces gens qui me parlent
Et qui m'emmènent
Et moi, je me laisse emporter
Je vais et je viens comme en un rêve
Dont toi seul pourrais m'éveiller
Non, non, non, ce n'est pas un rêve
Nous ne nous verrons plus...
Jamais, jamais, jamais plus...

Non ce n'est pas un rêve, enregistrée l'année précédente, décrit bien l'état d'esprit de la jeune femme. Face à ses déplacements permanents, entraînée qu'elle est par attachés de presse et directeurs artistiques, sans parler des foules de journalistes qui attendent le phénomène à l'aéroport, « *elle se laisse emporter* »...

La rupture est sans doute inévitable sans qu'aucun des deux partis en soit vraiment responsable.

« La rupture avec Jean-Marie fut entérinée par les mots assassins que je dus prononcer à Clermont-Ferrand lors d'une communication téléphonique infiniment triste où il me demanda de lui mettre les points sur les i. Je vécus pour la première fois l'épreuve consistant à faire souffrir l'être qui a été le plus proche de soi pendant quelques années et réalisai qu'il est au moins aussi douloureux de quitter que d'être quitté[16]. »

Profondément touchée par cette rupture, Françoise se console avec le beau Peter, qui vient la retrouver sur le tournage de *Grand Prix*, cette fois installé au sud-est de

Londres, dans le Kent, sur le circuit de Brands Hatch. Il disparaît ensuite sans crier gare. Puis la rejoint à son hôtel, pour s'éclipser à nouveau, maîtrisant à la perfection, comme elle le précise dans ses mémoires, l'art de filer à l'anglaise. Comme une malédiction, ce qu'elle revit à quelques jours de sa rupture avec Jean-Marie, c'est à nouveau l'absence de l'être aimé. Son départ régulier, sa fuite... Comme d'habitude, elle va le traduire en mots et en musique :

Mais si ton regard, mais si ton sourire
Que j'aime bien plus, que je ne sais dire
Si tout ce qu'un jour, tu m'as apporté
Dont je ne veux pas, devoir me passer
Tu sais, si c'est ça, rêver
Mais si ton visage, mais si toi tout entier
Ce que tu m'as dit, ce que tu m'as fait
Mais si ton regard, mais si ton sourire
Mais si mon amour, tous mes souvenirs...
Comment vais-je faire ? tu ne m'entends pas !
Comment vais-je faire ? tu ne reviens pas !

L'impossibilité de conserver les instants de tendresse, les sentir inévitablement se déliter. Un thème qui va faire définitivement partie de son œuvre. Elle l'ignore encore, mais un autre amour l'attend dans l'ombre, qui ne fera que renforcer cette douloureuse sensation de vide. Pour l'heure, ces allées et venues au rythme du « british beat » auront surtout écrit le mot « fin » d'une belle histoire, celle de Françoise et Jean-Marie. Mais le regard que porte le photographe sur la pochette du nouvel album de la chanteuse, mêlant son visage à un coucher de soleil, est définitivement celui d'un homme amoureux.

Un nouveau paysage musical

Tu n'es rien qu'un bébé, rien qu'un bébé loup…

En ce début d'année 1967, France est lasse d'être toujours considérée comme une enfant qui chante. Comme si ses équipes continuaient de la voir telle qu'elle était à 16 ans, l'âge de ses débuts, alors que cette année est celle de ses 20 ans. Elle s'en explique dans *Jours de France*, elle vient de participer à une tribune sur France Inter face à un panel d'auditeurs âgés de 15 à 21 ans. Tous lui posent la même question : « Vous apparaissez, d'après vos chansons, sous les traits d'une fille assez insignifiante, naïve et très peu dans le vent. Êtes-vous réellement ainsi ? » On peut comprendre, dès lors, la volonté de France Gall de modifier à tout prix son image.

Au même moment, une nouvelle émission de variétés est lancée à la télévision, pour laquelle Serge Gainsbourg a créé le générique qu'il chante en duo avec France. Elle est alors persuadée que ce sera le morceau phare de son nouveau 45 tours. La chanson comme l'émission s'intitulent *Dents de lait, dents de loup*. Les paroles expliquent clairement qu'elle est peut-être une gamine mais que ses dents de lait se sont transformées en dents de loup. Une façon pop et amusante de dire qu'elle n'est plus l'enfant que son père et Denis Bourgeois persistent à mettre en avant. Malheureusement, ne l'entendant pas ainsi, ils auront le dernier mot. Le titre de Gainsbourg restera un générique de télé et la nouvelle chanson de France sera *La Petite*, un duo avec l'acteur populaire Maurice Biraud, qui a bien le double de son âge et incarne dans ce texte un ami de la famille, constatant de façon grivoise « qu'elle a bien grandi la petite ».

Par chance, cette création passera inaperçue. Pour France, c'est une nouvelle déception de voir que ses managers ne regardent pas du tout dans la même direction qu'elle.

> Maurice Biraud : *Comment ne pas s'attendrir devant la petite*
> *Devant ses yeux innocents, devant son sourire*
> *Elle change depuis quelque temps, elle pousse la petite*
> *Déjà femme mais pourtant ce n'est qu'une enfant.*
> France Gall : *Une enfant ! On a tout vu, qu'est-ce qu'il faut entendre !*
> *Quand je pense qu'on a failli hier te surprendre*
> *Essayant de m'embrasser, moi me laissant faire*
> *Il n'est pas si mal l'ami, l'ami de mon père...*

Heureusement, il lui reste la mode pour s'incarner dans une féminité plus mature. Une marque de textiles, Orlon, lui propose de présenter ses collections de minirobes et de collants de lainage, soit l'un des styles les plus en vogue du moment. Plusieurs pages de publicité seront publiées en fin d'année dans *Elle* et *Mademoiselle Âge tendre*. France Gall est en train de prendre la succession de ses trois aînées en tant que modèle. Elle aussi va s'avérer incontournable dans ce rôle pour les magazines féminins qui voient en elle la jeune femme dans le vent qui correspond entièrement à son époque.

Par amour, par pitié

Finalement, Sylvie suit le conseil de sa mère : donner sa chance à Johnny. Elle renonce au divorce. Même si elle considère parfois son mari comme un second enfant, elle n'en reste pas moins amoureuse. Elle a compris que Johnny, sans conteste un immense artiste, reste, pour toujours, l'enfant esseulé qu'il était à sa naissance.

Fin 1966, elle ne se contente pas de pardonner, elle va le chanter à travers des mots qui feront de son nouveau titre un de ses classiques. À l'origine, il était écrit pour Johnny mais, ne le voyant pas prononcer un tel acte de contrition, elle décide de l'interpréter en inversant la situation.

... On relève un boxeur tombé
On bande les yeux d'un condamné
On enterre un ennemi tué
On achève un cheval blessé
Par amour ou par pitié
Oh par amour ou par pitié
Alors toi, toi qui m'as aimée
Toi qui sais que je suis blessée
Que sans toi, sans toi ma vie est brisée
À genoux, je viens te crier,
Pitié, aie pitié
Oh par amour ou par pitié...

La chanson fait rapidement un succès et permet à Sylvie d'engager son compositeur, Jean Renard, comme nouveau directeur artistique.

De leur côté, Jean Pons et Bruno Coquatrix ont l'idée, pour célébrer les retrouvailles des jeunes monstres sacrés au printemps 1967, de les mettre tous les deux à l'affiche de l'Olympia, dans un spectacle où chacun assurera son tour de chant, avant de les voir se retrouver pour un duo final. Leur public, qui maintenant les aime ensemble, vient tellement en nombre qu'il faut allonger la durée des représentations à cinq semaines entre mars et avril. Il faudra cependant libérer une soirée, le 11, pour laisser la place aux… Rolling Stones ! Ce jour-là est aussi celui du baptême de David, à Loconville. La matinée sera donc calme et sereine. Mais le jeune couple regagne Paris pour la soirée. Pas question de rater le concert de Mick Jagger et de son groupe.

Françoise s'émancipe

Résolument moderne, s'étant assumée très jeune, Françoise a de plus en plus de mal à supporter la façon dont sa maison de disques exploite ses chansons. Ayant déjà été privée de ses premiers droits de compositrice jusqu'à l'âge de 18 ans, elle se rend compte qu'elle est bien mal rémunérée en tant qu'auteur-compositeur de la plupart de ses titres. Son entourage trouve une formule qui semble la satisfaire, de même que Jacques Wolfsohn chez Vogue. Elle va créer une maison de production, dont elle partagera les parts avec ce dernier. Ainsi, elle devient productrice de ses chansons, Vogue continuant de distribuer ses disques. Après maintes tractations les parties parviennent à s'entendre. Mlle Hardy est la première artiste de sa génération à détenir un pouvoir sur son œuvre. La société de Françoise s'appelle Asparagus, en souvenir du nom dont Philippe Bouvard l'avait affublée à ses débuts : l'Endive du twist ! S'imaginant difficilement lancer « endive production », elle a l'idée de l'asperge, qui lui va quand même mieux ! Elle n'oublie jamais de teinter son parcours d'une pointe d'humour, même si ce surnom donné par Bouvard ne sonnait pas très juste car Françoise a très rarement twisté.

Son évolution s'explique par les nombreux voyages qu'elle enchaîne pour ses tournées (près d'une centaine de dates pour cette seule année 1967) et surtout les rencontres, multiples, avec d'autres artistes, mais aussi avec les artisans de tous les métiers qui fourmillent dans le petit monde du show-business. Si elle est parvenue à trouver le son qui lui convient, celui qu'elle enviait tant à Sylvie, elle enregistre depuis un petit moment à Londres avec l'un des orchestrateurs les plus cotés de la jeune génération, Charles Blackwell. « Ça a été la première fois de ma vie que j'ai été réellement portée par une orchestration. Et j'ai commencé à mieux chanter à partir de là. Parce que Charles Blackwell a eu le génie de faire une orchestration très simple, avec des arpèges au piano et puis des chœurs qui sonnaient exactement comme les Jordanaires, les choristes d'Elvis Presley[17]. »

Adios amor

Pour le nouveau 45 tours de sa protégée, en juin 1967, Claude Carrère coécrit et imagine un titre qui s'inspire directement de l'aventure vécue par Sheila pendant le tournage de *Bang-Bang*. Une aventure jamais réellement confirmée mais dont la presse n'a pas hésité à se faire l'écho. L'innocente jeune fille aurait eu une liaison avec son partenaire du film, le très séduisant acteur américain Brett Halsey. C'est un comédien expérimenté qui, à 33 ans, a déjà tenu un nombre important de rôles au cinéma et à la télévision. Il sera parfait pour épauler la débutante qu'est Sheila. De là à ce que la relation professionnelle dérive... « Le cœur de Sheila fait bang bang pour Brett Halsey », titre *Jours de France* en février 1967, pour la première du film à Nice. Le service de presse des productions Carrère ne dément pas, sans confirmer pour autant l'existence d'une relation amoureuse entre les deux acteurs. En revanche, une chose est sûre, Brett est marié. Et pas à n'importe qui : son épouse, Heidi Brühl, actrice et chanteuse allemande, est alors connue pour sa participation au concours de l'Eurovision de 1963.

Dès lors se met en place dans l'esprit de Claude Carrère l'idée de la romance impossible. Sheila ne pouvant en aucun cas détourner un homme marié... En une soirée, il pose les bases, avec Jacques Plante, d'un slow classique aux accents tragiques :

Je ressens de l'amour pour toi
Et pourtant je n'ai pas le droit
D'imaginer d'être un jour à toi
Puisque tu portes une alliance au doigt
Adios amor
Je m'en vais ce soir
Car il vaut mieux ne plus se revoir
Ne cherche pas à me retenir
Adios amor
Laisse-moi partir
Je ne suis pas aventureuse
Et ne pourrai jamais être heureuse
Avec l'idée que par ma faute
J'aurais fait le malheur d'une autre...

C'est donc la vision très collet monté et vieille France que le producteur entend bien respecter, continuant inlassablement à dessiner le portrait d'une jeune fille irréprochable. Mais il se trouve que, dans la réalité, faire divorcer Brett

Halsey n'aurait guère bouleversé les habitudes de ce dernier ! Trois divorces et quatre mariages au compteur pour le play-boy américain...

Le 45 tours *Adios amor* sera finalement l'un des plus grands succès de l'été 1967.

L'année Dutronc

Bien qu'ils se soient croisés à plusieurs reprises puisque Jacques Dutronc travaille chez Vogue, Jacques et Françoise ne sont pour l'instant que des amis, d'autant que Jacques est toujours accompagné d'une « fiancée ». Il est avant tout musicien et a fait partie, adolescent, de la bande de la Trinité, composée de Claude Moine et Jean-Philippe Smet, autrement dit Eddy Mitchell et Johnny Hallyday. Fin 1966, la donne a changé. Françoise est célibataire, bien que toujours éprise du beau Peter. Jacques, lui, vient de rompre des fiançailles à deux doigts du mariage ! Quant à leur manager commun, Jacques Wolfsohn, il est en instance de divorce. Ils forment rapidement un trio de fêtards, rejoint par d'autres musiciens et joyeux lurons. Le succès de ses premiers disques aidant, Dutronc est rarement seul et change régulièrement de petite amie. Un soir, chez Castel, Françoise aperçoit son bel Anglais. Celui-ci se montre surpris qu'elle soit toujours prête à lui tomber dans les bras. Pourquoi n'est-elle pas déjà dans ceux de ce jeune homme ? lui dit-il, en désignant le chanteur. Ils iraient, d'après lui, très bien ensemble...

L'été 1967, Françoise est partie se reposer dans sa nouvelle maison en Corse, sur les hauteurs de Monticello, où la retrouve bientôt le petit groupe, formé des deux Jacques et leurs copains. C'est sur les conseils de Jean-Marie qu'elle a acquis un terrain et fait construire cette maison de villégiature quelque temps auparavant. Un lieu qui deviendra, c'est prophétique, la résidence principale de Jacques.

Depuis un an, Jacques, qui a connu quatre tubes en quatre disques, savoure le succès du dernier, *J'aime les filles*. Il s'avère, comme d'autres artistes de cette nouvelle vague, assez incontournable. Si Françoise le trouve séduisant et plein d'un charme aussi indéfinissable qu'irrésistible, elle ne se précipite pas pour autant dans ses bras, nature oblige. De son côté, il la trouve un peu distante. Pour ne rien faciliter à un rapprochement éventuel, parmi le groupe d'amis avec lequel il débarque dans l'île de Beauté, il y a une jeune fille, officiellement sa nouvelle fiancée. Mais bien entendu, les choses sont nébuleuses et elle repart presque à peine arrivée. Le séjour, durant lequel Françoise se transforme en cuisinière pour toute la bande, se passe au mieux, bien qu'il soit ponctué de calembours auxquels, elle l'avouera dans ses mémoires, elle ne comprend pas toujours tout. Si les deux jeunes gens, aussi timides et réservés l'un que l'autre, s'observent, leur relation se résume pour l'instant au copinage. Il leur faut, pour franchir cette barrière d'inhibition qu'ils partagent, une conversation nocturne, bien arrosée.

Le rapprochement se fait et Françoise, qui depuis un moment déjà avait Jacques en tête, tombe franchement amoureuse. Les débuts de leur aventure ont lieu à une période à laquelle le jeune musicien est constamment sollicité. Pour Françoise, ce n'est pas nouveau, elle en a difficilement pris l'habitude depuis quelques années, et elle l'est encore plus que lui. Les absences, l'éloignement, se succèdent et elle se met à revivre des affres déjà connues avec Jean-Marie.

Et même dans une version un peu plus complexe car le jeune photographe n'était pas entouré sans cesse d'une nuée de jeunes filles. Si Jacques n'est pas dragueur, il possède manifestement un pouvoir d'attraction hors du commun sur la gent féminine qui fait donc partie du cahier des charges avec lequel Françoise va devoir composer. Elle le comprend immédiatement tout en ressentant un attachement certain de Jacques. D'ailleurs, pour enfoncer le clou, son succès de l'automne dernier, l'un de ses standards, s'intitulait *Les Play-Boys*. On ne peut être plus précis.

Bébé requin

Elle avait déjà été *Baby pop*, puis ce *Bébé loup*... La voilà *Bébé requin*.

Après les ventes en demi-teinte de *Baby pop* et des *Sucettes*, le nouveau hit de France est écrit par un jeune duo d'auteurs, Jean-Michel Rivat et Frank Thomas, et composé par un certain Joe Dassin, qui fait alors ses premiers pas. *Bébé requin*, puisque c'est son titre, s'inspire du personnage d'ingénue libertine dessiné par France et son équipe depuis ses débuts, mais, loin de la naïveté des *Sucettes*, la jeune fille est ici très volontaire...

Viens, suis-moi
Je connais une route d'émail
Qui mène au pays de perles et de corail
Je suis un bébé requin
Au ventre blanc, aux dents nacrées
Dans les eaux chaudes, je t'entraînerai
Et sans que tu le saches

Avec amour avec douceur
Moi joli bébé requin
Je veux te dévorer le cœur...

C'est une réussite. Un titre à la fois sensuel et poétique. Assurément original. De quoi agacer Serge Gainsbourg, alors qu'il offre une fois de plus une petite merveille, s'attaquant à un autre sujet sensible, la drogue.

Teenie Weenie Boppie
A pris du LSD
Un sucre et la voici
Au bord de la folie...

Le disque suit de près la séparation de Claude François et de France, à l'initiative de cette dernière, après trois années d'une relation plus que délicate.

« Peut-être aussi prendra-t-elle enfin le temps de vivre un peu pour elle-même. Depuis qu'elle a quitté le lycée, son métier lui a pris tout son temps. Longtemps, les journaux ont donné la vedette à ses amours avec Claude François. Depuis quelques mois, Claude et France ont tourné la page. Ils ne se voyaient jamais. » Mais France n'a pas pour autant renoncé à l'amour. Elle en parle gentiment, en rougissant, comme effrayée par le sujet : « C'est merveilleux l'amour dans la vie d'une femme. Et c'est important. C'est aussi très compliqué dans mon métier. Il faut avoir le temps... pour l'autre[18]. »

La relation avec Claude était devenue insupportable, car elle devait rester secrète. Le public du chanteur étant essentiellement constitué de jeunes filles censées ne désirer que lui. Il n'en demeure pas moins que cette rupture le laisse KO, voire déprimé. Pour assumer sa peine, il écrit, avec Gilles Thibaut, *Comme d'habitude*, la chanson qui deviendra l'un des plus grands standards mondiaux de tous les temps sous le titre *My Way*. Au-delà d'être une jeune femme qui sait ce qu'elle ne veut pas, France renforce son rôle de muse. Elle inspire ceux dont elle croise la route, sans pour autant se reconnaître elle-même dans le personnage décrit par les paroles de cette chanson.

Je me lève
Et je te bouscule
Tu ne te réveilles pas
Comme d'habitude
Sur toi je remonte le drap
J'ai peur que tu aies froid
Comme d'habitude
Ma main caresse tes cheveux
Presque malgré moi
Comme d'habitude
Mais toi tu me tournes le dos
Comme d'habitude...

Comme un garçon

Dans cette seconde moitié des années 1960, une mode unisexe déferle de l'Angleterre. Les jeunes en sont les premiers clients, notamment grâce à l'apparition du jean. Peu à peu la différence fille-garçon est moins marquée, mais en apparence seulement. Cette revendication des jeunes femmes d'avoir les mêmes privilèges que ceux accordés au sexe dit « fort » est présente dans le répertoire de Sylvie depuis un moment déjà. Début 1965, elle publie, entre autres, *Je voudrais être un garçon*.

... Moi aussi je voudrais pouvoir te dire ce soir je sors sans toi
Moi aussi je voudrais pouvoir te dire ce soir ne m'attends pas
Te faire pleurer
Te torturer
Oui parfois je voudrais être un garçon comme toi...

Début 1966, c'est France Gall qui déclare : *C'est pas facile d'être une fille*.

... C'est pas facile
D'être jolie
D'être gentille
Et de savoir se battre dans la vie
Parmi tous ces garçons
Qui chantent leur chanson...

Pour la rentrée 1967, Sylvie s'incarne, lors d'un show télé, en un « bad boy », casquette gavroche, pull-over troué et trop grand, pour le titre *Le Kid*, clin d'œil au film du même nom de Charlie Chaplin.

À l'automne, elle a réuni onze morceaux, tous des originaux, qui constitueront son album de fin d'année. Comme le veut la nouvelle tendance, il n'y aura pas d'adaptations. Alors qu'elle s'apprête à rejoindre ses musiciens et arrangeurs dans un studio londonien, elle appelle, à la dernière minute, Jean-Jacques Debout pour lui confier qu'elle cherche un titre fort qui lui colle à la peau. Le jeune homme lui répond qu'il a sans doute quelque chose qui va l'intéresser alors qu'en réalité, il n'a rien ! À quoi Sylvie lance, enthousiaste : « C'est parfait, envoie-moi ça très vite, car j'enregistre à partir de demain ! » Paniqué, Jean-Jacques appelle son complice Roger Dumas avec lequel il écrit et compose. Tous deux repensent alors à un titre dont la légende veut qu'il ait déjà été présenté à Marlène Dietrich et Zizi Jeanmaire. Mais les paroles ne ressemblent pas du tout au personnage incarné par Sylvie. Malgré tout, Dumas garde son calme.

Le lendemain matin, il s'installe à la table d'un café et c'est là que lui viennent ces mots qu'il transcrit immédiatement. Ils correspondent à Sylvie et à l'air du temps qui voit les garçons se laisser sérieusement pousser les cheveux et les filles, pour les plus audacieuses, se comporter comme des garçons. Elles s'amusent à leur piquer quelques accessoires, de-ci de-là, pour être moins différenciées. Cela ne change rien à leurs relations, c'est la mode qui veut ça et la mode commence à prendre une place prépondérante à l'époque.

Comme un garçon, j'ai les cheveux longs
Comme un garçon, je porte un blouson
Un médaillon, un gros ceinturon, comme un garçon
Comme un garçon, moi je suis têtue
Et bien souvent moi je distribue
Des corrections, faut faire attention
Comme un garçon
Pourtant, je ne suis qu'une fille
Et quand je suis dans tes bras
Je ne suis qu'une petite fille
Perdue, quand tu n'es plus là...

Le texte est volontaire et tendre à la fois, la mélodie entraînante, soutenue par des sifflotements... de garçons. Le tout colle tellement à la personnalité de Sylvie que le résultat ne se fait pas attendre. Entre décembre 1967 et le début de l'année 1968, *Comme un garçon* devient l'un des standards de la chanteuse, un titre qui va la suivre tout au long de sa carrière en s'inscrivant dans la mémoire collective.

Comme un garçon, c'est elle… C'est un portrait retraçant une image de femme indépendante, ce qu'elle est, mais pas pour autant à l'excès, comme l'exprime joliment le texte. Debout et Dumas la connaissent très bien et savent qu'elle doit faire face à Johnny. La chanson donne à Sylvie une place mi-autoritaire, mi-sensible. Elle va traverser les époques parce qu'elle touche la cible des jeunes femmes qui ne comprennent ni n'admettent plus d'être sous la coupe d'un homme.

On a du mal à réaliser qu'en ces années-là les chansons résonnaient partout. Radios, télévisions, magasins, cafés, même dans les usines où les patrons les plus progressistes ont installé des postes pour accompagner les tâches, souvent fastidieuses, de leurs ouvrières et ouvriers. Les refrains s'ancrent rapidement dans les esprits et la distribution de disques s'ouvre à présent aux grands magasins populaires, Monoprix, Prisunic : le phénomène s'amplifie. *Comme un garçon* souffle comme un vent de liberté pour les jeunes filles et les jeunes femmes. Et c'est sans compter sur le fait qu'elle sort à trois semaines de la promulgation de la loi Neuwirth, le 19 décembre 1967 ! Celle qui va autoriser la contraception orale, soit la pilule. Incroyable. La plus grande révolution en matière de liberté sexuelle depuis l'avènement des préservatifs à la fin de la Deuxième Guerre mondiale.

Comme la loi de 1965 sur l'autonomisation des femmes au travail, elle officialise une pratique. Il existait déjà un moyen mécanique nommé stérilet mais peu connu et que très peu de femmes utilisaient. Certaines filles parvenaient à se faire prescrire la pilule par leurs médecins, mais peu de praticiens acceptaient de le faire.

« J'ai été l'une des premières jeunes Françaises à utiliser la contraception – plus importante pour la libération sexuelle que Mai 68 –, quelques années avant sa légalisation, grâce à mon gynécologue, un original d'avant-garde[19]... »

Quant au préservatif, il a beau avoir été apporté par les soldats américains, il ne rencontre pas un grand succès. On utilise alors des moyens peu fiables, quelques jours avant ou quelques jours après l'ovulation. Sans oublier la célèbre méthode du retrait, la plus traîtresse si l'on peut dire quand on connaît l'ignorance des garçons de cette époque-là à propos de leur fonctionnement sexuel. En résultent, inévitablement, un grand nombre de grossesses non désirées et d'avortements clandestins qui provoquent, à l'échelle du pays, la mort de plusieurs centaines de femmes. Cette loi constitue un énorme progrès pour la liberté non seulement des rapports entre filles et garçons, mais avant tout des femmes.

Même si elle fait l'objet de décrets successifs, en raison des blocages de nombreux mouvements catholiques, elle sera validée à partir de 1971. Bien évidemment, cette mesure va aussi provoquer des remous dans la société. L'opposition la plus étonnante vient de certains hommes, jeunes ou plus matures, estimant que ce procédé qui confère une plus grande liberté aux femmes leur ôte l'assurance de la fidélité de leurs partenaires !

Balancer le tube *Comme un garçon* au moment où est votée cette loi libératrice est un délicieux pied de nez à la face d'une époque encore machiste. Bien entendu, c'est involontaire, ça s'appelle être dans l'air du temps.

Cette liberté que les filles enviaient aux garçons, Sylvie fut d'ailleurs la première à la chanter, dès 1962, avec l'énergie de sa jeunesse, dans la chanson *M'amuser* :

Avec des inconnues souvent on t'a vu
Tandis que j'attendais au coin de la rue
Tout va changer, j'ai décidé,
De m'amuser
Moi aussi je prendrai l'habitude
Comme toi d'avoir beaucoup d'amis
Je renonce à la solitude
Et cela, oh oui, dès aujourd'hui !

Elle sera aussitôt suivie par Françoise, exactement dans le même état d'esprit en 1965 avec *Quel mal y a-t-il à ça ?* :

Tu veux sortir sans moi ?
Quel mal y a-t-il à ça ?
Je ferai tout simplement comme toi
Je n'aime pas beaucoup les boîtes de nuit
Je n'aime pas tellement boire du whisky
Mais comme toi j'ai quelques amis
Qu'il faut que je voie aussi...

Chapitre 3

Des fleurs dans les cheveux

Bien qu'il s'agisse d'une année « pas comme les autres » et qui s'apprête à faire date dans l'histoire de France, 1968 commence sous des auspices on ne peut meilleurs pour les quatre filles portées par leurs projets. Et pourquoi pas d'ailleurs, puisqu'en ce mois de janvier, personne n'imagine ce que le printemps va connaître.

San Francisco et ses colliers de fleurs marquent les esprits depuis la fin de l'année précédente. La musique est l'élément qui cristallise bien sûr le mouvement hippie, lequel suit celui des beatniks à la fin des années 1950, incarné par Jack Kerouac et son best-seller *Sur la route*. Si tout cela vient des États-Unis, le reste du monde n'y échappe pas. La France, comme la plupart des pays de la vieille Europe, vit donc le mouvement hippie avec un temps de retard. Des chansons en adoptent le style et d'autres s'en revendiquent directement comme le fameux *San Francisco* de Johnny Hallyday, paru en octobre 1967, une adaptation du succès américain de Scott McKenzie.

Si vous allez à San Francisco
Vous verrez des gens doux et gentils
Le long des rues de San Francisco
Parler de fleurs devenir vos amis
Dans ce monde en fusion
Il y a trop d'explosions
Pour la destruction
Tout comme eux vous direz non
À la haine aux passions
On est tous frères
Sur cette Terre...
À Paris comme San Francisco
On verra beaucoup de gens comme eux

Ces paroles, assez naïves, tout comme celles de la version américaine dont elles sont la traduction directe, s'inscrivent dans le sillage du Summer of Love, qui a eu lieu au cœur de l'été, avec notamment le festival musical de Monterey, en Californie, lequel voit éclore Jimi Hendrix et les Who. Les Beatles font eux aussi évoluer leur musique dans ce sens en enregistrant l'un de leurs albums les plus emblématiques : *Sergent Pepper's Lonely Hearts Club Band* en juin 1967. C'est malheureusement aussi la période où les drogues dures se mettent à circuler davantage, à savoir, au-delà du milieu de la musique. L'apogée du mouvement sera atteint mi-août 1969 lors du mémorable festival de Woodstock, qui rassemblera plus de 500 000 spectateurs, sur la côte est cette fois, dans l'État de New York. Quatre jours durant, une trentaine de groupes et de chanteurs s'y produiront dans une ambiance de psychédélisme et d'abandon total devenue depuis légendaire.

Puis c'est le tour du festival de l'île de Wight, dans le sud du Royaume-Uni, réunissant 250 000 personnes avec

Bob Dylan en vedette, ainsi que Jimi Hendrix, Miles Davis, Emerson Lake and Palmer, The Who et les Doors. C'est l'un des derniers rendez-vous hippies, car 1970 verra la mort liée à la consommation de drogues dures de trois de leurs emblèmes : Jimi Hendrix, Janis Joplin et Jim Morrison. Tous trois ouvrant la fameuse légende de « la 27e année », dans laquelle s'engouffreront malheureusement d'autres rock stars.

The show must go on

En cet hiver 1968, la France est encore bien calme. Sylvie surfe sur la vague de *Comme un garçon* qui l'amène tout droit à une soirée spéciale en vedette à l'Olympia. L'un de ces fameux « Musicorama ». C'est la première fois qu'elle se produit seule dans la salle du boulevard des Capucines. La critique est élogieuse pour ce spectacle dans lequel elle a introduit des numéros dansés. Tout le monde est aussi subjugué par les costumes que Sylvie a commandés à Yves Saint Laurent. Il est ainsi le premier à lui créer une véritable silhouette de scène. *Rock & Folk* porte Vartan au pinacle. Nous sommes le 8 avril 1968. Sylvie s'apprête à traverser, cette année-là, l'une des périodes les plus riches et les plus fastes de sa carrière.

Sur un plan personnel, il en va autrement. Elle perd sa meilleure amie Mercedes Calmel, dans un tragique accident de voiture, dont elle réchappe elle-même miraculeusement, souffrant d'une blessure au menton, d'un bras cassé et de quelques traumatismes. La jeune femme, qui était au volant et dont le véhicule a été heurté par un chauffard qu'elle n'a pas pu éviter, se sent forcément responsable du décès de son amie. Elle commence à sombrer. Son entourage essaie de la reprendre en main. Une seule solution, le travail. Cicatrices recousues et bras plâtré, Sylvie se retrouve à Londres pour enregistrer de nouvelles chansons. Si le spectacle n'arrête jamais, la douleur ne disparaîtra pas pour autant. Il y a des événements qui marquent à vie.

L'Amitié

> *Beaucoup de mes amis sont venus des nuages*
> *Avec soleil et pluie comme simples bagages*
> *Ils ont fait la saison des amitiés sincères*
> *La plus belle saison des quatre de la Terre...*

Il y a trois ans que Françoise a enregistré ce petit chef-d'œuvre de Gérard Bourgeois et Jean-Max Rivière qui sonne comme une prémonition. En 1968, les organisateurs du festival musical de Rio auquel Françoise a été invitée pour chanter *À quoi ça sert ?* lui présentent une jeune interprète, qui s'appelle Léna. Elle est brésilienne et son père a dirigé une société en France. Françoise est d'abord frappée par son physique étrange avant de se rendre compte qu'elle vient de rencontrer une personne d'une rare pureté d'âme. Léna est issue d'une famille dans laquelle la spiritualité tient une grande place. Or, c'est un sujet qui passionne Françoise depuis son adolescence. Les deux femmes sympathisent au-delà de la mission qui était dévolue à Léna, et, cette dernière emmène la jeune artiste française à une séance de magie blanche dans les favelas ! Françoise vient de faire l'une des rencontres majeures de sa vie.

Un printemps explosif

Mai arrive et connaît le mouvement social le plus fort du vingtième siècle. Parti d'une révolte étudiante, démarrée à Nanterre et conduite par Daniel Cohn-Bendit, il gagne rapidement la Sorbonne et les quartiers étudiants du centre de Paris, où ont lieu les principaux et très violents affrontements. Les étudiants fonctionnent aux jets de pavés, les CRS aux gaz lacrymogènes et à la matraque, faisant des centaines de blessés et de nombreuses dégradations matérielles. Bien vite, les jeunes sont rejoints par les ouvriers dans un mouvement de grève qui se généralise et atteint 7 millions de grévistes déclarés. La fermeture d'un grand nombre d'usines, dans tous les domaines, de la plupart des établissements scolaires, les coupures de gaz, d'électricité et la pénurie de carburant paralysent le pays. La grève générale du 13 mai est la première de l'histoire à être déclarée sans préavis. La population des aînés – pour eux la dernière guerre et les tickets de rationnement ont à peine plus d'une vingtaine d'années – se précipite dans les magasins de proximité pour y faire des provisions inconsidérées. Tout cela a lieu dans un pays qui a atteint un stade élevé de croissance (5 % par an) et amène la société à un paroxysme de consommation.

C'est là-dessus que les principaux animateurs du conflit viennent de mettre le doigt. Le consumérisme. Malgré les accords de Grenelle, signés par les représentants du gouvernement, des syndicats et du patronat, il n'y a pas vraiment d'issue au conflit, les revendications réelles tenant à la volonté d'un profond remaniement du modèle de société. C'est haro sur le modèle autoritaire, hiérarchique qui prévaut dans les familles, les écoles, les entreprises, l'État, l'Église, bref, toutes les structures sociales. Il paraît évident que la satisfaction de ces volontés devra compter sur les années et s'installer dans la durée.

Si le mouvement de Mai 68 a échoué à court terme, il va laisser une empreinte profonde et provoquer de multiples retombées, allant, dès l'année suivante, jusqu'à anéantir l'autorité du général de Gaulle. La crise de 1968, accoucheuse de nouveaux comportements, a donc contribué, à défaut de révolution, à la modernisation de la société française dont les mouvements féministes et écologiques sont les héritiers.

Quatre filles tenues à l'écart...

Alors que les pavés volent, c'est quasiment tout le petit monde du show-business et des arts populaires qui ronge son frein. Mai est un mois important, il marque la période à laquelle doivent sortir les chansons qui deviendront les succès d'été tout au long des vacances. Le moment, avec les fêtes de fin d'année, où ont lieu les pics de ventes de disques. Après son tragique accident, Sylvie, on l'a vu, est partie à Londres pour enregistrer. L'entourage de Françoise et Jacques leur a conseillé de rejoindre la Corse. France est également absente, puisqu'elle a rejoint Malte avec son nouveau petit ami. Elle déclarera plus tard « qu'elle n'avait pas vraiment conscience des problèmes des étudiants, qu'elle avait suffisamment à faire dans sa vie[20] ».

Seule Sheila est à Paris. Comme elle habite non loin du cœur des affrontements, elle se fait piéger en pleine manifestation au volant de sa voiture de sport. Quelques étudiants la reconnaissent et, bienveillants, lui fraient un chemin pour qu'elle puisse se sortir des jets de pierres. Une anecdote qu'elle racontera souvent par la suite.

Mais les quatre filles dans le vent sont bien vite rattrapées par leurs obligations professionnelles. Sheila, par bonheur, avait comme Sylvie enregistré ses nouveaux titres avant les événements. La chanson choisie par Carrère s'intitule *Petite fille de Français moyen*. Un titre qui lui correspond assez bien et dans lequel la plupart de ses fans la reconnaissent. Malheureusement pas une partie de l'intelligentsia qui taxe la jeune femme de réactionnaire.

Les petites filles précieuses des grandes familles
N'aiment pas du tout se lever tôt le matin
Grave est le problème avant qu'elles se maquillent
En moins de trois heures faut prendre un bain et se faire les mains
Elles mangent un petit toast du bout des lèvres
Avant d'aller courir les magasins
Voir les collections, les tableaux, les orfèvres
C'est fatigant, c'est éreintant ça c'est certain
Tandis que moi qui ne suis rien
Qu'une petite fille de Français moyen
Quand je travaille oui je me sens bien
Et la fortune viendra de mes mains...

Sheila défend toujours les mêmes valeurs, non sans humour, mais sur un rythme de tango cette fois. Malgré la mise au ban dont elle vient de faire l'objet, la chanson fonctionne, lui vaut un nouveau tube et un surnom qui va la suivre tout au long de sa carrière.

Sylvie, elle, revient de Londres avec de nouveaux morceaux dont *Irrésistiblement*, qui va passer sur les ondes durant l'été, une bonne partie de l'automne, et faire un nouveau carton. Cette véritable déclaration d'amour, sur un rythme très pop, ne va pas tarder à devenir un de ses titres de scène. Son producteur, Jean Renard, continue de développer des qualités alors insoupçonnées de sa voix. Il la met au défi de monter très haut dans les aigus, ce qu'à sa grande surprise elle va faire avec aisance, y compris sur scène.

Derniers pas sur scène

Tout au long du mois de février, Françoise donne une série de concerts dans les universités des plus grandes villes britanniques : Brighton, Londres, Liverpool, Durham, Birmingham et Southampton. Après un détour par l'Afrique du Sud pour quatre concerts dont un à Johannesburg et un autre au Cap, elle passe par Kinshasa, avant de retrouver le Savoy de Londres.

Paco Rabanne lui a confectionné une combinaison faite de plaques de métal doré qui va devenir mythique. Françoise n'en est pas à sa première collaboration avec ce jeune couturier ultra-novateur : en 1966, déjà, elle porte l'une de ses premières créations en une de *Elle*, photographiée par Jean-Marie Périer. Une minirobe de plaquettes d'aluminium particulièrement sexy. Une autre, version or, verra le jour, mais la combinaison argent qu'elle portera au Savoy en avril est une tout autre affaire.

J'ai donc demandé cette tenue à Paco Rabanne qui a été un cauchemar pour moi, car elle était très lourde. Alors moi qui suis déjà relativement figée et raide, ça me figeait et ça me raidissait encore plus ! Je pouvais descendre les escaliers mais je ne pouvais pas les monter... C'était tellement lourd que je ne pouvais pas non plus bouger, et puis l'entrejambe, à cause du poids, descendait au fur et à mesure du spectacle ; il a donc fallu faire venir une ouvrière ou deux à Londres pour faire des retouches, car sous le poids du métal la tenue plongeait de plus en plus ! Je ne pouvais pas non plus l'enlever toute seule, mes choristes devaient m'aider, je m'égratignais les bras, enfin c'était horrible[21] !

À peine de retour à Paris, elle accepte de présenter pour le jeune couturier « la robe la plus chère du monde » ! Place de l'Opéra, chez le joaillier Clerc, à l'occasion de l'inauguration de l'exposition internationale de diamants. Françoise se présente dans une pièce unique confectionnée de 9 kilos d'or et de 300 carats de joyaux, estimée à plus de 12 millions de francs ! Inutile de le préciser, la chanteuse est en permanence flanquée de quatre gardes du corps armés !

Alors qu'elle n'a pas signé de nouveaux engagements pour la scène, son manager, sentant qu'elle a besoin de prendre du recul, lui propose d'arrêter momentanément. Françoise saisit la proposition avec bonheur. Elle va en profiter pour se consacrer à ce qu'elle aime. L'écriture, la composition et... Jacques ! Consciente des effets pervers sur sa vie amoureuse de cette vie de folie qu'impliquent les tournées dans le monde entier, elle a le désir de protéger le couple naissant qu'elle forme avec Le Play-Boy !

La maquillagerie de France Gall

Pas de succès discographique pour France en cette année 1968, mais de nouveaux projets témoignent de son impact sur les jeunes Françaises...

> Refusant d'imiter Sheila et Sylvie Vartan dans leur entreprise de prêt-à-porter, Babou a inventé un coffret ingénieux, d'un prix abordable, contenant une gamme complète de produits pour le visage : rouges à lèvres, dont les coloris portent les noms de ses tubes : « Rouge Sucette », « Rose Baby Pop », « Nacré Bébé Requin », crèmes de beauté pour la ville, lotions contre les rigueurs du froid ou les violences du soleil... « Désormais, la coquetterie ne sera plus ruineuse pour les filles aux moyens modestes », déclare Babou, qui lance cet automne sa mallette magique dans huit pays d'Europe et 25 000 points de vente français, grands magasins et drugstores compris[22].

On peut, bien sûr, sentir le ton quelque peu moqueur de l'article, l'entreprise ayant exactement le même but que les boutiques de Sheila et Sylvie...

Comment te dire adieu

Cet automne 1968 est aussi chargé en termes d'activités que de changements radicaux dont certaines des quatre filles ressentent le profond besoin. Françoise vient de dénicher une chanson britannique qu'elle souhaite enregistrer, sans pour autant trouver quelles paroles poser sur la mélodie. Les arrangements de la version qu'elle a entendue, et qui n'est pas la version originale, sonnent comme un rythme de cavalerie qui ne simplifie pas les choses. C'est ainsi que la chanson

Un nouveau paysage musical

se trouve confiée à Serge Gainsbourg qui travaille pourtant uniquement sur ses propres titres et ne fait jamais d'adaptations. Par chance, il est aussi séduit par ce qu'il entend que Françoise l'a été quelques semaines auparavant. Il s'attaque alors au fameux *It Hurts to Say Goodbye* qu'il transforme en *Comment te dire adieu ?*

Sous aucun prétexte,
Je ne veux
Avoir de réflexes,
Malheureux
Il faut que tu m'ex-
Pliques un peu mieux
Comment te dire adieu...

Tu as mis à l'index
Nos nuits blanches, nos matins gris-bleu
Mais pour moi une ex-
Plication vaudrait mieux...

Sous aucun prétexte,
Je ne veux
Devant toi surex-
Poser mes yeux
Derrière un Kleenex
Je saurais mieux
Comment te dire adieu...

Serge incarne la modernité absolue. L'utilisation du mot Kleenex, célèbre marque de mouchoirs jetables américains créée en 1924, mais qui vient seulement d'arriver en France, sert de slogan à cette mince feuille de papier encore peu utilisée. Sa culture et sa curiosité marqueront d'un sceau particulier presque chacune de ses chansons. Immédiatement séduite par le texte de Serge, Françoise est cependant affolée par le nombre de ces allitérations en « ex ». Mais tout se passe bien lors de l'enregistrement. Gainsbourg lui apporte aussi une pépite qui va devenir un classique : *L'Anamour*. Titre qu'il reprendra lui-même à peine un an plus tard. Le disque sort en fin d'année et *Comment te dire adieu ?* accroche aussitôt les auditeurs, ravis de retrouver Françoise dans une chanson quelque peu différente de la plupart de celles de son répertoire. Nouveau succès entre la fin de l'année et le printemps de la suivante et surtout, second classique de la décennie qui a le mérite d'amoindrir un peu l'omniprésence de *Tous les garçons et les filles* chaque fois qu'on évoque Françoise Hardy.

La Maritza

Sylvie s'apprête à enregistrer un classique. Son directeur artistique, Jean Renard, est en pleine recherche de morceaux pour son nouvel album qui doit paraître début décembre. À cette occasion, Bruno Coquatrix, très heureux du résultat de son « Musicorama » du printemps, lui a proposé d'occuper la scène de l'Olympia pour une dizaine de dates. Quant à Maritie et Gilbert Carpentier, ils ont décidé de la mettre en vedette d'un show télévisé, également en fin d'année. Pour Renard, il faut absolument trouver un titre fort, presque biographique. Il repense à une mélodie qui lui a donné du fil à retordre durant ses vacances d'été en Bretagne, qu'il confie à Pierre Delanoë. La chance est là. Il se trouve que ce grand auteur, même s'il sait bien entendu qui est Sylvie Vartan, ignore tout de son histoire. Renard lui en parle un peu, lui apprenant ainsi qu'elle est d'origine bulgare et qu'elle a un destin très marqué. Une fois chez lui, Delanoë écoute en boucle la mélodie et lit la rubrique du Larousse consacrée à la Bulgarie. C'est ainsi qu'il découvre qu'il y coule un fleuve portant le nom de Maritza.

La Maritza c'est ma rivière
Comme la Seine est la tienne
Mais il n'y a que mon père
Maintenant qui s'en souvienne
Quelquefois
De mes dix premières années
Il ne me reste plus rien
Pas la plus pauvre poupée
Plus rien qu'un petit refrain
D'autrefois...
... Tous les oiseaux de ma rivière
Nous chantaient la liberté
Moi je ne comprenais guère
Mais mon père, lui, savait
Écouter
Quand l'horizon s'est fait trop noir
Tous les oiseaux sont partis
Sur les chemins de l'espoir
Et nous on les a suivis
À Paris...

Cet hymne naît à l'Olympia puis, au même moment, dans le show des Carpentier intitulé « Jolie poupée ». *La Maritza* devient le portrait simple et beau de son histoire, moins joyeuse que son statut de star de la chanson. Le public est touché, tant par l'authenticité du texte que par l'interprétation, qui en font un nouveau succès discographique pour Sylvie, avant de devenir l'un des standards de son répertoire.

J'aime les filles

> *J'aime les filles de chez Castel*
> *J'aime les filles de chez Régine*
> *J'aime les filles qu'on voit dans* Elle
> *J'aime les filles des magazines*
> *J'aime les filles de chez Renault*
> *J'aime les filles de chez Citroën*
> *J'aime les filles des hauts-fourneaux*
> *J'aime les filles qui travaillent à la chaîne*
> *Si vous êtes comme ça, téléphonez-moi*
> *Si vous êtes comme ci, téléphonez-me...*

Jacques Dutronc forme avec l'écrivain Jacques Lanzmann un redoutable duo. C'est Lanzmann qui écrit sur les musiques que Dutronc lui confie et qui apparemment l'inspirent. Aussi décalés l'un que l'autre, les deux hommes se rencontrent en 1965 et c'est l'entente parfaite qui va faire naître les plus grands classiques de Dutronc. Il y a une pointe de cynisme chez Lanzmann qui, s'il l'incarne en interprétant ses textes, ne ressemble pas totalement à Dutronc ou alors, à quelques pour cent. Il suffit de lire les textes de *J'aime les filles*, comme celui des *Play-Boys*, paru auparavant, pour savoir que Dutronc aime toutes les filles. Ce qui n'en fait pas pour autant un dragueur mais une victime de leur charme. Toute sa vie durant, il fera chavirer leur cœur et meurtrira celui de la femme de sa vie. Il lui en fait voir de « toutes les

Un nouveau paysage musical

couleurs ». À l'époque, le couple qu'il forme avec Françoise vogue de rendez-vous en rendez-vous, qu'il annule le plus souvent à la dernière minute. Françoise, qui attribuait la difficulté de vivre à deux à l'éloignement et aux perpétuels voyages qu'impose la scène, prend alors conscience que les choses ne sont pas aussi simples. Jacques est un homme libre qui craint profondément de s'attacher.

Il y a les play-boys de profession
Habillés par Cardin et chaussés par Carvil
Qui roulent en Ferrari à la plage comme en ville
Qui vont chez Cartier comme ils vont chez Fauchon
Croyez-vous que je sois jaloux ? Pas du tout, pas du tout !
Moi j'ai un piège à filles, un piège tabou
Un joujou extra qui fait crac boum hu
Les filles en tombent à mes g'noux...

Sur ces entrefaites, Léna arrive du Brésil en fin d'année. D'abord logée par l'écrivain Auguste Le Breton connu pour ses polars adaptés au cinéma, elle trouve rapidement un emploi de vendeuse dans une parfumerie de l'avenue de l'Opéra. À partir de ce moment-là, Françoise et Léna se voient très régulièrement et une indéfectible amitié se noue entre elles. Françoise Hardy rapporte d'ailleurs dans sa biographie que le point de vue de son amie sur sa relation avec Jacques l'a apaisée et exhortée à la patience. Au même moment, les deux jeunes femmes s'inscrivent à des cours de psychologie, ce qui va rapidement amener Françoise à pratiquer assidûment une tout autre discipline, l'astrologie.

Léna et moi nous entendions si bien qu'elle lâcha son travail de vendeuse pour devenir ma secrétaire-assistante et habita dans le studio que j'avais gardé. [La chanteuse s'étant récemment installée dans un petit appartement sur l'île Saint-Louis.] Contrairement à moi qui suis en permanence anxieuse et tendue, elle semble tout prendre avec calme et philosophie. Sa compagnie me rassérénait d'autant plus qu'elle avait l'absolue conviction que, malgré les apparences, mes sentiments pour Jacques étaient réciproques et que la distance qu'il m'imposait était en rapport avec le piédestal où il me mettait. Je sais aujourd'hui que ça n'était pas aussi simple, mais elle avait en partie raison et ses arguments me faisaient du bien[23].

Mon petit soldat est mort

Le 9 octobre 1968, France Gall a 21 ans. Être majeur est, d'une manière générale, une étape dont rêvent tous les ados. Pouvoir faire ce que l'on veut ! Enfin. Mais c'est sans doute encore plus vrai pour la chanteuse qui a, plus souvent qu'à son tour, dû ravaler, en cinq ans de carrière déjà, ce qu'elle pensait en attendant ce jour béni.

La jeune femme qu'elle est en train de devenir, sans doute bien plus mûre, métier aidant, qu'on ne l'imagine, a des comptes à régler avec les adultes qui ont jusque-là pris en main sa destinée. Elle décide alors d'un face-à-face très clair avec son père. Si c'est avec ou grâce à lui que tout a démarré, elle a un certain nombre de choses à lui faire entendre. La principale est qu'elle ne veut plus être managée par Denis Bourgeois, un homme qui ne lui a jamais été sympathique et dont elle ne peut oublier le geste inacceptable de la gifle de ses débuts. Il est de plus en constante contradiction avec ses aspirations. Sur les quelque 80 titres qu'elle a enregistrés, elle en approuve à peine vingt pour cent. Sans compter le personnage d'« ingénue libertine » dans lequel il l'a laissée s'installer et qui lui colle désormais à la peau.

Cette direction s'avère de moins en moins efficace. Parmi ses derniers titres, si charmants soient-ils, pas un seul ne s'est classé dans les hit-parades de l'année. Elle décide aussi d'en finir avec Philips. Il faut du changement à France, trouver un autre label, des auteurs et compositeurs dont le nouveau regard ne pourra que mieux lui correspondre.

Quant à Robert, à l'origine de ce succès, elle reconnaît toujours en lui celui qui lui a ouvert les portes du métier. Pour autant, elle souhaite prendre du recul et travailler différemment. Si elle dit adieu au cirque France Gall, elle demande quand même à son père de poursuivre la défense de ses intérêts. Il accepte et signe tant la rupture avec Philips que l'entrée dans une nouvelle maison de disques. Malgré tout, la confiance de sa fille reste intacte, bien que l'amour qu'elle lui porte et la relation professionnelle, qu'ils partagent depuis maintenant cinq ans, ne coïncident pour autant pas facilement. Lorsque sort le dernier 45 tours de France chez Philips, Robert Gall, qui en a écrit le texte avec le jeune Monty, est sans doute le seul à comprendre la signification de ce couplet : « *Mon petit soldat est mort, il jouait du tambour...* » Eh oui, le petit caporal, comme il surnommait sa fille chérie, est clairement devenu général en chef de son avenir...

Ma mère et moi, par Françoise

Si c'est le père de France qui veille à la destinée de sa fille, Françoise, par la force des choses, s'en remet à sa mère.

Dans un entretien donné à *Mademoiselle Âge tendre*, elle évoque leur relation, ses jeunes années et se dessine ainsi sa personnalité de manière plus précise.

La meilleure amie et la confidente de Françoise Hardy, c'est sa mère. Des liens très profonds les unissent toutes les deux, des liens affectueux et complices que Françoise a essayé de nous définir ici avec beaucoup de franchise.

« Je suis née le 17 janvier 1944 à Paris, pendant la Seconde Guerre mondiale. Pendant plus de quinze ans, j'ai vécu en vase clos. J'étais une enfant très studieuse et maman avait en moi la plus grande confiance. Pour nous élever, elle travaillait à mi-temps. Quand j'ai commencé à aller en classe, maman savait qu'en sortant de l'école je rentrais directement à la maison pour faire mes devoirs. Et je me souviens des paniques que j'avais lorsqu'il lui arrivait d'avoir un peu de retard le soir. Pendant toutes ces années, je n'ai vu qu'elle et ma sœur. Vous comprenez alors, qu'à cause de ces retards, j'imaginais tout, et plus souvent le pire. Peut-être était-elle morte ? Et ça, c'était plus atroce que tout. D'abord parce que c'est maman, bien sûr, et puis aussi (je m'en suis rendu compte plus tard) parce qu'elle était et qu'elle reste ma meilleure amie. Si j'avais un gros ennui, c'est vers elle et personne d'autre que je me retournais. Mais aussi parce que maman c'est mon point de repère. J'ai toujours eu besoin de son avis et, parce qu'elle était mon Dieu et mon modèle, c'est à elle que je voulais ressembler. D'ailleurs je lui ressemble à beaucoup de points de vue et c'est peut-être pour cette raison que nous nous guettons sans cesse, elle et moi. Il y a des différences, heureusement, d'ailleurs : il y a sa force[24]... »

Come un ragazzo

Après avoir vanté les mérites de se comporter *Comme un garçon*, voilà Sylvie déclarant qu'*On a toutes besoin d'un homme*, signé par les mêmes duettistes, Debout et Dumas. Mais une oreille attentive aux paroles laisse vite paraître une vision assez novatrice du couple, dans lequel l'homme devrait savoir « *laver, repasser, cuisiner et bercer notre petit bébé !* ». Issue de l'album paru en décembre dernier, la chanson en forme de minicomédie musicale fait un nouveau succès à l'hiver 1969.

Mais, en ce début d'année, la jeune femme a peu de temps à consacrer à la France, car elle se voit sollicitée par l'Italie, où ses chansons enregistrent des records de ventes, dépassant parfois ceux de l'Hexagone. Adoubée par ce pays dès son début de carrière, c'est en 1967 que son succès explose avec *Due minuta di felicita*, traduction de *2'35 de bonheur* puis *Comme un garçon*, devenant, logiquement *Come un ragazzo*. Suit *Irrésistiblement*, traduite elle aussi en *Irresistibilmente*. C'est nettement suffisant pour la RAI, première chaîne de télévision italienne, pour lui proposer d'être la vedette d'un grand show hebdomadaire durant deux mois, en plein cœur de l'année. Sylvie, très vite tombée amoureuse de la péninsule, accepte et s'expatrie le temps des tournages avec sa mère et son fils en début d'année.

En dehors de ses propres tubes français, les Italiens lui font également enregistrer des chansons originales, notamment celles qui seront choisies pour le générique du show intitulé « Doppa Copia ». *Zum zum zum* et *Buonasera buonasera* vont devenir de nouveaux tubes en Italie. Au point que RCA France leur consacre un 45 tours. Au-delà de ça, 1969 est pour Sylvie une année de scène. Elle n'honore pas moins de 112 concerts, dont 16 en Italie, mais aussi en Iran, en Afrique, en Hollande et en Allemagne. Et en France, où elle passe l'été dans les arènes et sous les chapiteaux de toutes les régions.

Il faut croire ce que disent les chansons

Sheila la la la la la la
Non ne rêve pas
Ah, quelle histoire mes amis
Si vous saviez
Ce qui vient de m'arriver
Cet an dernier
J'ai rencontré un garçon sensationnel
Il a tous les dons du ciel...

... Il m'envoie des fleurs
Tous les jours avec dévotion
C'est pas la valeur
Qui importe non c'est l'intention...

... Oui tout ça semble un peu fou (un peu beaucoup)
Vous ne me croyez pas du tout (non pas du tout)
Mais patientez quelques mois (Ah oui pourquoi ?)
Car j'aurai la bague au doigt...

Au printemps, Sheila lance une chanson amusante qui rencontre le succès, elle s'appelle *Arlequin*. Mais le plus intéressant, en ce qui la concerne, se trouve en face B du single. Si *Sheila la la* amorce une annonce, *Quelqu'un et quelque chose*, écrite par son ami Monty, chanteur à l'époque, apporte des révélations bien plus précises.

Pierre est un jeune étudiant du quartier
Seul dans sa chambre il reste à travailler
Des nuits entières
On voit là-haut sa fenêtre briller
Et pour préparer sa licence en droit
Il doit bûcher des semaines et des mois
Sans se distraire
S'il fait tout ça
C'est pour qui et pourquoi ?
C'est pour quelqu'un et quelque chose
Auquel il pense à chaque instant
Car ce quelqu'un, ce quelque chose
Viendront un jour, il ne sait quand...
Annie est vendeuse dans un grand magasin...
Elle se lève de bonne heure le matin
Pourtant naguère elle s'amusait beaucoup...
Par quel mystère a-t-elle changé à ce point tout à coup ?
C'est pour quelqu'un et quelque chose
Auquel elle pense à chaque instant...
... Mais la chance est arrivée soudain
Un jour Pierre a rencontré Annie
Ils se sont pris simplement la main
Et tout devint si joli...

C'est ainsi qu'est décrit Pierre Cohen, amoureux de Sheila. Une affaire de cœur qui ne va pas tarder à être révélée à la presse, car, cette fois, les choses semblent sérieuses. Ce n'est pas innocemment que Claude Carrère évoque en chanson la vie intime de son artiste en ce début d'année. En mars 1970, Sheila présente officiellement son fiancé, Pierre Cohen, effectivement titulaire d'une licence en droit et professeur de tennis, aux médias. La relation qu'elle entretient avec lui depuis 1968 est jusque-là restée secrète. C'est à Valescure, une commune voisine de Saint-Raphaël, dans le Var, où Sheila a l'habitude de passer ses vacances, qu'ils se sont rencontrés. Pour gagner un peu d'argent, comme beaucoup d'étudiants, il y donne des cours de tennis, que la jeune femme, qui adore ce sport, suit pour se perfectionner. Les leçons se prolongent entre Valescure et Rueil-Malmaison qu'il n'hésite pas à rejoindre pour retrouver Sheila. Les deux jeunes gens viennent de tomber amoureux. D'abord observateur de la situation, Claude Carrère utilise les moyens en son pouvoir pour expliciter les choses le moment venu.

Let the sunshine in

« Je voulais changer d'air, c'est Hair qui m'a changée ! » Jolie déclaration de France qui, en ce printemps 1969, peine à retrouver le succès de ses premières années. Sa nouvelle maison de disques lui propose des chansons qui ne lui ressemblent guère, même si elles sont d'un style différent des précédentes. *L'Orage*, par exemple, adaptation de la chanson de Gigliola Cinquetti. Ce ne sera pas France, mais la belle Italienne qui en fera un succès dans l'Hexagone. La voyant un peu dépitée, la compagne de son frère Philippe lui propose de se changer les idées et d'aller voir un nouveau spectacle intitulé *Hair* qui fait courir le Tout-Paris. De plus, il paraît que les acteurs sont nus (en réalité, les éclairages sauvegardent leur pudeur). France accepte l'invitation.

Un nouveau paysage musical

Hair s'inspire d'une mode et de faits très contemporains. Créée off Broadway en octobre 1967, dans une cave de Greenwich Village, la comédie musicale rock a maintenant élu domicile à Broadway. De là, elle part pour Londres et arrive à Paris au printemps 1969. Elle présente un portrait de la culture alors appelée contre-culture hippie, prônant la révolution sexuelle et le mouvement pacifiste antiguerre au Vietnam. La première version française se joue au théâtre de la Porte Saint-Martin, avec pour tête d'affiche le jeune chanteur-compositeur Julien Clerc.

> Ils sont une cinquantaine, ils ont de seize à vingt-cinq ans, l'un d'eux, Claude, un peu le chef de cette troupe de « hippies », reçoit une convocation du ministère de l'Armée : il va être soldat. C'est cela, *Hair*, l'histoire des quelques journées au cours desquelles un incident d'apparence fort simple va déclencher une crise brûlante, douloureuse, chez ces garçons et ces filles. C'est surtout une très belle musique de Galt MacDermot, tout jeune compositeur canadien. Si vous le pouvez, allez au théâtre de la Porte Saint-Martin : pour cette musique, pour le charme des cinquante comédiens qui y sont réunis, et pour Julien Clerc, étonnant de chaleur dans le rôle de Claude[25].

Le jeune homme est connu depuis un an, grâce à des chansons originales, qui tordent le cou à la variété populaire alors en train de s'installer. On en doit les paroles aux plumes poétiques et acérées d'Étienne Roda-Gil et de Maurice Vallet, lesquels font leurs débuts en même temps que Julien qui en compose toutes les musiques. Sur des rythmes épiques, un son nouveau, les titres de Julien (*La Cavalerie, Ivanovitch, La Californie, Yann et les dauphins...*) commencent à rencontrer le succès. C'est aussi son personnage qui sort de l'ordinaire. Il est charismatique, grand, brun, son visage d'ange s'illumine d'un sourire ravageur sans aucune arrogance. Bien sûr, il attire l'attention des jeunes filles, mais bientôt aussi d'un public très large, tant il renouvelle le paysage de la variété.

France apprécie le spectacle mais c'est la vedette qui la subjugue. Pourtant, il est l'opposé du prince charmant dont elle parle régulièrement en interview et qui serait plutôt blond aux yeux bleus. C'est la présence et l'éclat du jeune homme qui la poussent, comme elle l'avait fait à l'automne 1964 avec Claude François, à aller l'applaudir plusieurs soirs de suite. Bien évidemment, elle atterrit dans sa loge et l'abreuve de compliments qui, s'ils le mettent mal à l'aise sur le moment, finissent par le séduire. France est irrésistible et, de plus, Julien vient de rompre avec son premier amour.

Très vite, une aventure sentimentale s'installe. France croit sincèrement avoir trouvé l'homme de sa vie. Tant et si bien qu'elle le présente rapidement à sa famille qui vit maintenant dans un très grand appartement, avenue Victor-Hugo, dans le 16e arrondissement. La passion commune pour la musique de la famille Gall et de Julien aidant, la rencontre se passe à merveille. Il y a même une réelle estime de Robert pour ce jeune homme flamboyant. La « tribu » Gall, toujours aussi accueillante, accepte que Julien s'installe chez elle à la demande de France.

Les médias s'emparent du phénomène que forme ce nouveau couple inattendu, pourtant discret dès le début de leur relation : sont publiés quelques reportages, photos et gros titres, notamment dans la presse jeune, à commencer par *Salut les copains*, bientôt suivi par *Mademoiselle Âge tendre*.

Un nouveau paysage musical

Sous aucun prétexte je ne veux

Françoise, qui a déjà tenté de s'affranchir des fourches caudines de sa maison de disques et d'un système dont elle subit de plus en plus le poids, se rend compte que ses revendications pour récupérer ses droits d'auteur entre 1962 et 1967 n'ont toujours pas abouti. En outre, Vogue, considérant qu'elle ne fournit pas de nouvelles chansons assez rapidement, édite un 45 tours, comportant deux classiques français : *Les Feuilles mortes* et *La Mer*, qui avaient effectivement fait l'objet d'un enregistrement, expérimental, deux ans plus tôt. Françoise avait trouvé ces deux versions médiocres et celles-ci avaient été remisées aux archives... Quelle n'est donc pas la surprise de la chanteuse en les voyant commercialisées sans même avoir été consultée ! Il n'y a aucune volonté artistique dans cette nouvelle publication qui puisse assurer une suite logique à ses futurs enregistrements. Elle désapprouve forcément la démarche qui, pour elle, signe la fin de ses accords avec Vogue.

C'en est fini de ce business autoritaire et sans recul. Après la rupture, elle crée une nouvelle société de production, baptisée Hyppopotam, qu'elle double d'une société d'édition qu'elle nomme Kundalini. Lui reste à trouver une structure pour distribuer ses disques. Ce sera Sonopresse, une firme nouvellement arrivée sur le marché.

Françoise est véritablement une femme indépendante qui ne craint pas de se produire et de veiller à son avenir professionnel.

Des amours tourmentées

En cette année 1969, tout semble aller pour le mieux entre Sylvie et Johnny. Et pour cause, ils ne se croisent pratiquement pas, prisonniers qu'ils sont d'emplois du temps difficilement compatibles avec une vie sentimentale. Alors que la rock star s'apprête à monter sur scène, Jean Renard et Gilles Thibaut lui apportent *Que je t'aime*, qui touche l'idole au cœur parce que la chanson s'adresse clairement à la femme de sa vie. Il l'interprète au Palais des Sports, un mois avant la sortie du disque. Ce titre fait très forte impression et va devenir l'une des plus grosses ventes de Johnny. La sincérité du message, aussi sensible que torride, n'échappe pas au public.

Quand tes cheveux s'étalent
Comme un soleil d'été
Et que ton oreiller
Ressemble aux champs de blé
Que je t'aime...
Quand ta bouche se fait douce
Quand ton corps se fait dur
Quand le ciel dans tes yeux
D'un seul coup n'est plus pur
Que je t'aime...
Quand tu ne te sens plus chatte
Et que tu deviens chienne
Et qu'à l'appel du loup
Tu brises enfin tes chaînes
Que je t'aime...

Pendant que Johnny déclare sa flamme à son épouse sur scène, Françoise, elle, continue de décrypter la personnalité

1. Sylvie Vartan photographiée par Jean-Marie Périer à l'été 1962.
2. Françoise Hardy photographiée par Jean-Marie Périer vers 1963.
3. L'un des premiers portraits officiels de Sheila, avec ses fameuses couettes, dans le studio de Sam Lévin en 1963. **4.** France Gall chez le même photographe vers 1964.

1. Eddie Vartan, le talentueux grand frère de Sylvie. **2**. Daniel Filipacchi, figure incontournable de *Salut les copains*. **3**. Le jeune photographe de *Salut les copains*, Jean-Marie Périer, devient le premier amour de Françoise Hardy. **4**. Sheila, Françoise et Sylvie. Tiercé gagnant en cette année 1963 !

1. La jeune Annie Chancel avec ses parents, Micheline et André.
2. La famille Gall au grand complet. France entre ses parents, encadrée par les jumeaux Patrice et Philippe.

1. Kilt au genou, pull-over et polo. Un look tout simple d'étudiante pour Sheila. **2**. France par Jean-Marie Périer.

1. Françoise à ses débuts. **2.** Le style garçon manqué de Sylvie impose dès 1961 une vraie modernité. Elle n'hésitera pas pour autant à revêtir de jolies robes pour devenir *La Plus Belle pour aller danser*...

1. Portrait par Jean-Marie Périer en 1964. **2**. Sylvie encadrée par les Beatles, dans les coulisses de l'Olympia pendant les concerts mythiques qu'elle partage avec eux en janvier et février 1964. **3**. Sylvie et Johnny durant le service militaire de ce dernier.

1. Portrait de Françoise en 1964. **2**. Françoise et Jacques Dutronc vers 1966. **3**. Françoise et Mick Jagger. Trois clichés de Jean-Marie Périer.

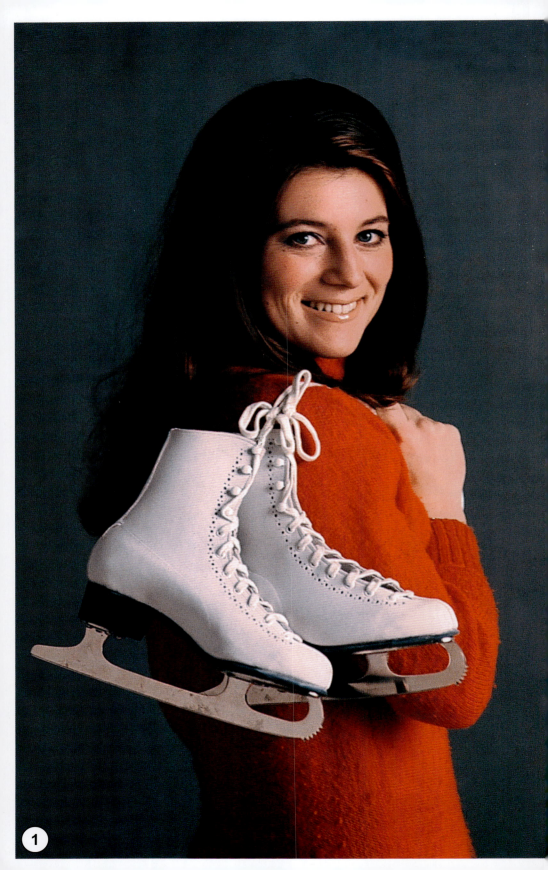

 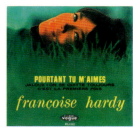  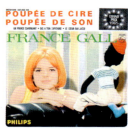

1. Sheila photographiée par Jean-Marie Périer pour la couverture de *Salut les copains* en avril 1968. **2**. Séance pour la pochette de l'album *Oncle Jo* en 1969. **3**. Sheila et son producteur Claude Carrère faisant semblant de se battre fin 1966, pour la sortie du film *Bang Bang*.

1. France sous la direction de Serge Gainsbourg, ici en 1972. 2. La jeune femme remporte le concours de l'Eurovision en 1965 avec *Poupée de cire, poupée de son*. 3. Portrait de Jean-Marie Périer vers 1968.

1

2

3

1. Françoise en minijupe en 1966. **2**. Sylvie en look *Comme un garçon* pour le magazine *Marie Claire* en 1967. **3**. Sylvie et Sheila se retrouvent en août 1969 à Saint-Raphaël. Sont également présents ce jour-là Johnny et Françoise. **4**. Fin 1969, France pose pour la une de *Mademoiselle Âge tendre* en compagnie du nouvel homme de sa vie, Julien Clerc. **5**. Sheila et son fiancé officiel Ringo, posant pour la pochette de leur tube *Les Gondoles à Venise* en 1973.

1. Sheila en 1971, période *Les Rois mages*. La petite fille de Français moyens a bien changé... 2. 1973. Sylvie dans un ensemble en jean Lee Cooper customisé par Yves Saint Laurent.

1. 1975, Sylvie, à l'affiche d'un mégashow au Palais des Congrès pour un mois, devient la première chanteuse française à remplir une salle de cette envergure. **2**. 1973, rencontre entre Françoise, France et Michel Berger. **3**. Sheila et B. Devotion. La photo illustre la pochette de son premier album disco, incluant *Love Me Baby* et *Singin' in the Rain*. **4**. France revient enfin à la scène en 1978 au Théâtre des Champs-Élysées.

③

④

①

②

1. Entre deux tubes en anglais, Sheila réenregistre un titre en français, *Kennedy Airport*, et fait un nouveau succès. **2**. En cette fin des années 1970, France et Michel Berger deviennent un couple emblématique de la chanson française. **3**. 1981, au Palais des Sports, Sylvie triomphe dans un show encore plus spectaculaire que les précédents. **4**. Début 1982, c'est France qui prend la succession de Sylvie dans la même salle.

1. Le jeune auteur compositeur Yves Martin est devenu le compagnon de Sheila.
2. Nouveau look de Françoise pour la fin des années 1980.

1. France, envoûtée par la musique, sur la scène du Zénith pour son «Tour de France» fin 1987. **2**. Sylvie opte sur scène pour un style de plus en plus intemporel. Ici au Palais des Sports, début 1991.

Elle. Jours de France. Paris Match. Salut les copains. Mademoiselle Âge tendre. Télé 7 jours. Marie Claire ou encore *Vogue*... Et bien des couvertures étrangères. Une pour toutes... Mais surtout toutes à la une ! Sylvie en totalisera plus de 2 000, un record homologué. Mais ses copines sont loin d'être en reste.

insondable de l'homme dont elle est amoureuse. Elle vient de délivrer son plus joli poème, qu'elle met en musique, sur Jacques Dutronc, objet unique de tous ses tourments. Il s'intitule *Il voyage* :

Lorsque vous lui parlez
Il ne vous répond pas
Il semble vous regarder
Vous croyez qu'il écoute
Ses yeux sont là sur vous
Mais vous n'y lirez pas
Ce qu'il pense de vous
Croyez-vous qu'il y pense ?...
Un seul de ses sourires
Et c'est je crois
Le piège dont on ne sort point
Voyez-vous il voyage
Et il n'a pas besoin de vous
Là-haut sur son nuage
Il voyage...

Un garçon en protection de lui-même, qui n'était sans doute pas programmé pour ce qu'il vit. Une popularité qui le bouleverse tout autant qu'elle rend sa vie difficile. Mais il faut bien avouer qu'il aurait été dommage de ne pas connaître l'homme de *Il est cinq heures, Paris s'éveille*. Célèbre ou anonyme, il aurait été le même.

Quatre filles dans le vent qui tourne...

En cette fin de décennie, il y a comme un parfum de fin de fête pour la stratosphère yéyé. Beaucoup d'entre eux et d'entre elles ne passeront pas la frontière de l'année 1970. Déjà menacés par la vague de 1966, qui a imposé des auteurs-compositeurs comme Polnareff, Jacques Dutronc, Nino Ferrer ou Christophe, les survivants vont majoritairement être emportés par le psychédélisme et la Flower Power Attitude, en vogue depuis le Summer of Love de 1967.

Pour Sheila, l'année n'aura pas été particulièrement spectaculaire. Elle commence plutôt bien avec *Arlequin*, qui passe les 200 000 exemplaires, mais redescend à 100 000 durant l'été avec *Love, Maestro Please*, avant de remonter sensiblement vers les 140 000 grâce à *Oncle Jo*. Des chiffres en montagnes russes qui ne donnent pas satisfaction à son producteur. Oh, il est sûr que bien des chanteurs se contenteraient de la moitié, voire d'un tiers ou même d'un quart pour être heureux ! Mais Sheila est un cas à part et il semblerait que 200 000 exemplaires soient une frontière en dessous de laquelle Carrère ne souhaite pas tomber...

France, de son côté, s'abrite sous un parapluie pour traverser *L'Orage* ! Depuis *Bébé requin*, aucun titre n'a vraiment interpellé le public. En revanche, elle enregistre des originaux en allemand qui rencontrent le succès outre-Rhin. Là-bas, elle est perçue comme l'icône pop parfaite. Minijupe, socquettes, titres rythmés et textes faciles. Mais chez nous, et même si elle continue d'enchanter les pages de *Mademoiselle Âge tendre*, elle ne fréquente plus les cimes du hit-parade depuis l'année précédente. Pas plus avec des titres de Boris Bergman ou Pierre Delanoë... Pour l'heure, la jeune artiste ne s'en soucie pas trop. Elle devrait pourtant s'en inquiéter car ce changement de décennie va s'avérer difficile pour elle.

Chez Françoise, c'est aussi l'heure du bilan. Celui de près de huit ans de succès avec les disques Vogue. La chanteuse sort cette année-là deux 45 tours. Le premier comporte trois morceaux qu'elle a écrits et composés seule. *Il voyage*, *L'Heure bleue* et *Au fil des nuits et des journées* sont trois réussites, qui lui impulsent une nouvelle direction. Pour autant c'est *Des bottes rouges de Russie*, titre plus anecdotique quoique très bien produit, qui est mis en avant. Mais il ne fait pas un succès pour autant. Le second 45 tours de l'année, *J'ai coupé le téléphone*, encore écrit et composé par la jeune femme, ne réalise pas non plus de scores mirobolants. La décision de ne pas resigner avec Vogue était une démarche artistiquement positive, mais sans la maison de disques qui l'a menée au succès dans le monde entier, comme elle l'a si bien chanté, Françoise passera-t-elle la barre des seventies ?

Et pour Sylvie ? Ce fut une année ensoleillée passée dans de nombreux pays. Sa tournée transalpine, l'exubérance chaleureuse des Italiens, ses shows sur la RAI, en mars et avril, tout lui laisse un souvenir exquis. Mais en France, chez RCA, on s'inquiète un peu. En délaissant les télés hexagonales, elle a perdu de son impact. Les chiffres de ventes de ses disques sont moins bons. Le tirage du 45 tours *Sylvie chante en italien* reste confidentiel. Malgré un tonus très rock, *C'est un jour à rester couché* peine à atteindre les 80 000 exemplaires. Mais elle fait tout de même un retour remarqué grâce au « Sacha / Sylvie Show » qui réalise un énorme

Quatre filles dans le vent

score d'audimat pendant les fêtes. Encore une bonne idée de Maritie et Gilbert Carpentier de réunir les deux artistes qui apprécient particulièrement ce genre d'émission. En passant des années 1920 aux années 1950, Sylvie et Sacha Distel s'y incarnent en Mistinguett et Maurice Chevalier, dans des tableaux glamours et humoristiques.

Sylvie en profite d'ailleurs pour changer de look. Terminé la frange qui la suit depuis ses débuts, quelles que soient les différentes coiffures. Elle a dégagé son front, changé son maquillage, offrant un nouveau visage. Celui d'une jeune femme sexy et volontaire. Les projets se multiplient bien sûr à l'approche de l'année 1970. Les Carpentier veulent passer un cap avec elle et en faire l'héroïne de leur premier show en couleur. Elle rêve aussi de spectacles et, notamment, de comédie musicale. Et pourquoi pas passer de l'autre côté du miroir avec des musiciens, des danseurs, une sorte d'Alice moderne, pop, qui entrerait dans une nouvelle décennie ?

Le 20 février 1970, elle vient de retrouver Johnny, en tournée à Strasbourg. Il est entre deux dates de concert et bien vite ils doivent partir pour Besançon où il est attendu dans la soirée. Dans la DS, louée pour l'occasion, s'installent à l'arrière Jean Pons, Micky Jones et Sacha Rhoul, le garde du corps de l'idole des jeunes. Johnny est au volant. Malgré la mauvaise météo et l'asphalte qui commence à verglacer, le « boss » accélère. Pas question d'être en retard... À ses côtés, sur le siège passager, Sylvie somnole. Nous sommes dans ces années encore légères où la ceinture de sécurité n'est pas obligatoire. Soudain, Johnny a du mal à négocier un virage. C'est une tête d'épingle meurtrière, bien connue dans la région et déjà responsable de morts par dizaines. Johnny ne parvient plus à maîtriser le véhicule.

La DS quitte la route, roule dans le fossé et va percuter un pilône. Sylvie est propulsée vers l'avant et son visage de poupée fait exploser le pare-brise. Alice vient bel et bien de traverser le miroir.

Troisième partie

De l'autre côté du miroir

Chapitre 1

Un destin trop lourd

Ce 20 février 1970 marque un arrêt dans le tourbillon de vie de Sylvie commencé neuf ans plus tôt. Elle a vécu tant de choses déjà. Assez pour remplir une existence. Comment interpréter cette trêve brutale, dans des circonstances si violentes ? Rapidement pris en charge à l'hôpital de Belfort, Sylvie et Johnny sont rapatriés dès le lendemain matin vers la clinique de Boulogne-Billancourt. Sylvie subit une première et lourde intervention au visage. C'est le professeur qui s'était occupé d'elle lors de son premier accident en avril 1968 qui l'opère à nouveau. Johnny, blessé d'une fracture au nez, sort dès le lendemain. Pour Sylvie, ce sera nettement plus long.

Bien entendu, la nouvelle de l'accident a fuité de la presse locale et régionale de l'Est pour rejoindre Paris. Johnny est donc assailli par les journalistes au moment où il pousse la porte de la clinique. Est-ce intentionnel ou pas ? Il minimise l'accident et ce qui est arrivé à son épouse. Elle est très affectée par cette interview qu'il donne au journal télévisé, car son état est vraiment préoccupant. On ne traverse pas un pare-brise à 70 kilomètres-heure environ en en sortant indemne. Son visage est entaillé du front au nez, au-dessus de la lèvre supérieure et sur tout le menton. Dans la salle de bains de sa chambre, elle ne peut rien voir, tout est caché par des bandes. Intérieurement, elle se pense finie. Va-t-elle devoir cesser d'exercer ce métier, principalement celui de la scène, qu'elle a choisi et qu'elle aime viscéralement, mais tellement porté sur l'image ?

L'entourage de Sylvie va rester très discret. Pas question que les médias puissent annoncer que l'artiste est peut-être défigurée. Une partie de la presse, bienveillante, ira dans le même sens : « C'est dans un ciel d'un bonheur sans nuages qu'a éclaté ce coup de tonnerre d'un accident, heureusement sans trop de gravité. Johnny, le visage barré de pansements, revient aujourd'hui de New York, où il a tenu à accompagner lui-même Sylvie. Celle-ci suit, là-bas, un traitement esthétique un peu difficile, après lequel ne subsistera nulle trace de blessures sur son joli visage. Johnny a repris aussitôt ses tournées. Sylvie, elle, a dû reporter les shows qu'elle préparait pour la télévision[26]... »

En réalité, les choses ne se sont pas tout à fait déroulées comme ça. Devant la gravité de la situation, le médecin et ami des Hallyday, Paul Belaiche, a pris contact avec l'un des plus grands chirurgiens au Mount Sinai Hospital de New York, le professeur Bernard Shimon, un spécialiste des interventions sur les visages de victimes de bombardements. C'est avec le docteur Belaiche, et sans Johnny, que Sylvie quitte Paris pour les États-Unis fin février. Là-bas, ce ne sont pas moins de quarante heures de chirurgie réparatrice, étalées sur une période de quatre mois, qui l'attendent.

France et Julien

4 et 9 octobre 1947. À cinq jours près, Julien et France ont le même âge. Tous deux nés à Paris, lui dans le 19ᵉ, elle dans le 12ᵉ, ils sont amoureux depuis leur rencontre au printemps dernier. En décembre 1969, *Salut les copains* publie un article, « France et Julien, duo pour une romance », accompagné d'un photoreportage du premier voyage des jeunes amoureux, à Marrakech. En ce début de décennie, ils se disent pour *Mademoiselle Âge tendre* « heureux de s'être rencontrés ». France confie au magazine que le garçon qu'elle aime est à l'opposé du portrait qu'elle imaginait. Elle s'en réjouit même :

> La vie a choisi d'être pour moi beaucoup plus inattendue et excitante, le garçon dont j'ai aujourd'hui envie de vous parler est immense (il mesure un mètre quatre-vingt-huit !), il est brun, habile, agile, ne sait absolument pas regarder une montre et n'est, en aucune façon, mon fiancé. Il est bien plus, bien mieux : ce doit être, à y bien songer, quelqu'un que j'aime... Ce qui me séduit dans nos rapports, c'est la merveilleuse disponibilité en laquelle nous nous tenons l'un vis-à-vis de l'autre : Julien peut me dire, un soir, qu'il n'a plus envie de me voir pendant une semaine, cela ne me bouleversera pas ; de même acceptera-t-il que je ne sois pas toujours disposée à le rencontrer... Nous sommes si libres de ne pas nous voir qu'en fin de compte, nous ne songeons jamais à nous séparer... Ce qui me plaît en ce garçon, voyez-vous, c'est qu'il est si maladroit, si ponctuel, si timide...

France Gall pense sincèrement qu'elle vient de rencontrer celui qui pourra être le père de ses enfants, trois si possible, comme elle le souhaite. À son tour, Julien se prête au jeu de l'interview :

> C'est curieux, les choses importantes m'arrivent toujours au moment où je m'y attends le moins... C'était justement un jour où j'étais de mauvaise humeur parce que j'avais rendez-vous avec des gens ennuyeux qui voulaient me faire parler de moi et de la « formidable » expérience humaine que je vivais avec *Hair*... Le premier contact avec le rire de France a été la surprise jolie de la journée. J'adore les gens drôles. Nous avons tant et tant parlé et ri ensemble que j'ai eu, assez vite, l'impression de connaître France depuis cent ans au moins... Avec France, je me trouve en perpétuelles vacances... Je suis devenu un peu fou de France... Ce qui me semble extraordinaire c'est qu'elle soit si « présente », tout en me laissant une parfaite disponibilité. France a un tel sens de l'humour, qu'elle passe son temps à se moquer de nous ; vous imaginez la somme de fous rires que cela peut donner en vingt-quatre heures[27] ?

C'est à peu près au même moment que Julien découvre la maison familiale des Gall, à Pourrain, dans l'Yonne, et tombe amoureux de la région où il viendrait bien se détendre, loin du fracas parisien. Robert lui déniche une vieille ferme que le jeune chanteur achète aussitôt et qui va devenir le nid des deux tourtereaux. Après tout, on n'est qu'à deux heures de Paris, France et Julien vont pouvoir vivre à l'abri des regards, presque incognito. France règne bientôt sur les lieux en parfaite maîtresse de maison, cuisinant pour les copains tout en jouant les fermières. Car, tant qu'à acheter une ferme, autant la peupler d'animaux de toutes sortes, ce qu'elle ne manque pas de faire.

Mais curieusement la jolie romance échappe de plus en plus à la presse... La raison en est simple et France a déjà vécu la même situation avec Claude François. La carrière de Julien s'envole et ses proches savent que l'essentiel de son public est féminin. Le jeune homme, dont la beauté et le romantisme sont incontestables, doit rester un cœur à prendre. Exit les photos en charmante compagnie, encore plus avec une chanteuse connue.

Cette fois, la situation est plus difficile à vivre pour France, car elle vient d'entamer une traversée du désert. Ses activités professionnelles l'amènent principalement en Allemagne, où sa popularité est intacte depuis plus de quatre ans et ses disques continuent de se vendre. Là-bas, elle chante dans la langue et reste très présente sur les plateaux télé. Cet état de fait ne facilite pas sa nouvelle relation sentimentale, car comment accepter de retourner dans un quasi-anonymat après avoir connu cinq années de lumière ?

Sheila présente son fiancé

Au tout début du printemps, au mois de mars, Carrère a décidé qu'il était temps de rendre officielle la relation sentimentale de sa protégée. Cette fois, c'est « du sérieux » et il ne peut qu'en prendre acte. Il organise alors une conférence de presse pour présenter le fiancé de Sheila, le jeune Pierre Cohen, à un panel très large de journalistes, afin de s'adresser aux adolescents comme aux adultes. C'est maintenant chose faite avec reportages photo à l'appui. On retrouve par exemple le jeune couple dans *Salut les copains*, qui titre « Tout sur mon amour caché », ou dans *Jours de France*. On commence à les voir ensemble régulièrement, débarquant à l'aéroport de Nice ou bien dînant avec des amis dans un restaurant du boulevard Montparnasse. Curieusement, on n'entend guère parler du professeur de tennis par la suite...

La romance continue, mais Sheila ne va pas tarder à croiser un regard, dans les couloirs, chez Claude Carrère. Elle demande à Claude qui est ce garçon qui attend régulièrement sur une banquette. Agacé, comme à son habitude, il lui répond qu'il s'agit d'un certain Guy Bayle, un Toulousain monté à Paris pour faire carrière mais dont il ne sait pas quoi faire. Le look de play-boy, son air de chien perdu ne la laissent pas indifférente...

Un nouvel apprentissage pour Sylvie

Assez rapidement, Sylvie commence à trouver le temps long dans les rues de New York. Malgré les boutiques et surtout les spectacles, elle a besoin, comme à son habitude, d'action. Il y a quatre mois à passer, au minimum, alors autant les utiliser pour s'enrichir. Une idée lui vient grâce aux comédies musicales qu'elle voit chaque soir. Pourquoi ne pas se mettre sérieusement à la danse ? Quitte à être à Broadway, autant en profiter. C'est décidé, elle va se former, elle a tout à apprendre dans ce domaine. New York est *the place to be*. On lui conseille un premier cours puis un second, orienté plus pop. C'est celui de JoJo Smith, un chorégraphe noir américain, enfant de la balle. Il s'attache à la petite Française qui parle sans accent et ne semble pas dérangée à l'idée de se mêler à sa troupe, en majorité de couleur. De fait, en 1970, le chorégraphe de Harlem est perpétuellement confronté au racisme et cela même dans le monde éclectique du show-business. Mais, de ce côté-là, Sylvie, dont bien sûr il ne connaît pas l'histoire, est bien différente. Et c'est rafraîchissant...

Assez vite, Ilona rejoint sa fille avec David, évidemment. Puis c'est Mimi, la fiancée de Carlos, qui vient compléter la petite famille de Sylvie. Mais toujours pas Johnny... Si elle est triste qu'il n'ait pas su l'accompagner davantage dans ce drame, il lui manque énormément. Alors elle lui adresse un message très sensuel en chanson, sur des paroles de Gilles Thibaut et une musique de Jean Renard, les auteurs-compositeurs de *Que je t'aime*, titre auquel elle répond par *Aime-moi*.

Aime-moi, oui, aime-moi
Aime-moi, oh, aime-moi...
Pourquoi quand tu as faim de moi
Sans pudeur je me change en proie ?
Pourquoi tes yeux sont-ils fermés ?
Je suis tout près et tu le sais...

Enchantée par sa collaboration avec JoJo Smith, elle appelle Bruno Coquatrix pour lui faire part d'une nouvelle idée de spectacle. Connaissant la jeune femme depuis ses débuts, le directeur de l'Olympia la prend immédiatement au sérieux. Il est surtout rassuré d'entendre qu'elle va mieux puisqu'elle envisag l'avenir.

L'avortement : ses raisons, ses dangers

Si *SLC* reste un magazine asexué, ce n'est pas le cas de *MAT* qui, depuis 1968, conseille les jeunes filles en matière d'éducation sexuelle, au point d'en avoir fait une rubrique, alors qu'à l'époque on ne parle pas encore de ces sujets dans les écoles, les collèges et les lycées. Dans un article sur l'avortement, confié au docteur Sentilhes, en mai 1970, on se rend compte à quel point la perception d'alors est différente de celle d'aujourd'hui.

« Il y a en France environ 850 000 naissances par an, mais le nombre des grossesses est beaucoup plus important. Que deviennent donc celles qui n'arrivent pas à terme ? Quelles en sont les raisons ? C'est ce dont nous parle le docteur Nicole Sentilhes. Elle nous explique ce mois-ci un grave problème : la fausse couche ou avortement, les risques ou les moyens de l'éviter. » En prenant connaissance de ces informations plus de cinquante ans plus tard, on peut se demander si, à la lecture, bon nombre d'adolescentes n'étaient pas perplexes ou peu en mesure de faire la différence entre fausse couche et avortement. Il est probable que le médecin ait conscience de s'aventurer sur un terrain épineux en ce début des années 1970.

Qu'est-ce qu'un avortement ? interroge le docteur. La fausse couche, ou avortement, est une grossesse interrompue avec expulsion du fœtus, avant que celui-ci ne puisse vivre, c'est-à-dire généralement avant le sixième mois de grossesse. Il existe trois sortes d'avortements ou fausses couches : l'avortement spontané, qui survient de lui-même, inopinément ; l'avortement provoqué survenant à la suite de manœuvres abortives ayant pour but d'interrompre la grossesse ; l'avortement thérapeutique qui est un avortement provoqué par les médecins dans un but de traitement, lorsque l'état de grossesse risque de mettre la mère en danger de mort. Alors que le nombre d'avortements thérapeutiques est en France absolument minime, le nombre d'avortements spontanés, et provoqués, est très élevé. En France, le nombre d'avortements spontanés est évalué à 150 000 environ par an, ce qui veut dire qu'une grossesse sur dix se termine spontanément par un avortement [une fausse couche, dirions-nous aujourd'hui]. Le nombre d'avortements provoqués est évalué à 300 000 environ par an[28]...

On a toutes besoin d'un homme

Ça, c'est ce que chantait Sylvie à peine un an plus tôt, non sans humour. La loi du 4 juin 1970, relative à l'autorité parentale conjointe, vient bousculer la notion de « chef de famille », incarnée jusque-là par la seule personne du mari. Il est difficile d'imaginer alors que des millions de femmes sont encore sans profession et, bien plus attentives que leur conjoint au quotidien et au bien-être de leur famille, ne puissent prendre aucune décision, en ce qui concerne principalement les enfants, sans l'aval de leur époux. Désormais, ces décisions seront conjointes. La reconnaissance du rôle des femmes à l'intérieur des foyers vient de naître. Jusque-là, les responsabilités familiales des femmes n'avaient pas d'existence légale. Ainsi est abrogée la nécessité de l'autorisation écrite du père pour nombre de démarches administratives, telles qu'une inscription dans un établissement scolaire ou la participation à un voyage à l'étranger, le plus souvent dans un but éducatif. Encore un progrès pour les droits des femmes.

Yves Saint Laurent & Sylvie Vartan

C'est le paquebot *France* qui ramène Sylvie au début de l'été. Johnny est venu la chercher le plus discrètement possible. Pour éviter de se faire piéger, car on sait le retour de la jeune femme imminent, ils font escale à Londres d'où ils prennent l'avion pour une arrivée incognito à Orly. Il n'est pas envisageable que Sylvie se fasse flasher après les interventions qu'elle vient de subir. Ses cicatrices ont besoin de temps pour s'estomper.

À peine arrivée, elle poursuit la préparation de son spectacle de rentrée. Septembre, c'est demain. Elle court de rendez-vous en rendez-vous, sélectionne musiciens, danseurs et autres artisans de sa future entreprise. Malheureusement, un nouveau drame vient ternir cette belle agitation. M. Vartan, déjà malade depuis quelque temps, décède à l'hôpital. La famille est atterrée, personne ne s'y attendait, car on le croyait plutôt sur la voie de la guérison. Sylvie, abrutie par le chagrin, repart au travail…

Au cœur de l'été, JoJo Smith et les Voices of East Harlem arrivent à Paris pour mettre au point le show. Sylvie et sa troupe, mi-française, mi-américaine, s'enferment pour quelques semaines de répétitions intenses sous les toits de l'Olympia.

Puis elle se rend aux ateliers Saint Laurent afin de décrire au couturier le contenu de son spectacle, allant jusqu'à lui faire écouter les musiques dont elle dispose déjà. Les deux artistes sont sur la même longueur d'onde et continuent leur collaboration entamée en 1968, franchissant un pas de plus vers la modernité. Cette fois, boosté par les rythmes pop qu'il entend, il la rêve en une sorte de Barbarella et dessine sur des toiles à même le corps de Sylvie une combinaison de daim rouge, rehaussée le long des bras et des jambes d'hexagones de brillants, pour l'entrée en scène. Il crée également une minirobe de velours noir sur laquelle viennent s'incruster un cœur rose, des étoiles vertes, or ou violettes. Cette merveille sera en cours de show arrachée par les danseurs, révélant la chanteuse en simple body de danseuse.

Les murs de Paris sont bientôt recouverts d'immenses affiches tirées d'une photo de Jean-Marie Périer, transformée par des effets pop art très « warholiens ». Puisque Sylvie a tenu à faire venir une troupe des États-Unis, Coquatrix lui a proposé d'entrer en coproduction. Pour la première fois, elle ne sera pas payée au cachet, mais touchera une participation sur les recettes. Dès le retour des vacanciers, les guichets de l'Olympia sont pris d'assaut, au point qu'il faut ajouter des séances pour un total d'une quarantaine de représentations. Soulagement pour tout le monde, car le coût du spectacle est assez lourd.

Si la critique se montre parfois réservée, notamment en raison de la présence de nombreux artistes noirs, le show plaît au public et au parterre de stars venu applaudir Sylvie le soir de la première. Parmi elles, Eddie Barclay, qui ne manque jamais un événement. Il trouve formidable cette troupe d'ados, les Voices of East Harlem, qui lui donnent immédiatement une idée. Dès la fin de l'année, il crée les Poppys, un ensemble d'enfants et d'adolescents, auxquels il fait chanter sur des musiques pop des paroles relatant les préoccupations de l'époque.

Parmi les célébrités qui assistent à la générale, on trouve Françoise, présente pour Sylvie en cette année difficile.

Nous correspondîmes régulièrement durant son séjour aux États-Unis, à la suite de l'accident de voiture qui l'avait en partie défigurée. La façon exemplaire dont elle surmonta une épreuve aussi monumentale m'impressionna et accrut l'estime qu'elle m'inspirait déjà. Pour son retour à Paris, tous ses amis furent conviés à un grand dîner organisé dans un élégant restaurant des Champs-Élysées. Lorsqu'elle arriva, nous eûmes le cœur serré en voyant les vilaines cicatrices qui, malgré plusieurs opérations réparatrices, lui balafraient encore le visage. Qu'elle ait tenu à se soustraire si longtemps aux regards donnait la mesure des dégâts subis et du cauchemar par lequel elle était passée. Quelques semaines plus tard, je pris part au triomphe qui couronna son nouveau spectacle à l'Olympia entourée de ses danseurs, elle était plus belle que jamais[29].

Reviens je t'aime

Octobre 1970. À qui Sheila s'adresse-t-elle dans cette chanson triste mais au tempo enlevé ?

Reviens, je t'aime
Tu ne peux pas me laisser toute seule
Tu ne peux pas me laisser souffrir comme ça
Reviens, je t'aime
Tu ne peux pas d'un seul coup briser tout
Après tant de jours et d'amour entre nous...
Tu m'as quittée comme un homme en colère
Et par fierté je t'ai laissé partir
Mais je voudrais du fond de ma détresse
Trouver les mots pour te faire revenir...

De l'autre côté du miroir

Serait-ce une chanson de rupture ? *Le Soir illustré*, principal quotidien belge, titre « Fiançailles rompues pour la petite Sheila »...

Pour les fêtes de fin d'année 1970, *Télé Poche* offre à ses lecteurs un nouveau roman-photo, *Une hôtesse nommée Sheila*. La jeune femme s'y incarne en une hôtesse de l'air se voyant embarquée dans une affaire d'espionnage. Comme la toute nouvelle héroïne de bandes dessinées apparue en début d'année dans le journal *Spirou*, Natacha hôtesse de l'air, la belle Sheila, jamais sans ressources, n'hésite pas à faire des prises de judo pour se défendre. On y reconnaît évidemment le style du film *Bang-Bang*. Mais le plus surprenant est la présence, dans le rôle de son chevalier servant, du garçon qu'elle avait croisé chez Carrère. Il semble que le jeune homme qui traînait dans les couloirs ne soit plus tout à fait un inconnu pour la chanteuse...

Chapitre 2

Retour à la campagne

Nous sommes en 1971. Un son nouveau envahit bientôt les cours de récréation, résonne sous les préaux et encore plus sur les planchers des couloirs à l'heure de rejoindre les classes. Un son qui va vite rendre fous directeurs, professeurs et surveillants. Est-ce un nouveau style de guitare, de batterie ? Non, c'est le bruit des sabots de bois qui, ex-symbole de ruralité, deviennent un objet de mode, pour le moins sonore. Car, soudainement, la campagne est en vogue ! Toute la jeunesse semble avoir envie de gambader dans les prés, de courir dans les blés, de revenir aux sources et de sentir la terre sous ses pieds ! Est-ce un contrecoup de l'explosion de la société de consommation ? Toujours est-il que l'on assiste à un retour à des valeurs simples, bien ancrées. Bien sûr, nous sommes dans la continuité du Summer of Love et de Mai 68. Il faut libérer le corps et qu'il soit en contact direct avec la nature pour être heureux.

C'est ce qu'exprime Claude François avec le légendaire *Le Lundi au soleil* composé par Patrick Juvet.

De l'autre côté du miroir

*C'est une journée idéale pour marcher dans la forêt
On trouverait plus normal d'aller se coucher seul dans les genêts...
Le lundi au soleil
On serait mieux dans l'odeur des foins
On aimerait mieux cueillir le raisin
Ou simplement ne rien faire
Le lundi au soleil...*

Plus tard c'est Michel Fugain et son Big Bazar qui délivrent une philosophie de vie simplissime.

*Fais comme l'oiseau
Ça vit d'air pur et d'eau fraîche, un oiseau
D'un peu de chasse et de pêche, un oiseau...*

Enfin le nouveau groupe pop français Il était une fois, qui a pour chanteuse la ravissante Joëlle, propose :

*Toi qui étouffes au creux de la ville
Et qui ne sais plus à quoi ça sert
Laisse tes soucis dormir tranquilles...
Rien qu'un ciel
Un peu d'eau, des fleurs et quelques hirondelles
Et tu as tout pour être heureux...*

Un uniforme se généralise au même moment sans qu'on ait besoin de l'imposer, c'est le blue jean. Tous les jeunes l'adoptent, on est en pleine mode unisexe. Et, cette fois, sa percée devient irrémédiabe. C'est le premier vêtement commun des filles et des garçons, tout comme le tee-shirt qui l'accompagne. Bien entendu, les quatre filles dans le vent, à l'avant-garde, portent cette tenue iconique depuis la décennie précédente. Mais c'est au début des années 1970 que cette mode est définitivement descendue dans la rue.

Les Rois mages

Au tout début de l'année 1971, une chanson irrésistible est repérée par les équipes de Carrère. *Tweedle Dee, Tweedle Dum* est une composition du groupe écossais Middle of the Road. Très rythmée et parfaite pour la mascotte de la maison, qui lui fait un très bon accueil, son producteur a l'idée de la traduire en *Les Rois mages*.

> *Comme les rois mages en Galilée,*
> *Suivaient des yeux l'étoile du Berger*
> *Je te suivrai*
> *Où tu iras j'irai*
> *Fidèle comme une ombre*
> *Jusqu'à destination...*

L'orchestration pop est imparable. Quant aux paroles, dont on se demande encore ce qui a bien pu les inspirer à Claude Carrère, elles font mouche. Il entame ici pour sa protégée une sorte de trilogie « biblique », laquelle s'installe sur deux années. Et sur cette lancée, dès la fin de l'hiver 1971, une Sheila pop lance la mode du short, surmonté d'une large ceinture de cuir, qui va durer un ou deux ans. Son physique sportif lui permet de porter cette tenue innovante et lui donne une image définitivement moderne. Exit la petite fille de Français moyen. Apparaît ici la jeune femme des années 1970. *Les Rois mages* font aussi bien, neuf ans plus tard, que *L'école est finie*. Le succès est tel que, fait unique, elle ne propose pas de disque d'été, pour ne pas casser l'emballement pour ce tube.

Initialement, Claude Carrère avait prévu en face A du disque une chanson nettement plus classique, intitulée *Une femme*. Ce n'est pas ce titre qui intéresse radios et producteurs de télévision, mais les fameux *Rois mages*, car l'image de la femme décrite par Carrère ne correspond plus vraiment à l'époque, pour ne pas dire qu'elle va à contre-courant de celle-ci.

Une femme, une femme a besoin d'aimer
Et de donner aveuglément
Tout ce qu'un homme attend d'une femme...
Lui appartenir et se battre pour lui...
Lui donner un enfant qui lui ressemble
Vivre et se confondre et mourir ensemble...

À l'automne, moment où Sheila présente de nouveaux morceaux, il se sera écoulé plus de 700 000 exemplaires des *Rois mages*. Elle en profite pour exiger un véritable album, avec des chansons originales, qui ne soit pas une compilation de ses 45 tours de l'année. Comment le lui refuser, après un tel succès ? La pochette la représente en pleine course dans la nature avec son chien-loup, et s'ouvre sur de très belles photos de Benjamin Auger, l'ancien assistant de Jean-Marie Périer, qui soulignent son image naturelle et sportive.

C'est aussi dans l'euphorie de cette année triomphale que Sheila, sans rien y comprendre, voit disparaître sa marque de vêtements et ses boutiques. Il a suffi qu'elle demande un relevé de situation à Carrère pour que, quelque temps plus tard, l'entreprise soit déclarée en faillite alors que rien ne laissait présager le moindre signe d'échec. Comme toujours, le producteur de la chanteuse voit rouge lorsqu'elle lui parle « argent ». Quant aux boutiques, il lui affirme qu'elle a échappé à une belle catastrophe en n'étant pas associée à la marque. Une fois de plus, il se félicite de l'avoir instinctivement protégée. Sheila n'en étant pas à sa première altercation avec son producteur reçoit ses déclarations avec nettement moins de naïveté que lorsqu'elle était plus jeune. Malgré tout, elle est coincée par le rythme trépident de ses activités, surtout en cette année 1971 où elle rencontre un nouveau pic de popularité. Et, pour elle, gérer un empire de prêt-à-porter, tout en régnant sur les hit-parades, devenait, il est vrai, ingérable. Sylvie a d'ailleurs pris elle-même la décision, un an plus tôt, de cesser l'aventure de ses boutiques, ne pouvant maîtriser l'entreprise autant qu'elle l'aurait souhaité.

La Question

Tu es ma question sans réponse
Mon cri muet et mon silence...

La rencontre de Léna et l'amitié qui a suivi avec Françoise vont mener cette dernière sur une route vertueuse. Comment aurait-il pu en être autrement pour quelqu'un d'aussi instinctif ? Léna sait qu'une de ses amies, dénommée Tuca, a dû fuir, comme elle, le Brésil. Elle la retrouve tout naturellement à Paris et emmène Françoise l'écouter chanter dans le cabaret où elle se produit. Coup de cœur. Les airs envoûtants, parfois joyeusement mélancoliques que les Brésiliens qualifient de *saudade*, séduisent Françoise sur-le-champ. Une chanson en particulier la touche au cœur : *Même sous la pluie*. Cette soirée fait rapidement naître un désir d'album qui donne des ailes à la chanteuse. Elle réalise qu'elle a entre les mains toutes les composantes d'un projet qu'elle voit nettement se dessiner. Une compositrice hors pair, des musiques planantes qui lui plaisent autant qu'elles l'apaisent. Un véritable coup de fouet pour écrire toutes les paroles de ce 33 tours qui marque le premier vrai tournant de sa carrière.

Même sous la pluie dans le vent
Mon amour je t'attends...
Mais je pourrais t'oublier mon amour
Si trop longtemps j'attendais ton retour
Même sous la pluie, dans le vent
Je serai libre enfin et pourtant
Je t'attends, mon amour, je t'attends...

L'envie qu'elle a eue de s'affranchir du joug de Vogue tient aussi à la volonté farouche de Françoise de s'ouvrir à d'autres tendances, d'autres sons. Elle vient d'en trouver les artisans. Avec Bernard Estardy, top des arrangeurs des années 1970, qui en sera l'orchestrateur et Tuca la compositrice. Puis vient se joindre Catherine Lara, peu connue à l'époque, qui l'accompagne au violon. Les collaborations entamées pour cet album l'amènent à se surpasser. Disque après disque, elle creuse les sillons d'une carrière unique alors. Tout semble sourire à Françoise en ce début de décennie et d'autonomie surtout. Sauf sa vie sentimentale avec Jacques qui ne cesse de suivre ses errements. Quitte à les vivre, autant continuer à les exprimer. C'est une ode à la tristesse que lui évoque cette relation qui déborde. Le peu qu'elle connaisse de la spiritualité à laquelle elle s'intéresse de plus en plus fait tomber les barrières. Elle livre ici une douzaine de poèmes tous plus touchants les uns que les autres et qui s'imbriquent, en musique avec bonheur, au long de ces plages.

Avec toi la vie est pleine
De saudades tout le temps
Ça ne me dit plus rien, humm
Cette perte de mon temps
Oui je dis adieu
Ton théâtre et ton vide
Tes faiblesses et ta fatigue
Ne me disent plus rien...

Françoise va plus loin, disant que Jacques n'écoute pas ses compositions. D'assez mauvaise foi, il déclare un jour savoir qu'elle a écrit *Voilà* pour lui – alors qu'ils n'étaient pas encore ensemble à l'époque ! – ou bien qu'il trouve ses chansons déprimantes. C'est selon l'humeur !

Retour au pays du Soleil-Levant

Au même moment Sylvie reçoit une invitation de sa maison de disques japonaise. Elle a triomphé là-bas en 1965 mais le manque de temps et les événements imprévus qui ont ponctué sa vie ces dernières années l'ont empêchée d'y retourner. Cette fois, elle ne peut s'y dérober, elle y est aussi populaire que les Beatles. En effet, dès son arrivée, elle est accueillie comme un chef d'État. RCA Japon a organisé une conférence de presse afin de lui remettre pas moins de

De l'autre côté du miroir

trois disques d'or venant récompenser les ventes de l'année passée se chiffrant à un million.

Puis elle embarque pour une tournée d'une vingtaine de dates, l'amenant à sillonner le pays, dans des salles aussi grandes que le Palais des Sports, où, partout, le même accueil lui est réservé. Le staff japonais insiste, il faut qu'elle revienne très bientôt. Tout l'enthousiasme, là-bas, alors oui, elle signe pour une tournée dès l'année suivante. Elle va même jusqu'à enregistrer quelques titres dans la langue, en phonétique, pour faire patienter ce public auquel elle s'attache définitivement.

De retour en Europe, Sylvie file directement à Londres dans les studios Olympic, où elle s'apprête à enregistrer l'un de ses meilleurs albums, *Sympathie*. Sous la direction du jeune Chris Kimsey, nouvel ingénieur du son des Stones, elle retrouve ses amis Micky Jones et Tommy Brown, qui signent trois titres et jouent sur l'album, Tommy en assurant de plus la production. Gary Wright, clavier de George Harrison qu'elle connaît déjà bien, vient rejoindre le groupe. Eddie et Raymond Donnez réalisent les orchestrations. Un quatuor de choristes mémorable vient compléter ce groupe très pop, en particulier Madeline Bell, qui accompagne Joe Cocker, et une belle Américaine, Nanette Workman, qui a aussi travaillé avec les Stones. Cette équipe est la même que celle de l'album *Flagrant délit* enregistré juste avant par Johnny.

Les rêves de France

Bien sûr, la vie à Pourrain, dans l'Yonne, entre deux allers-retours en Allemagne, n'a rien de désagréable. Malgré tout, c'est dans son pays d'origine que France aimerait être à nouveau reconnue. Or, aucun des disques qu'elle enregistre depuis 1969 ne parvient à toucher le public français. Confiés chaque fois à de nouvelles équipes, ils dispersent la jeune interprète plus qu'ils ne la servent. Un soir, elle tape du poing sur la table et demande à Julien et son fidèle parolier Étienne Roda-Gil de lui composer des chansons. De ce duo pourtant prolifique ne sortira qu'un titre : *Chasse-neige*. Pour le deuxième, Roda-Gil s'associe avec un autre compositeur pour écrire *Caméléon, Caméléon*. Julien ne semble pas emballé à l'idée de composer pour la femme de sa vie et ce 45 tours s'en ressent. L'inspiration n'est pas au rendez-vous... Par conséquent, le succès non plus. Depuis *Bébé requin*, de l'eau et moult nouvelles musiques surtout ont coulé sous les ponts. France accuse le coup mais ne lâche pas pour autant, continuant d'être présente à la télévision, de même que dans la presse jeune. Sa popularité restée intacte lui permet de faire un roman-photo pour le magazine *Télé Poche*. Tous les chanteurs l'ont déjà fait, alors pourquoi pas elle ?

Los rejes magos

Suite à la réussite des *Rois mages*, l'équipe de Claude Carrère adapte la chanson en espagnol. Le titre va se classer dans six pays, dont le Mexique, l'Argentine et l'Espagne. Les ventes totales en France comme à étranger s'envolent bien au-delà du million pour atteindre les scores de Sylvie avec *La Plus Belle* et de France avec *Poupée de cire* quelques années auparavant. C'est la première véritable percée de Sheila à l'international.

De l'autre côté du miroir

En cette fin d'année 1971, il semble que son partenaire dans le roman-photo, *Une hôtesse nommée Sheila*, publié l'année précédente, commence à prendre une place dans sa vie. Il s'agit de Guy Bayle, dont elle a réussi à persuader son mentor qu'il devait lui donner sa chance. Il n'a que trop laissé patienter ce beau jeune homme, à qui elle trouve de la présence. Il a gravé un premier 45 tours, sans succès. Sans doute que le nom d'artiste imposé par le producteur ne l'a pas aidé. Ringo Willy Cat ! À l'automne, une nouvelle chanson, *Help, Get Me Some Help*, arrive aux éditions dirigées par Carrère, qui la fait traduire et participe à l'adaptation des paroles. Elle devient *Elle, je ne veux qu'elle*.

> *Elle, je ne veux qu'elle*
> *Et son amour fragile, tendre et sauvage,*
> *Elle, je ne veux qu'elle*
> *Pour l'emporter, l'aimer et vivre ensemble*
> *Elle, je ne veux qu'elle*
> *Je me battrai et je dois la retrouver*
> *Elle, je ne veux qu'elle*
> *Pour qu'un jour enfin la vie nous rassemble...*

Le titre démarre très fort. De passage en Belgique pour une émission de radio, c'est Sheila elle-même qui met le disque sur la platine et annonce le nom du chanteur : Ringo. Carrère est piégé, il va devoir agir vite.

Au même moment, un autre projet vient transformer la vie de la triomphatrice de l'année. Elle achète un grand terrain à l'ouest de Paris, en lisière des communes de Feucherolles et de Saint-Nom-la-Bretèche. Commence un chantier important pour cette maison aux allures campagnardes mais qui comprendra des aménagements ultramodernes, dont un studio d'enregistrement en sous-sol.

Durant tout l'hiver 1971-1972, le morceau de Ringo ne cesse de grimper dans les hit-parades, jusqu'à atteindre le chiffre hallucinant de 850 000 exemplaires au printemps. Si Claude Carrère ne tenait absolument pas à cette relation pour sa protégée, une fois mis devant le fait accompli, il prend les choses en main, comme à son habitude. Il choisit donc ce moment de réussite pour présenter la romance Sheila-Ringo. Pour cela, rien de meilleur qu'un photoreportage dans *Salut les copains*. Après un tel succès, tout le monde sait qui est ce jeune homme aussi séduisant que conquérant et personne ne s'étonnera que Sheila en soit tombée amoureuse. C'est bien connu, la plupart des couples se forment sur leur lieu de travail, c'est aussi le cas chez les artistes. On reste dans le classique. Et pour accompagner la nouvelle, le producteur fait adapter un nouveau titre de Middle of the Road pour Sheila, *Sanson et Dalila*. C'est le second volet de la trilogie « biblique ».

Sanson et Dalila
Vivaient en des temps bibliques
De leurs amours tragiques
Qui de nous ne se souvient pas...
... Ils ont connu tous deux
Un destin aventureux
Et devinrent légendaires
Comme tous les amants fabuleux
Quand je pense à eux
Moi je pense à toi...
... Être fidèle
C'est essentiel

Si tu m'aimais
Tout comme Sanson
Je ne serai
Pas Dalila...

Pour l'heure, Carrère s'adapte habilement, transformant le jeune couple en héros légendaires. Une chose est sûre, ce garçon peut faire une carrière. Le producteur va s'y employer et en oublie presque que c'est Sheila elle-même qui le lui a imposé. Car, sans l'insistance de la star, il aurait sans doute renvoyé Guy Bayle à Toulouse, sa ville natale.

Frankenstein

Toujours en perdition discographique, France Gall reprend contact avec Serge Gainsbourg. Après tout, c'est bien lui qui lui a écrit ses plus beaux titres des années 1960. Il est alors en pleine période Birkin, dont il a déjà commencé à dessiner un personnage de femme-enfant, en une version plus sulfureuse que France : nous sommes dans les années 1970, nettement moins niaises que la décennie précédente. France Gall, pourquoi pas ? Il lui propose deux chansons pour un 45 tours. La principale s'intitule *Frankenstein*. Bien qu'elle soit programmée en radio, elle passe aussi incognito que les précédentes tentatives de la chanteuse. Serge aurait dû refuser, il n'a pas osé. Faute de quoi, il livre deux titres dans lesquels elle ne peut absolument pas s'incarner. Comment en être arrivée là après le succès qu'elle a connu dès ses débuts ? D'une grande force de caractère, elle ne se laisse pas pour autant aller. Elle est certaine de trouver, un jour, celui qui, musicalement, la comprendra. Et puis, il y a Julien, dont elle est amoureuse. Lui rencontre un succès étonnant et mérité. C'est aussi pour cette raison que France est si impatiente de retrouver le sien. Car, habituée à être sur le devant de la scène, elle n'a pas l'âme d'une groupie. En attendant, elle enregistre pour l'Allemagne *Kommst du zu mir*, qui n'est autre que l'adaptation du *Reviens, je t'aime* de Sheila...

C'était la belle vie

Sylvie s'apprête à passer une année bien difficile sur le plan sentimental. Après la flamboyance des voyages en compagnie de Johnny aux États-Unis pour le tournage du film de François Reichenbach, *J'ai tout donné*, qui comprend notamment de très belles scènes du couple dans son intimité et nombre de moments partagés au long de l'année 1971, le rocker vient de se laisser envoûter par une de ses choristes. Celle-là même qui l'a magnifiquement accompagné dans son dernier album, Nanette Workman. Ironie de l'existence, Sylvie vient d'enregistrer une chanson composée par cette jeune musicienne, la très réussie *L'Heure la plus douce de ma vie*.

Cette fois, ça va trop loin. La presse à scandale s'en fait l'écho mais, presque plus terrible, *Mademoiselle Âge tendre*, dans son numéro de juin 1972, présente Johnny et Nanette en couverture, sachant que le chanteur a invité l'Américaine à partager sa nouvelle tournée, le Johnny Circus ! Avant la publication du magazine, Sylvie reçoit un coup de téléphone de Daniel Filipacchi. Il vient de voir la nouvelle maquette du journal et lui propose de faire sauter cette une. Mais Sylvie, lassée sans doute des aventures de Johnny, le remercie et lui dit que ce ne sera pas nécessaire. Elle est désormais convaincue qu'il ne changera jamais et ne se projette plus avec lui.

Afin de protéger David, alors capable de lire et surtout de se voir moqué par ses copains d'école, Sylvie décide de partir s'installer momentanément à Los Angeles. De toute façon, elle doit préparer un nouveau spectacle pour la rentrée de septembre à l'Olympia et sait que c'est là-bas qu'elle trouvera son metteur en scène. Elle fait ses bagages et quitte Paris accompagnée de son fils et de sa mère.

Et si je m'en vais avant toi

Malgré le relatif insuccès de son album précédent, *La Question*, Françoise décide de produire un album dont elle signe onze des douze textes avec des musiciens de studio, à Londres. Elle en compose quasiment l'intégralité des mélodies, ce qu'elle n'a jamais fait jusque-là. Jacques Dutronc en signe une, Micky Jones et Tommy Brown, une autre. Il s'agit bien sûr d'un nouvel album introspectif pour lequel elle se montre à nouveau très inspirée, toujours sur les mêmes thèmes. Beaucoup plus rock et blues que le précédent, il montre à quel point Françoise éprouve le besoin de se renouveler. Même à travers ses textes. Si la plupart ont la même source d'inspiration, elle adopte pour plusieurs d'entre eux un second degré qui allège le propos. Comme pour *Où est-il ?* dans lequel elle confond l'objet de ses tourments avec des objets du quotidien :

Je l'ai vu posé sur le lit
Était-ce hier où aujourd'hui
C'est drôle d'être aussi étourdie
Où est-il ? Où est-il ?

Elle est ravie du résultat. Malheureusement, elle fait peu de promotion et ce nouvel opus passe une nouvelle fois inaperçu. Elle livre avec ses deux derniers albums quelques-unes des compositions essentielles de sa carrière, mais qui tranchent bien trop avec la mode française du moment. Le temps saura-t-il lui donner raison ? Le nom du dernier morceau de cet album, sans titre à sa sortie, est celui dont les fans du disque le baptiseront plus tard, *Et si je m'en vais avant toi* :

Et si je m'en vais avant toi
Dis-toi bien que je serai là
J'épouserai la pluie, le vent
Le soleil et les éléments
Pour te caresser tout le temps
L'air sera tiède et léger
Comme tu aimes
Et si tu ne le comprends pas
Très vite tu me reconnaîtras
Car moi je deviendrai méchante
J'épouserai une tourmente
Pour te faire mal et te faire froid
L'air sera désespéré comme ma peine
Et si, pourtant, tu nous oublies
Il me faudra laisser la pluie,
Le soleil et les éléments
Et je te quitterai vraiment
Et je me quitterai aussi
L'air ne sera que du vent
Comme l'oubli...

Trop belle pour rester seule

Pour son second, en réalité troisième 45 tours et après l'immense succès qu'il vient de connaître, Ringo se voit offrir une belle déclaration à faire à Sheila, à la manière de Claude Carrère. Une déclaration sérieuse tout de même, qui soit capable d'être annonciatrice d'un grand événement. Maintenant qu'il y voit clair sur l'intention de ses deux poulains, Claude encadre très sérieusement la situation.

Trop fragile trop belle pour rester seule
Tu ne vis ta vie qu'à moitié
Trop fragile trop belle pour rester seule
Je ne conçois pas la vie sans toi
Trop fragile trop belle pour rester seule
Je veux te voir vivre et sourire
Épanouie comblée enfin heureuse
Je viens tout t'offrir
Laisse-moi prendre possession du destin de tes jours
Tu es celle qui pour moi symbolise l'amour
Timide craintive tu parais
Mais moi je sais que tu es ardente troublante
Je veux t'aimer...

Tel est le message d'amour de Ringo à Sheila, via les mots de leur manager, qui annoncent, petit à petit, ce qui pourrait arriver. Deuxième carton plein à l'été 1972 pour le jeune interprète qui voit s'envoler son disque à plus de 700 000 exemplaires. Preuve s'il en est qu'il doit plaire à plus d'une fille. Sheila devrait se méfier. Mais pour l'heure, elle le regarde avec les yeux de l'amour et se réjouit de son succès.

Pour lui je reviens

L'été nous ramène Sylvie avec le metteur en scène que lui a présenté Dick Grant, son agent américain. Il s'agit de Howard Jeffrey qui a travaillé sur *West Side Story* et récemment avec Natalie Wood et Barbra Streisand. Il comprend aussitôt ce que souhaite Sylvie. Un spectacle plus théâtral que le précédent, s'inspirant de ce qu'elle est en train de vivre. Elle veut exprimer les différents temps de l'amour, de la découverte à l'éblouissement en passant par la déchirure et le moment de la rupture. Comme deux ans plus tôt, elle est entourée de danseurs et, cette fois, du grand orchestre de l'Olympia, dirigé par le jeune Raymond Donnez, avec qui elle vient de collaborer pour l'album *Sympathie*. Carlos, à nouveau en vedette américaine du spectacle, l'accompagne pour un numéro de duettistes. Côté costumes, Yves Saint Laurent, une fois encore, lui crée quatre tenues dont deux qu'elle portera longtemps à la télévision et qui achèvent d'installer sa silhouette de scène. L'Olympia joue à guichets fermés trois semaines durant. Le soir de la générale, la salle est aussi flamboyante que la précédente et l'artiste termine la soirée chez Maxim's, entourée de ses amis et de son fidèle Bruno Coquatrix. Johnny est absent. En réalité, il a assisté à la plus grande partie du spectacle caché dans un petit coin de corbeille et s'est éclipsé au moment où Sylvie a entamé sa reprise de *Ne me quitte pas*, la célèbre chanson de Jacques Brel.

L'aventure de Johnny avec Nanette Workman qui l'a mené sur une pente plus que dangereuse, celle de la drogue à outrance, est terminée. Cabossé, il essaie de se reconstruire. Il voudrait bien revenir mais ne sait pas comment s'y prendre. Sans doute le moment est-il malvenu, car ce soir-là, c'est au bras de Dick Grant que Sylvie quitte le music-hall pour rejoindre le lieu de la fête. Sa vie sentimentale est peut-être chaotique, mais aujourd'hui elle sait la transcender sur scène.

Les aspirations de Françoise

Voyant approcher ses trente ans, Françoise pense de plus en plus à l'une de ses aspirations les plus profondes. Être mère. Mais l'amour et maître de ses tourments, dont elle avoue dans ses mémoires qu'ils ne se voient pas davantage qu'une vingtaine de fois par an, est-il prêt ? C'est la grande question et elle va la lui poser. Évidemment, il passe par des circonvolutions, rien n'est simple avec Jacques. Ayant eu une enfance heureuse, après tout, rien ne devrait le bloquer dans ce projet. Peu à peu l'idée fait son chemin. À l'automne 1972, Françoise, lors d'un rendez-vous chez sa gynécologue, apprend qu'elle est enceinte. Elle met quelques jours à l'annoncer à Jacques : la longueur d'onde de son compagnon est-elle prête à apprendre la nouvelle ? Les choses se passent plutôt mieux qu'elle ne s'y attendait. Être père, il en avait sans doute autant envie qu'elle, d'être mère.

Elle termine l'année avec la publication d'un album en anglais. Pour la troisième fois en deux ans, elle vient de produire un bijou de pureté et de perfection, dans lequel figurent une dizaine de titres, pour la plupart des reprises de chansons anglaises : des classiques, comme l'est celle de Buffy Sainte-Marie. Ou encore le *Till the Mornin' Comes* de Neil Young qui répète à l'envi :
I'm gonna wait him
'Till the morning comes...

Boucle obsessionnelle en laquelle l'artiste ne peut que se retrouver.

À l'origine, il est destiné à l'Afrique du Sud, puis rapidement distribué dans plusieurs autres pays avant d'arriver en France de manière confidentielle. Une fois encore, perfection n'égale pas succès. Pour l'heure, Françoise se concentre sur le bel événement qui l'attend pour mi-1973.

Poupée de porcelaine

Le 13 novembre 1972 sonne les dix ans de carrière de Sheila. Ce sera la date de sortie de son nouveau disque, *Poupée de porcelaine.* Pas question pour Carrère de laisser passer cet anniversaire, qui, de toute manière, s'inscrit à la date du traditionnel disque d'automne de sa star. Et annonce, à mots à peine couverts, qu'il pourrait se passer quelque chose d'important pour elle.

> *Une poupée de porcelaine*
> *Ce n'est pas ce qu'il te faut*
> *Muette, discrète, craintive, passive, ça t'ennuierait, wo wo*
> *Une poupée de porcelaine, je veux bien, si je deviens,*
> *Ardente, vibrante, aimante, troublante auprès de toi*
> *Être toujours belle et disponible*
> *Pour une fille, aujourd'hui, c'est facile*
> *Je voudrais pourtant assumer ma vie*
> *Et ne plus rien faire à demi*
> *J'ai besoin d'aimer et de choisir*
> *De t'appartenir et de te suivre*
> *Ne pas être l'ombre frivole de ton ombre*
> *Vivre pour moi, c'est t'aimer...*

De l'autre côté du miroir

Pas franchement féministe, la chanson n'en est pas moins irrésistible tant par son rythme que par la prestation qu'en donne Sheila. Le producteur s'amuse même à mélanger certains adjectifs du texte de *Trop belle pour rester seule* au nouveau titre de sa protégée : *Craintive... Ardente, troublante...*

C'est le public qui est troublé par ces similitudes et le succès est à nouveau au rendez-vous, à des centaines de milliers d'exemplaires. Quoi qu'on en dise, Carrère et son interprète favorite, le pilier de sa maison de disques, ferment cette première décennie de manière brillante. Les fans suivent, toujours plus nombreux. L'association du producteur et de l'interprète, si chaotique soit-elle, atteint sa cible.

En revanche, tout n'est pas aussi doré que les apparences le laissent croire. Cela fait déjà un moment que la chanteuse entre régulièrement en conflit avec son pygmalion, lui faisant savoir qu'elle n'est pas dupe de ses manœuvres financières. Elle tient à faire les comptes, à mettre leur relation au propre et à avoir une vision de sa contribution réelle à l'édifice Carrère qui ne cesse de se développer et dont elle est toujours simplement salariée. Certes, elle ne manque de rien et mène le train de vie qui correspond à la position qu'elle occupe et à son succès. Mais, elle n'ignore pas que celui qui s'est toujours prétendu être comme son « grand frère » reste opaque quant à ses affaires. Il continue à lui faire des cadeaux, parfois somptueux, mais qui, elle s'en doute bien, représentent peu eu égard à ce que rapportent ses plus gros succès.

Le blues ça veut dire que je t'aime

Et que j'ai mal à en crever... Michel Mallory, entré dans le clan Hallyday grâce à Sylvie, a mis des mots justes sur le blues de Johnny. Ces mots, Sylvie les a entendus.

*Toute la musique que j'aime
Elle vient de là elle vient du blues*

*Le blues ça veut dire que je t'aime
Et que j'ai mal à en crever
Je pleure mais je chante quand même
C'est ma prière pour te garder...*

Face au désarroi de Johnny, elle pardonne. Après cette année tumultueuse, elle se persuade, à nouveau, qu'il est l'homme de sa vie et, quoi qu'il en soit, le père de son fils. La réconciliation a lieu en famille à Avoriaz pour les fêtes de fin d'année, bientôt suivie d'une nouvelle lune de miel pour le couple au Brésil.

Les Gondoles à Venise

Le 13 février 1973, à 13 h 13, en l'église Notre-Dame-de-la-Gare, dans le 13ᵉ arrondissement, Sheila et Ringo se disent oui dans une pagaille absolue. Le mariage de Johnny et Sylvie passerait pour une fête de famille à côté. Le grand organisateur de l'événement, Claude Carrère n'a besoin de personne en termes de marketing : pour assurer le meilleur rayonnement à cette cérémonie qu'il souhaite populaire, il a appelé RTL et demandé à Anne-Marie Peysson d'en annoncer le lieu et l'heure. Le résultat ne se fait pas attendre, les deux jeunes mariés quittent la mairie du 13ᵉ par une porte dérobée pour rejoindre l'église dans une cohue indescriptible. En effet, à l'heure dite, plus de 7 000 personnes y sont massées et des gendarmes se voient obligés de monter sur la Rolls qui conduit les mariés puis sur les véhicules de leur entourage proche, pour faire la circulation. Sheila qualifiera plus tard cette journée d'épouvantable et de plus grand jour de boulot de sa carrière ! L'heure de la cérémonie n'a pas été choisie par hasard. Au-delà du chiffre 13 qui tient tant à cœur à Claude Carrère, l'événement va pouvoir être retransmis au journal de 13 heures. La France assiste, attendrie, à l'union de Sheila, pour laquelle elle a une réelle affection, et de Ringo, qu'elle commence à découvrir à travers ses premiers tubes. À l'intérieur de l'église, dans un désordre inacceptable, où les mariés paraissent plus tétanisés qu'émus, Carrère s'improvise en maître de cérémonie en demandant à l'assemblée de bien vouloir laisser la parole à M. le Curé et aux époux d'énoncer leurs serments.

À la sortie, la foule, empêchant toujours les véhicules d'avancer, continue de donner à ce mariage des allures de fête foraine en pleine débâcle. C'est ce que Carrère a voulu : il a transformé ce jour en outil de promotion définitif pour son jeune poulain, Sheila étant depuis longtemps l'une des artistes les plus populaires de France. Le cortège réussit enfin à se frayer un chemin et à quitter Paris pour une auberge dans les Yvelines où les intimes sont conviés au repas de noces. La soirée, à *La Grande Cascade*, l'un des plus beaux restaurants de Paris, situé au cœur du bois de Boulogne, réunira un millier de convives. Carrère a vu grand et ne s'est pas moqué de ses deux protégés. Il avait jusque-là une artiste numéro 1, il en a maintenant deux. Et il n'entend pas laisser le succès s'émousser.

En guise de voyage de noces, il a également tout prévu. Depuis le début de l'année, il sollicite auteurs et compositeurs pour l'écriture d'un duo, destiné au mariage d'un couple de célébrités. Même s'il s'agit d'un secret de polichinelle pour les tiers approchés, c'est ainsi que va naître *Les Gondoles à Venise*. Un air que les jeunes mariés vont chanter dans toutes les émissions télé de variétés dès la semaine suivante et qui passera en boucle sur toutes les radios. La presse populaire couvre également l'événement et c'est un véritable déferlement en ce mois de février 1973 d'articles, de photos, de vérités, de contrevérités sur Sheila et Ringo.

Laisse les gondoles à Venise
Le printemps sur la Tamise
On n'ouvre pas les valises
On est si bien
Laisse au loin les Pyramides
Le soleil de la Floride
Mets-nous un peu de musique et prends ma main...

Il fait moins deux dehors les grêlons
Frappent sur les carreaux
On va se faire des œufs au jambon
Du pain grillé du café chaud...

Sans surprise, *Les Gondoles à Venise* se classe très haut pour se vendre à près de 700 000 exemplaires. Qu'on aime ou pas la chanson, tout le monde la connaît. Un vrai sans-faute pour Claude Carrère qui, d'une main de maître, a su rattraper un événement auquel il était pourtant opposé. Pour la France, Sheila n'est plus la petite fiancée, mais une femme mariée, comme il se doit encore largement à l'époque.

> Je lui en ai beaucoup voulu à l'église. J'ai vécu cette foire médiatique comme un véritable traumatisme. J'ai eu l'impression d'entrer dans un four sombre, où une foule hurlait et poussait dans tous les sens sans pouvoir être réellement contenue... Je me suis réfugiée dans la sacristie où je suis tombée dans les bras d'un flic, et j'ai pleuré... J'ai eu un beau mariage médiatique... C'est sûr que d'un point de vue spectaculaire personne n'a fait mieux à ce jour, mais pour moi ce mariage fut raté, sans émotion et bien loin de la vision que j'en avais... Mais voilà, c'était du show-biz pur et simple[30] !

Attends-moi

Alors qu'elle circule dans Paris, au printemps, France entend une chanson dans sa voiture et attend, fébrile, l'annonce de l'animateur : il s'agit d'*Attends-moi*, d'un certain Michel Berger, jeune auteur-compositeur-interprète, qui vient de publier son premier album et qu'elle a connu dans une autre vie, sans jamais vraiment l'approcher. Il a le même âge qu'elle et, comme elle aussi, a commencé très tôt une carrière de chanteur. Ils figurent d'ailleurs tous les deux sur la fameuse photo de *Salut les copains* sur laquelle Jean-Marie Périer a tenté, en janvier 1966, de réunir tous les jeunes chanteurs de l'époque.

Après avoir sorti quelques 45 tours, sans grand succès, il est entré chez Pathé-Marconi, l'une des principales maisons de disques françaises, où on lui a confié des responsabilités de directeur artistique. C'est ainsi qu'il a rencontré Véronique Sanson, venue auditionner avec son groupe, Les

Roche Martin, en 1967. Celle-ci devient sa compagne. Il va assurer la direction artistique de ses deux premiers albums. France recolle rapidement les morceaux, car elle connaît évidemment le premier 33 tours de Véronique Sanson dont tout le monde a parlé. Elle se rend au magasin de disques le plus proche et acquiert celui de Berger qu'elle écoute en boucle. Voilà, c'est ça, c'est exactement sur cette musique qu'elle veut chanter, ce type de paroles qui lui correspondent. Cette modernité, ce son si particulier, une pop française, très pure. Elle veut absolument le rencontrer.

Attends-moi
Laisse faire le temps, laisse-lui le choix...
Attends-moi
Laisse le silence pénétrer en toi
Et quelle importance
Le temps qui s'écoule
Si tu comprends mieux...

C'est peu de temps après, lors d'une émission radio, que l'occasion se présente. France dit ce qu'elle a ressenti à Michel et lui propose de lui faire écouter les deux chansons que son directeur artistique a sélectionnées pour elle et qu'elle s'apprête à enregistrer. Rendez-vous est pris, Michel écoute. Il est consterné et en fait part à France qui, de toute façon, n'était elle-même guère convaincue. Michel a une idée préconçue sur France, celle de la vedette qu'elle était dans les années 1960 et dont l'univers musical se situe à des années-lumière du sien. Il se bute, déclarant qu'il ne souhaite pas collaborer avec elle. Si France est déçue, elle est suffisamment forte et opiniâtre pour savoir qu'ils se reverront.

Disons que ces premiers contacts auront été assez froids, distants, un peu à l'image de Michel.

France ignore à l'époque que le jeune auteur-compositeur traverse l'une des périodes les plus difficiles de sa vie. À quelques semaines près, il a été quitté, du jour au lendemain, par Véronique Sanson. La jeune femme est partie sans crier gare, ne prévenant personne, pas même ses parents dont elle est pourtant si proche. Michel Berger, après s'être demandé, comme sa famille, où elle a bien pu passer, sombre dans un état dépressif lorsqu'il apprend les dessous de l'histoire : elle vient de tomber brutalement amoureuse du musicien Stephen Stills, leader du groupe Manassas, au point de partir le rejoindre aux États-Unis ! Dire que c'est lui qui avait emmené Véronique applaudir cette formidable formation à l'Olympia.

Le choc qu'il vient de recevoir rend donc pénible toute nouvelle rencontre, notamment féminine. La promotion de son nouvel album, confession musicale de cette douloureuse histoire, constitue déjà une épreuve à ce moment-là.

J'ai un problème

Au printemps 1973, Sylvie et Johnny se voient proposer par leur producteur commun, Jean Renard, la chanson parfaite selon lui pour sceller leur réconciliation. Il en a composé la musique et confié les paroles à Michel Mallory. « Mais, c'est un tango ! » s'exclame Sylvie. Elle ajoute aussitôt : « Ce n'est pas une chanson pour Johnny ! » *J'ai un problème* est un air de pure variété. Un genre avec lequel elle a du mal. Elle a tellement eu l'habitude d'entendre et de donner son avis sur le travail de Johnny qu'elle ne peut cacher sa déception. Elle ne se pose pas la question de savoir si le titre fera un succès, ce dont ne doutent ni Renard, ni Mallory. Elle n'envisage pas l'aspect commercial mais uniquement artistique. Son refus est catégorique.

C'est Johnny qui se fait prendre au piège le premier. Le producteur et l'auteur le cueillent sur les derniers enregistrements de son nouvel album à Londres. Sylvie finit par suivre, à contrecœur. La chanson sort dès la fin du printemps, occultant totalement celles prévues pour Johnny comme pour elle. Elle admettra, plus tard, s'être trompée, arguant du fait qu'elle n'a pas un goût très commercial. Le succès est tel qu'il entraîne une tournée marathon pour le couple de légende durant tout l'été 1973. À la rentrée, *J'ai un problème* affiche en France plus de 760 000 exemplaires vendus, second titre après *La Maladie d'amour* de Sardou à avoir également enchanté la période estivale. Johnny et Sylvie n'avaient plus fait de tournée commune depuis 1963. Dix ans plus tard, le public, en France comme à l'étranger, a toujours autant de plaisir à les retrouver ensemble.

> *Si tu n'es pas vraiment l'amour tu lui ressembles*
> *Quand je m'éloigne toi tu te rapproches un peu*
> *Si ça n'est pas vraiment l'amour de vivre ensemble*
> *Ça lui ressemble tant que c'est peut-être mieux*
> *J'ai un problème, je sens bien que je t'aime*
> *J'ai un problème, c'est que je t'aime aussi*
> *Ces mots-là restent toujours les mêmes*
> *C'est nous qui changeons le jour où on les dit...*

Bien des années plus tard, Sheila donnera son sentiment sur ce titre : « Lorsque Johnny et Sylvie ont enregistré leur duo, *J'ai un problème*, le public a senti la sincérité de leur démarche, alors que cette chanson qui était très jolie n'illustrait pas leur mariage. En ce qui les concerne on évoquait plutôt leurs problèmes de couple : tiendra, tiendra pas ? Donc une telle chanson rassurait le public[31]... »

Adam et Ève

Après le mariage, quelle chanson pour Sheila ? Le staff de la société Carrère est en ébullition. Finalement, c'est sur *Adam et Ève* que Claude se fixe. Avec ce titre, il signe la fin de la trilogie « biblique ».

Adam et Ève, c'est toi et moi
On est fait tous deux pour vivre ensemble
Adam et Ève, c'est toi et moi
Et pour nous la vie commence...

Rien n'a existé, rien ne s'est passé
Avant que l'on se rencontre
Le monde aujourd'hui est mécanisé
Mais l'amour n'a pas changé...

Tu es mon premier homme et je suis ta première femme
L'un à l'autre on s'est donné une âme
Tu es mon guide
Je veux te suivre
Sincère et attentive...

À travers ces quelques mots, Claude Carrère insiste sur le serment et transforme l'histoire de Sheila et Ringo en celle du premier homme et de la première femme. Il est finalement assez lucide, car il y a fort à parier que le péché attend son heure dans ce jardin d'Éden un peu trop parfait.

Un petit Thomas à la tomate !

Quelque temps plus tôt, alors qu'ils devisaient sur l'infortune de leurs récents albums, *La Question* pour Françoise, *Melody Nelson* pour Serge Gainsbourg, ce dernier lui fit une réflexion lourde de sens : « Il faut une locomotive par album pour traîner les autres chansons », qu'il nomme wagons...
À bout de souffle dans son rôle de productrice indépendante, Françoise doit trouver une nouvelle maison de disques. Elle est si désemparée qu'elle pense d'abord à Flèche, la société récemment lancée par Claude François, qu'elle connaît depuis ses débuts. Lorsqu'elle en parle à Jean-Marie Périer, l'éternel ami, il voit rouge, car l'univers de Cloclo très teinté variétés ne correspond pas à Françoise. Jean-Marie lui propose alors de la présenter à Michel Berger. C'est l'électrochoc pour la chanteuse qui, depuis la sortie du premier album de Véronique Sanson, clame que la jeune auteur-compositeur-interprète a démodé d'un seul coup le son français, y compris le sien. Comme souvent elle exagère, oubliant que ses derniers albums constituaient aussi, musicalement, une petite révolution. Une rencontre est rapidement organisée et Berger accepte de produire Françoise. Tout en sachant qu'il est très occupé, il ne pourra lui fournir que deux chansons, mais se fait fort d'en réunir une dizaine d'autres. Dès leur première rencontre, le jeune

auteur-compositeur se met au piano et lui joue un morceau qui deviendra *Message personnel*. Françoise, dont l'oreille musicale n'est plus à mettre en question, accroche immédiatement. Elle reconnaît ici une mélodie imparable, capable de passer le temps pour devenir un classique. Le second titre que Michel lui propose s'intitule *Première Rencontre*. Une mélodie et des paroles également de haut niveau et dont elle est certaine de tirer le meilleur. Comme promis, il réunit un certain nombre de musiques qui vont donner à l'album des allures un peu disparates, selon Françoise, qui en signe cependant la plupart des textes. Au-delà des chansons de Berger, il y en a également deux de Moustaki dont un duo, et on retrouve également Gainsbourg pour *L'Amour en privé*.

Alors que les premières sessions studio ont eu lieu, Thomas Dutronc arrive le 16 juin 1973, pour le plus grand bonheur de ses parents à l'Hôpital américain de Neuilly. « Puisque c'est un garçon, ce sera un petit Thomas à la tomate ! » déclare Gainsbourg qui se trouve être quasiment voisin de chambre de Françoise, en train de se remettre d'une crise cardiaque ! Dès la fin du mois suivant, Françoise reprend l'enregistrement de son album. Pour le titre phare, *Message personnel*, qui n'a justement pas encore de titre, Michel lui demande d'écrire un texte parlé en ouverture. Sa très belle idée montre le respect qu'il a pour l'auteur Hardy au point de coécrire avec elle.

Au bout du téléphone, il y a votre voix
Et il y a ces mots que je ne dirai pas
Tous ces mots qui font peur quand ils ne font pas rire
Qui sont dans trop de films, de chansons et de livres
Je voudrais vous les dire
Et je voudrais les vivre

Je ne le ferai pas
Je veux, je ne peux pas
Je suis seule à crever et je sais où vous êtes
J'arrive, attendez-moi, nous allons nous connaître
Préparez votre temps, pour vous j'ai tout le mien
Je voudrais arriver, je reste, je me déteste...

J'ai peur que tu sois sourd
J'ai peur que tu sois lâche
J'ai peur d'être indiscrète
Je ne peux pas vous dire que je t'aime peut-être...

Alors viennent les mots de Michel Berger et c'est la fusion totale.

Mais si tu crois un jour que tu m'aimes
Ne crois pas que tes souvenirs me gênent
Et cours, cours jusqu'à perdre haleine
Viens me retrouver...

Si le dégoût de la vie vient en toi
Si la paresse de la vie s'installe en toi
Pense à moi...

Message personnel, que Françoise met du temps à intituler, autre charge que Berger lui a confiée, entre directement dans la liste de ses classiques. Un standard, immédiat. Au point qu'il lui sera emprunté, notamment par Michel et France. Avec cet album, Françoise retrouve le succès en termes de ventes et de reconnaissance des médias qui, apparemment, ne voient pas autant de défauts qu'elle à cet ensemble de chansons.

Mon fils rira du rock'n'roll

Michel Berger travaille à son second 33 tours, intitulé *Chanson pour une fan*. Un texte qui pourrait s'adresser à France, surtout lorsqu'il dit : « *Mon piano fait des chansons pour toi.* » Si seulement cela pouvait être vrai, pense-t-elle. C'est le moment qu'il choisit pour lui proposer une participation à l'un des titres, *Mon fils rira du rock'n'roll*, un morceau long de plus de six minutes, pour lequel il a prévu une partie chantée par une voix féminine.

Je saurai lui dire des mots
Il faudra pour le convaincre
Et il m'aimera, je sais bien, je sais bien
Je saurai dire ce qu'il faut
Pour qu'il redevienne un enfant dans le creux de ma main
C'est tellement bien
C'est tellement bien
Il lui dira apprends-moi, apprends-moi tout...

C'est une réussite, l'osmose des timbres avec une France qui se coule dans le tempo et le phrasé de Berger, comme si elle l'avait toujours pratiqué. Michel comprend alors que la jeune femme n'est pas seulement l'artiste yéyé qui l'effrayait, mais une chanteuse à l'oreille musicale extrêmement développée. France s'est immédiatement incarnée dans sa musique...

Car aujourd'hui moi je m'en vais

Je chante pour Swanee, pour Swanee mon ami
Chanteur et musicien américain

*Je chante pour Swanee et ses souliers vernis
Qui marquait le tempo de son banjo...*

Fin 1973, alors qu'ils triomphent avec leur émission « Top à... », Maritie et Gilbert Carpentier ont l'idée de proposer à Sylvie non pas un « Top » traditionnel, mais une comédie musicale, avec dialogues et chansons. Une forme de spectacle qui n'existe pas alors en France. Maritie s'occupe du livret, Jean-Jacques Debout de la musique et Roger Dumas des paroles. Pour cet événement télévisuel, les Carpentier réunissent une très belle affiche à la tête de laquelle on retrouve entre autres Daniel Gélin, Jean-Claude Brialy, Jean-Jacques Debout, Chantal Goya et Carlos. Sylvie est plus qu'enthousiaste, elle qui rêve de monter une comédie musicale sur scène, voilà qu'on la lui propose à la télévision. Le spectacle est diffusé fin janvier 1974 et réalise une audience phénoménale. Dès la semaine suivante, il est acheté par les télévisions étrangères, jusqu'à atteindre le chiffre de 33 pays. RCA édite le show en disque et c'est à nouveau un succès. Cela donne des ailes à Sylvie, mais pour l'heure elle annonce publiquement qu'elle va se retirer sur la pointe des pieds pour quelques mois.

En effet, Sylvie et Johnny attendent un enfant ! Ils espèrent vivement que ce sera une petite sœur pour David, une petite Victoria. Malheureusement Sylvie est victime d'une fausse couche à quatre mois de grossesse. C'est l'abattement. D'autant que Johnny est impossible à joindre au moment du drame. Un temps de repos et de recul va s'avérer nécessaire pour la jeune femme. Elle part pour un bref séjour aux États-Unis alors que Johnny, qui lui manque terriblement après ce triste événement, sillonne toute la France dans une tournée de printemps.

Un matin, Sylvie entend sur une de ses radios favorites un titre de Jim Croce, *Bad, Bad, Leroy Brown*. Elle a un déclic et commence même à adapter le morceau qui devient rapidement *Bye Bye Leroy Brown*, l'histoire d'une jeune artiste amoureuse d'un chanteur trop courtisé qu'elle se décide finalement à quitter. De retour à Paris, elle confie les paroles à Michel Mallory, qui en comprend le sens et développe le texte suivant la volonté de Sylvie. Ce coup de tête se transforme en tube à l'été 1974.

Bye bye Leroy Brown
Oui pour les femmes tu es le number one
Mais tu n'as pas su me garder
Et aujourd'hui moi je m'en vais...
Tu pourras toutes les aimer
Car aujourd'hui moi je m'en vais...

La déclaration

Quelques mois ont passé, l'album de Berger, *Chanson pour une fan*, est publié et, au début du printemps 1974, Michel fait écouter une nouvelle chanson à France. Il ne s'agit pas d'un titre rythmé, comme elle le souhaite secrètement, mais d'une chanson lente. Elle s'appelle tout simplement *La Déclaration d'amour*. Une déclaration que Michel lui offre.

Quand je suis seule et que je peux rêver
Je rêve que je suis dans tes bras
Je rêve que je te fais tout bas

Une déclaration, ma déclaration...
Juste deux ou trois mots d'amour
Pour te parler de nous
Deux ou trois mots de tous les jours
C'est tout...

Premier disque, première chanson. Le jour du studio, j'étais un peu tendue. Après une ou deux prises, Michel était content. Il s'est rendu compte qu'il manquait un solo de guitare à deux heures du matin. Effondré, il ouvre la porte du studio et croise un guitariste qui travaillait à côté et qui rentrait chez lui. En un quart d'heure, la guitare de Jean-Pierre Castelain s'imprimait sur la bande 16 pistes où le piano de Michel, omniprésent, donne à lui seul le balancement bien particulier de cette chanson, qu'il avait au départ écrite pour lui. Premier cadeau. Le public a été là tout de suite. Dans la foulée, il me demande d'écrire un texte parlé sur l'ad lib de la fin, comme si j'avais fait ça toute ma vie, écrire[32] !

Je veux des souvenirs avec toi
Des images avec toi
Des voyages avec toi
Je me sens bien quand tu es là...
Je t'aime quand tu es triste
Que tu ne dis rien
Je t'aime quand je te parle
Et que tu ne m'écoutes pas
Je me sens bien quand tu es là...

La seconde partie de la carrière de France Gall est lancée. En quelques années, elle passe d'un visionnaire à un autre. Lorsqu'on réécoute les paroles de *Poupée de cire, poupée de son* de Gainsbourg, on est cueilli par son don de clairvoyance : « *Je n'suis qu'une poupée de cire / Qu'une poupée de son / Sous le soleil de mes cheveux blonds / Poupée de cire, poupée de son / Mais un jour je vivrai mes chansons / Poupée de cire, poupée de son.* »

Ce printemps 1974

Arrive au pouvoir Valéry Giscard d'Estaing, ministre de l'Économie du gouvernement Chaban-Delmas, sous la présidence de Georges Pompidou. Ce dernier, prématurément décédé le 2 avril 1974 alors qu'il lui restait deux ans de mandat, a été emporté par la maladie. VGE, comme il sera rapidement nommé, est le plus jeune président de la Ve République lorsqu'il est élu le 19 mai 1974, face au représentant de l'union de la gauche, François Mitterrand. L'image est symbolique, il doit l'utiliser. Son programme a été construit sur une promesse de nouvelles réformes, dont certaines, parmi les plus marquantes, vont concerner les droits des femmes. Il va les tenir dès le début de son mandat, mais la première s'adresse à tous les jeunes. Le 5 juillet 1974 est voté l'abaissement de la majorité civile de 21 à 18 ans, ce qui permet à la France de s'aligner sur nombre de ses voisins européens. Près de deux millions et demi d'anciens adolescents désormais sont concernés.

Le Couple

Les paroles des dernières chansons de Sheila semblent révéler un message contraire à celui de son statut de jeune épouse. Six mois seulement après son mariage, elle parle de *Mélancolie*, de *Cœur blessé*. « *La nuit / La nuit j'ai froid /*

La nuit / J'ai froid sans toi / Je cherche ton souvenir / Dans une infinie mélancolie... », « *Cœur blessé / Amoureux / Désespéré de t'avoir quitté / Voudrait bien faire avec toi la paix / Cœur blessé / Amoureux / Souhaiterait réconciliation.* » Le Couple, son titre du printemps 1974, ne se montre pas plus rassurant : « *Tant de fois cette nuit je t'ai dit ne m'abandonne pas / Sans m'entendre tu dormais près de moi / Ne m'abandonne pas / J'ai eu tort de m'emporter / De te dire que tu pouvais bien t'en aller / Que je t'oublierai / Ce matin tu m'évites / J'ai si peur, ne m'abandonne pas...* »

Malheureusement, ces paroles correspondent à la réalité. Si tôt, si peu de temps après le mariage... Ringo est un beau garçon, perpétuellement sollicité, il est devenu l'un des fers de lance de la presse jeune. Les jolies fans sont partout... Pourquoi Ringo serait-il différent de Johnny, de Claude et tous les autres ? Sheila n'est pas naïve, elle sait tout ça, c'est son univers. Alors, elle continue sa route et s'étourdit dans le travail, il y a plus de dix ans maintenant que cela lui réussit. À elle seule, elle assure, année après année, un million de ventes de 45 tours et plusieurs centaines de milliers de 33 tours. Carrère veille donc plus que jamais sur celle qui porte l'édifice qu'il a construit.

Souffrir par toi n'est pas souffrir

La déclaration d'amour de Michel à France ne tarde pas à se concrétiser. Le temps a fait son œuvre et, même s'il n'oubliera jamais Véronique Sanson, il vient de tomber amoureux de France. Elle aussi est amoureuse, de l'homme, de sa musique, de ses mots, du bonheur de vivre qu'il vient de lui redonner. Alors, elle rompt avec Julien, qui pense d'abord la reconquérir, avant de sombrer à son tour lorsqu'il comprend qu'elle ne reviendra pas. Cinq ans c'est long, ça ne s'efface pas comme quelques marques à la craie sur un tableau. Il entre dans une période difficile, gagné par la mélancolie et un chagrin tenace au point qu'il demande à son auteur et ami Étienne Roda-Gil de le traduire, avec ses mots qui lui collent à la peau depuis ses débuts. Quelque temps plus tard, Roda-Gil lui apporte un texte qui va devenir l'une des plus belles chansons d'amour de Julien. Elle ouvrira les plages de son album prévu pour l'année suivante.

Si un jour tu veux revenir
Sans mots, sans pleurs, sans même sourire
Négligemment et sans te retenir
Sans farder du passé tout l'avenir
Le soir quand je te vois sourire
Sur cette photo qui ne veut rien dire
Sous ta vieille lampe qui tremble et chavire...

Souffrir par toi n'est pas souffrir
C'est comme mourir ou bien faire rire
C'est s'éloigner du monde des vivants
Dans la forêt, voir l'arbre mort seulement...

Sheila maman

Dès l'automne 1974, la presse populaire révèle que Sheila est enceinte. Elle ne tarde pas à en parler elle-même dans les médias. Claude Carrère compte sur cette nouvelle attendrissante et forcément attendue par le large public de la chanteuse, de même que les Français qui n'achètent pas forcément ses disques, mais éprouvent de la sympathie pour elle. Curieusement, elle achève l'année avec une chanson rythmée mais dont les paroles laissent toujours planer un doute sur la sérénité de son couple. « *Ne fais pas sur un coup de tête / Quand le vent se lève / Tanguer le bateau / Tu sais bien quand la mer se calme / Juste après les larmes / Il fait si beau...* » Même si cette suite de métaphores pose question à propos du jeune couple, les fans sont happés par la perspective de l'heureux événement qui attend leur idole. La chanson fait un triomphe et vaut à Sheila un nouveau disque d'or. Derrière le rideau, la réalité est recouverte d'un voile de tristesse. Qu'importe, ce bonheur nouveau, elle ne laissera personne l'entacher, elle va l'annoncer avec panache dans des tenues du jeune couturier Loris Azzaro, qui vient de s'installer rue du Faubourg-Saint-Honoré. Il a conçu des robes du soir ultra-sexy qui vont mettre en valeur les premières rondeurs de la chanteuse, photographiée par Giancarlo Botti. Les clichés vont s'afficher dans toute la presse, faisant de Sheila la plus jolie des futures mamans.

1975, une année pour les femmes

Valery Giscard d'Estaing l'avait promis, cette réforme figurait parmi les plus marquantes de son programme. Il a l'intention de se battre pour une société libérale avancée. Naturellement, les femmes vont y occuper une place prépondérante. À commencer au sein du gouvernement, qui, pour la première fois, en comprend six. Les deux figures de proue sont Simone Veil, nommée en 1974, à laquelle

De l'autre côté du miroir

est confié le ministère de la Santé, et Françoise Giroud, le poste de secrétaire d'État chargée de la Condition féminine.

C'est à Simone Veil, sur la proposition de Jacques Chirac, alors Premier ministre au début de la présidence de Giscard d'Estaing, que revient la charge de mener à bien le programme de la loi sur l'interruption volontaire de grossesse. Votée le 17 janvier 1975, la loi Veil encadre la dépénalisation de l'avortement en France. À date, elle est promulguée pour une durée de cinq ans « à titre expérimental », sans doute pour ne pas trop affoler. Elle sera reconduite, cette fois sans limite de durée, par la loi du 31 décembre 1979. Dans son discours de présentation du projet à l'Assemblée nationale, le 26 novembre 1974, Simone Veil déclare : « Je voudrais tout d'abord vous faire partager une condition de femme – je m'excuse de le faire devant cette assemblée presque exclusivement composée d'hommes : aucune femme ne recourt de gaieté de cœur à l'avortement. Il suffit d'écouter les femmes. C'est toujours un drame et cela restera toujours un drame. C'est pourquoi, si le projet qui vous est présenté tient compte de la situation de fait existante, s'il admet la possibilité d'une interruption de grossesse, c'est pour contrôler et, autant que possible, en dissuader la femme. »

La ministre veut, à travers cette mesure, supprimer la pratique des avortements clandestins qui sont légion et font des ravages, et vient d'initier l'un des plus grands progrès de la liberté des femmes en ce dernier quart de vingtième siècle.

Pour autant, comme nous allons le voir, les femmes, y compris parmi les plus connues, sortes de modèles, sont confrontées à des injustices concernant l'infidélité dont elles restent, au sein du couple, les principales victimes.

Il faudra encore d'autres réformes. C'est un mal commun et il se manifeste dans tous les milieux. En ce domaine, il n'est question ni de France d'en haut ni de France d'en bas. Et plus une femme est célèbre, plus dures en sont les retombées.

L'important c'est d'aimer

C'est le titre du film qui va mettre le pied à l'étrier du réalisateur polonais Andrzej Zulawski. Il adapte un roman de l'auteur Christopher Franck, *L'important c'est d'aimer*, et en fait un grand moment de cinéma, indémodable. Le casting réunit, pour les premiers rôles, Romy Schneider, alors au faîte de sa popularité, Jacques Dutronc, qui entame là son troisième long métrage, et Fabio Testi, un jeune acteur italien en vue. Françoise apprend que Jacques va tourner avec Romy Schneider, à l'occasion d'un dîner. Elle est comme électrocutée. La réputation de l'actrice, sans être sulfureuse, est bien connue. Elle ne peut jouer sans être sentimentalement impliquée sur la plupart de ses films.

À l'époque, le réalisateur vient de connaître un nouvel amour, il n'est donc pas disponible. Fabio Testi est en couple avec Ursula Andress, qui veille jalousement sur lui comme elle le faisait avec Belmondo quelques années auparavant, alors il reste Jacques. Pour l'heure, laissons la parole à Françoise : « J'étais retournée. En même temps, j'éprouvai un soulagement paradoxal car, dans mon immense naïveté, je ne doutais pas qu'il ait le minimum d'amour-propre requis pour que le principe d'un passage obligé à la casserole le braque au point d'écarter tout danger[33]. »

De l'autre côté du miroir

À force de persuasion, Françoise finit par se tranquilliser. Le tournage commence et assez vite elle apprend que... l'inéluctable est arrivé. À l'époque, elle fréquente le scénariste et auteur Pascal Jardin, qui évidemment connaît très bien Romy, l'une des quelques actrices incontournables du cinéma des années 1970, et qui lui confie : « Qu'une telle ou une telle, ça n'a aucune importance, mais que Romy Schneider, c'était une autre paire de manches, car il s'agissait là d'une vraie femme. » « Aurais-je résisté, pense Françoise, si le Marlon Brando du *Tramway nommé désir* ou du *Dernier Tango à Paris*, avait jeté son dévolu sur moi ? Bien sûr que non ! Mais c'est une chose de comprendre une situation et de la trouver inéluctable, c'en est une autre de la supporter... J'étais déterminée à rompre et n'avais jamais été aussi malheureuse de ma vie[34]. »

La relation Schneider-Dutronc ne dure pas ; en revanche, *L'important c'est d'aimer*, qui restera un classique, récompense Romy du césar de la meilleure actrice et fait éclore Dutronc acteur. Il y est bouleversant dans son rôle de clown triste. C'est pour lui le démarrage d'une seconde carrière qui va l'accaparer pour plusieurs décennies et le faire accéder aux plus grands honneurs de la profession. À partir de cette époque, il ne chantera que par intermittence.

Ludovic

Alors qu'elle est enceinte, les équipes de Sheila lui proposent un hit américain aux sonorités nouvelles. Il s'appelle *Doctor's Orders*, créé par Carol Douglas, et fait un tabac dans les clubs. Traduit en *C'est le cœur (Les ordres du docteur)*, il rencontre également le succès en France alors que la chanteuse s'apprête à accoucher.

Bien entendu, cela va se terminer par un bonheur immense pour elle, le moment inoubliable qu'ont connu les petites filles de Français moyens auxquelles elle n'a jamais cessé de s'adresser. S'il y a bien une chose à laquelle elle ne pense pas, toute à sa joie, c'est le retour de cette rumeur aussi bête que sale. Ici et là, il se dit que Sheila s'est fait greffer une poche d'eau de mer sous le ventre. Mais oui bien sûr, souvenez-vous de ce ragot selon lequel la chanteuse est un homme et ne peut avoir d'enfants. Il aurait, paraît-il, été acheté en Suisse ! Onze ans plus tard, l'ignominie recommence. Alors Sheila décide qu'il doit rester une preuve de la venue au monde de son bébé. Dans le métier, les premières caméras vidéo sont apparues depuis un moment déjà et Ringo filme l'accouchement de sa femme. Cela ne servira qu'à apaiser leur enfant s'il apprend cette rumeur absurde...

Ludovic vient au monde au milieu de la nuit du 7 avril 1975 à la clinique Spontini dans le 16e arrondissement. La naissance, immédiatement prise en charge par Claude Carrère, qui, pour l'occasion, lâche toute autre occupation, est relayée dans tous les médias dès le lendemain. La presse populaire s'en empare. *Paris Match* et *Jours de France* s'en font également le relais de manière élégante. Sheila maman, c'est un événement qui, comme neuf ans plus tôt concernant Sylvie, émeut les Français. C'est l'aspect attachant du tribut des vraies stars populaires. Il est temps à présent de regagner la jolie maison de Feucherolles dans laquelle de beaux et chaleureux décors, choisis dans les semaines précédentes par Sheila elle-même, attendent Ludovic.

Au mois de juin, elle présente *C'est le cœur* à la télévision, toujours dans des robes très sexy de Loris Azzaro, montrant qu'elle a récupéré sa silhouette.

Une année shows pour Sylvie

Après l'accueil réservé au show télé « Je chante pour Swanee », les Carpentier adaptent la même formule de comédie musicale, cette fois autour d'une histoire permettant de traverser les générations. L'affiche est renouvelée, notamment grâce à la présence de Johnny Hallyday. Diffusée pour les fêtes de Pâques, l'émission rencontre le même succès que la précédente. Au cours de l'hiver, Bruno Coquatrix, dont l'attention a été retenue par l'émission « Je chante pour Swanee », a proposé à Sylvie de le transposer avec la même affiche, sur la scène de l'Olympia, pour une durée de trois mois. Mais elle bloque. Pour elle, ce projet appartient au passé, il a été créé pour la télé, ce n'est pas ainsi qu'elle se voit revenir sur scène.

Depuis peu, elle a en tête un show, différent des deux spectacles précédents qu'elle a présentés dans le célèbre music-hall, mais qui n'y aurait pas sa place. Appelons ça des rêves de grandeur, elle se voit entourée d'une importante troupe de danseurs, d'un grand orchestre, de décors. Elle connaît l'Olympia dans le moindre de ses recoins et il ne lui semble pas que ce soit le bon endroit. Elle vient d'ailleurs de visiter une toute nouvelle salle au cœur d'un immense complexe hôtelier, d'une galerie commerciale et d'espaces d'expositions, le Palais des Congrès, situé à la Porte Maillot. Elle est arrivée par les coulisses et, curieusement, ni les 37 mètres de longueur de la scène, ni la mer de fauteuils qui lui fait face ne l'ont effrayée. Elle s'y est immédiatement projetée, tout en prenant conscience que cet espace, assez froid, initialement conçu pour accueillir les congrès des plus grandes entreprises, aura besoin d'être habillé. Elle doit trouver l'artisan, le metteur en scène qui pourra lui donner les possibilités de se lancer dans ce nouveau projet.

Elle en parle à Bruno Coquatrix sans circonvolutions. Non seulement il la comprend, mais il l'encourage dans cette nouvelle direction. S'il avait senti qu'elle n'en était pas capable, il le lui aurait immédiatement dit. Après ce premier avis positif, c'est au tour des Carpentier de se montrer enthousiastes. Ils ont, eux aussi, une réelle affection pour Sylvie et la savent à même de mener un show sur une scène immense. Ils acceptent de s'embarquer avec elle dans l'aventure.

C'est un énorme challenge qu'elle se sent prête à affronter. Elle signe pour quatre semaines, du 4 octobre au 4 novembre, soit une jauge de 120 000 spectateurs ! Du jamais vu à Paris pour un artiste de sa génération. Puis elle s'envole pour Los Angeles, la ville où elle sait qu'elle va trouver sa future équipe.

Divorce par consentement mutuel

Alors qu'il est au pouvoir depuis à peine plus d'un an, le président Valery Giscard d'Estaing fait voter, le 11 juillet 1975, une loi instaurant le divorce par consentement mutuel, également appelé divorce à l'amiable. Une forme bien différente de celle pratiquée auparavant, le divorce pour faute. Cette procédure à charge d'un des deux époux nécessitait

De l'autre côté du miroir

des témoignages contre le « fautif ». Ils étaient produits par le proche entourage, familial et amical. Un grand nombre de divorces reposaient alors sur de fausses déclarations sur des couples qui se délitaient et n'étaient pas forcément « coupables » d'une quelconque faute. Soit une procédure fondée en partie sur l'hypocrisie, ce que les pouvoirs publics et les tribunaux n'ignoraient pas. Avec cette simplification de la procédure, apportée par la loi du 11 juillet 1975, seul le consentement des époux va désormais compter. L'acte du divorce entraîne la liquidation totale du patrimoine familial et l'organisation de l'autorité parentale, en prévoyant également pour celui qui ne travaille pas une prestation compensatoire. Cette loi, promise par le président dans son programme, reste l'une de ses principales réformes. Fin 1973, Michel Delpech chantait l'illustration la plus concrète du problème qu'elle est venue résoudre dans *Les Divorcés*.

Si tu voyais mon avocat
Ce qu'il veut me faire dire de toi
Il ne te trouve pas d'excuses
Les jolies choses de ma vie
Il fallait que je les oublie
Il a fallu que je t'accuse...
... Les amis vont nous questionner
Certains vont se croire obligés
De nous monter l'un contre l'autre
Ce serait moche d'en arriver
Toi et moi à se détester
Et à se rejeter les fautes...

Le message de Michel Delpech, lui-même victime de la situation, datant de l'automne 1973, entendu par la France entière et vendu à plus de 850 000 exemplaires, donne cent fois raison à la loi de juillet 1975.

Une année calme pour Françoise et France

Françoise élève son fils quasiment à plein temps dans une jolie maison de ville, construite sur trois étages, qu'elle a dénichée dans le 14ᵉ arrondissement. C'est aussi la première dans laquelle Jacques s'installe. L'espace le permettant, chacun occupe un étage. C'est une période où il est de plus en plus demandé par le cinéma, son personnage aussi énigmatique que nonchalant attire de nombreux réalisateurs, au point qu'il tourne au moins deux, voire trois films par an. Françoise s'est depuis longtemps habituée à la solitude et se plonge avec passion dans la découverte de l'astrologie qu'elle pourrait transformer en activité professionnelle.

France traverse également une année assez tranquille. Michel Berger travaille tant pour lui que pour elle. D'abord sur *Que l'amour est bizarre*, composé notamment de *Seras-tu là ?*, qui deviendra un classique bien après sa parution. Puis, à l'album de France. C'est la première fois qu'il écrit une dizaine de textes pour une seule personne, en dehors de lui, et pour une femme surtout. Elle passe de l'impatience à l'inquiétude. Lui, au contraire, sait exactement ce qu'il veut faire chanter à sa compagne. Alors elle attend encore quelques mois. Ce n'est rien à côté des six années de traversée du désert qu'elle vient de connaître.

Aux marches du Palais

Le challenge que s'est lancé Sylvie lui fait traverser plusieurs fois l'Atlantique. Elle a trouvé son metteur en scène et chorégraphe, recruté avec lui la plupart des danseurs, réuni auteurs et compositeurs pour les chansons de son show, en majorité inédites. Certaines seront testées en direct au cours d'une tournée d'une quarantaine de dates à travers la France, dont trois avec Johnny avec qui elle donne deux concerts au Canada dans la foulée. Début septembre, Walter Painter et la troupe au complet se retrouvent d'abord dans les studios des Buttes-Chaumont avant de rejoindre les sous-sols du Palais des Congrès pour d'intenses répétitions. La moitié du spectacle est constituée de ballets lors desquels il faudra coordonner seize danseurs et six choristes. L'orchestre est formé de vingt-cinq musiciens. La troupe, au total, compte une soixantaine de personnes, pour lesquelles seront confectionnés pas moins de deux cents costumes, dont une dizaine pour Sylvie. Du jamais vu. Mais ces répétitions, ces mises au point, l'élaboration du show qui se construit au jour le jour l'empêchent de se sentir angoissée. Première femme à se produire dans une aussi grande salle à l'époque, pour une telle durée, elle sait qu'elle ne peut pas « se louper » : elle est attendue par les gens du métier comme par les critiques les plus influents.

Le 4 octobre 1975, à 20 h 30, Sylvie, seule, rejoint le centre de la scène du Palais des Congrès, après une ouverture magistrale jouée par les musiciens qui viennent maintenant de disparaître dans la fosse d'orchestre. Elle entame sa première chanson, bientôt rejointe par ses seize danseurs et danseuses qui surgissent de toutes parts. Dès le troisième numéro, un ballet sur la police, où les danseurs et Sylvie virevoltent à bicyclette sur l'immense espace, la foule est en délire. C'est gagné, elle les a emportés, conquis, convaincus. Sylvie a maintenant un vrai public familial, de 7 à 77 ans, comme il se dit. Ce sont deux heures de rêve pour des personnes qui en sortent enchantées et font un excellent bouche-à-oreille. Dès la moitié des représentations, il faut louer les marches pour satisfaire la demande. Parmi les numéros les plus appréciés, *La Drôle de fin*, le tube d'été de Sylvie, dont Walter Painter a fait une chorégraphie inoubliable : la chanteuse y est portée par ses danseurs avant de se jeter dans le vide pour être enfin rattrapée par ces derniers.

Où vont-ils donc
Les hommes quand ils s'en vont ?
Le saura-t-on jamais
Quand ils nous abandonnent
Ils sont bien quelque part
Sur le quai d'une gare
Dans un café anglais
Un hôtel espagnol...

La salle est pleine jusqu'au 4 novembre, aussi la direction du Palais des Congrès lui demande-t-elle de prolonger pour deux semaines en février ! Les oiseaux de mauvais augure qui lui prédisaient un échec cuisant en sont pour leurs frais. Sylvie gagne ses premiers galons de show woman avec cette revue gigantesque et moderne.

L'année 1975 se termine de manière très encourageante pour les femmes du métier. Pour la première fois, l'une d'entre elles devient l'égale d'un homme, Johnny Hallyday pour ne pas le nommer, en termes de fréquentation de salles. Si Sylvie est pionnière, pourquoi ses consœurs ne suivraient-elles pas ?

France Gall

Le 6 janvier 1976 paraît le premier album de la nouvelle France Gall ! Sobrement intitulé du prénom et du nom de la chanteuse. Par ordre d'apparition, il présente une France new look. Ses longs cheveux blonds ont été raccourcis aux épaules. Ses tenues sexy d'un autre temps, remplacées par une salopette. La photo de pochette est simple, sans aucun effet, si ce n'est celui de présenter, selon les vœux de Michel, une jeune femme épanouie, plus naturelle, sans artifices, en laquelle des milliers d'adolescentes du milieu des années 1970 vont immédiatement se reconnaître. Exit les reportages style *Mademoiselle Âge tendre* auxquels elle était habituée jusque-là. Son pygmalion n'est pas client de ce genre de publicité. Le disque comprend dix morceaux écrits, composés, arrangés et produits par Michel Berger. Autant dire que l'unité de l'ensemble, même si les chansons diffèrent les unes des autres, est au rendez-vous. Un 45 tours en est rapidement extrait, comprenant *Comment lui dire ?*

Au beau milieu de la foule
D'un dimanche après-midi
Je me sens nerveuse pas cool
Je le reconnais c'est lui
Au beau milieu de la foule
Des étrangers de ma vie

Je voudrais qu'il ait compris
Qu'il m'emmène loin d'ici
Comment lui dire, comment lui dire
Comment lui faire comprendre d'un sourire ?

À l'écoute des dix titres, on perçoit immédiatement que France a beaucoup parlé à Michel, que leur couple est bâti sur une compréhension absolue, une complicité qui en fera la force. Tout l'univers de France est saisi en ces dix plages qui vont et viennent entre enfance, âge adulte, et pourquoi pas même le futur. France s'était-elle ouverte à Michel ou était-ce la façon dont il l'avait d'emblée perçue ? « *Quand j'étais enfant / mon prince charmant était si différent de toi.* » Cet extrait de *Ce soir je ne dors pas* correspond tellement à la jeune France qui rêvait adolescente de grands blonds aux yeux bleus. *Big Fat Mama* s'avère également prophétique, annonçant l'hommage à Ella Fitzgerald mais aussi ce que France va devenir dans le futur, notamment à travers le rôle qu'elle va jouer en Afrique, au Sénégal. Cela est-il déjà perceptible, dans les séances de travail en studio, chez cette petite tornade blonde ?

Pour toutes ces raisons, le disque est bien reçu mais pas sans difficultés. Car, à l'époque, les télévisions, se souvenant de France au temps de ses tubes yéyé, veulent toujours l'y ramener. Alors, c'est l'embargo total. Pas question, répondent Michel et France à l'unisson et, bientôt, les médias finissent par céder. Le public suit. Pas seulement les fans de la première heure, mais la jeunesse du moment, nombreuse et florissante au cœur des années 1970. Après tout, France n'a que 29 ans, des airs de gamine, et la plupart des ados qui vont former son public ne connaissent ni *Sacré Charlemagne*, ni *Poupée de cire, poupée de son*.

Même si elle a démarré à peu près en même temps que ses trois collègues, son public va d'abord s'ancrer dans la nouvelle décennie. Et il y a l'influence musicale de Berger, américaine et anglo-saxonne, qui a un son, reconnaissable entre mille, en décalage de celui des années 1970 en France. Enfin, il y a cet incroyable morceau de plus de six minutes qui montre à quel point la vision de Michel sur celles et ceux qui l'entourent est puissante : *La Chanson d'une Terrienne (Partout je suis chez moi)*.

> *Partout je suis chez moi*
> *Du pays des tropiques aux déserts des grands froids*
> *Tout au bout de l'Afrique ou à Milford Nebraska...*
> *Je suis chez moi...*
> *Terre, tu es ma maison*
> *Terre, tu es ma maison*
> *Mon jardin, tes prairies, tous tes océans*
> *Tes montagnes, mes abris, la mer, mon étang*
> *Terre tu es ma maison...*

Lors du début de sa collaboration avec Berger, France dit lors d'une interview télévisée : « Ce qu'il y a de plus dur, c'est de trouver des gens qui vous correspondent et qui écrivent des choses qui vous correspondent et que vous aimez... Je parle un peu plus de moi dans mes chansons et elles me ressemblent. C'est beaucoup plus intéressant de faire entrer les gens dans votre univers que d'aller dans leur univers. »

Qu'est-ce qui fait pleurer les blondes ?

En février, c'est au tour de Sylvie de publier un nouvel album, dans lequel Jacques Revaux, son nouveau producteur, propose un savant mélange de titres gais et dansants, avec des chansons plus adultes dites à texte. C'est ce mix qui va étendre le succès de Sylvie sur scène. Revaux l'encourage à interpréter des chansons plus populaires si elle veut continuer à remplir des salles d'une telle envergure sur la durée. L'album s'intitule *Qu'est-ce qui fait pleurer les blondes ?*, reprenant le titre de son nouveau tube. Dès sa sortie, c'est la déferlante, les ventes de l'album et des trois 45 tours qui en sont issus dépassent le million et demi d'exemplaires en France ! Record absolu. Lors de la reprise du show, pour laquelle elle se voit remettre à la télévision un fauteuil d'or, une distinction créée pour l'occasion, la salle est complète. La direction du Palais des Congrès insiste auprès de l'artiste pour bloquer les meilleures dates de la rentrée 1977 pour un nouveau spectacle.

Heureusement, elle a, au même moment, confié sa destinée artistique à l'un des plus grands imprésarios parisiens, Charley Marouani, l'agent de Brel, Barbara et Julien Clerc, entre autres. Le show de Sylvie est maintenant réclamé partout au point qu'elle va en donner 90 représentations environ pour plus de 300 000 spectateurs qui viennent l'applaudir sur cette seule année 1976.

L'album de France, très bien reçu par les médias comme par le public, continue de se vendre. Les chaînes de télévision françaises la réclament. La plus grande surprise vient des Carpentier qui proposent au jeune couple une émission spéciale, sous forme de comédie musicale. Ce sera « Émilie ou la petite sirène », prestement imaginée par Michel pour une France qui l'inspire sans relâche. Le spectacle filmé fait une audience incroyable. C'est l'occasion d'éditer un 45 tours qu'on entendra sur les ondes tout l'été : *Ça balance pas mal à Paris*. Nouveau succès pour France et Michel qui décident de se marier, dans la plus stricte intimité et sans aucune publicité, le 22 juin 1976, à la mairie du 16ᵉ arrondissement. Une cérémonie, suivie d'un déjeuner, auxquels seuls parents et proches sont conviés. Les deux jeunes gens, qui ont pleinement vécu la décennie précédente, décident de s'en soustraire totalement sur le plan de l'exposition. Pour eux, elle s'arrête au domaine artistique. Leur vie personnelle leur appartient. Le plus beau étant qu'ils y parviennent.

Johnny et Sylvie, c'est fini

C'est l'annonce qui figure en page de titre de *Paris Match* du 15 mai 1976, le magazine le plus populaire de France. Sylvie est en pleine page de couverture, Johnny sur une photo en encadré. Cette fois, personne ne s'y attendait. Le couple a fêté ses dix ans de mariage un an plus tôt ; Johnny était présent à la générale de Sylvie au Palais des Congrès et s'était déclaré ravi et fier du succès de sa femme. Ils s'expriment à travers deux interviews séparées qui ne laissent guère d'espoir de les voir à nouveau réunis.

> Lorsqu'un homme et une femme ne peuvent plus vivre ensemble, ils doivent avoir le courage de se séparer. Parfois, le divorce est une preuve de sagesse... Quand nous nous

sommes connus, Johnny et moi, j'ignorais que si les absences pouvaient prolonger l'amour, elles pouvaient le détruire aussi... Malheureusement, cela devait finir ainsi. Quand Johnny avait besoin de moi, j'étais absente, quand j'avais besoin de lui, il était loin. Ce ne sont pas ses aventures qui ont tout gâché. Lorsqu'on a un mari beau et célèbre, exiger qu'il soit fidèle est une attitude de sotte... David est le plus beau cadeau que Johnny m'aura fait. Il restera avec moi parce qu'à son âge, un enfant a davantage encore besoin de sa mère[35]...

C'est son amie Françoise qui s'exprime le mieux sur le sujet : « J'enviais aussi à Sylvie sa hauteur de vue à propos des aventures qu'on prêtait à Johnny, le deuxième homme de sa vie. Elle les prenait pour ce qu'elles étaient – pas grand-chose – et ne se détruisait pas inutilement en se laissant aller aux affres de la jalousie comme je l'aurais fait à sa place[36]... »

À la même époque, Sylvie se voit honorée d'une reconnaissance à laquelle elle ne s'attendait pas du tout. Le très respecté hebdomadaire d'informations *L'Express* organise un référendum auprès de ses lectrices, leur demandant d'élire les femmes qu'elles admirent le plus en cette année 1976. La première place est attribuée à Simone Veil, ce qui n'étonne personne. Au rang de numéro deux, les Françaises élisent Sylvie Vartan. Cette dernière est perplexe. Pourquoi elle ? Autant Mme Veil mérite plus que largement cet éloge, autant elle... Selon Sylvie, ce statut s'adresse à des scientifiques, des personnes qui par leur engagement font avancer la société. En tant qu'artiste, elle considère qu'elle fait avant tout ce métier par plaisir. Ce à quoi elle ne pense pas, c'est la reconnaissance du public auquel elle apporte une évasion salutaire, un bonheur à la télévision comme dans les salles où il vient l'applaudir et dont il ressort des étoiles plein les yeux. Il y a autre chose aussi. La vie de Sylvie est tellement médiatisée depuis ses débuts que les gens l'associent à une femme indépendante, qui s'assume et ne baisse jamais la tête devant ses difficultés personnelles.

La vie c'est comme un dancing disco

Alors que Sylvie repart sillonner l'Hexagone, France et Michel s'envolent pour un petit tour des États-Unis. Ils passent par New York pour gagner la Californie où ils séjournent à Los Angeles et à San Francisco. Ce qui frappe Michel au cœur, c'est un son nouveau qu'on entend encore assez peu en Europe, mais qui a ici inondé clubs et boîtes de nuit, un type de lieu qui ne lui est guère familier. France l'y entraîne. Surtout à San Francisco. Il écoute et observe la joie collective que déclenche cette nouvelle musique appelée disco, sur le point d'envahir le monde entier cette même année. Ce phénomène vient de donner une nouvelle direction à son inspiration qu'il compte bien utiliser pour France.

De retour à Paris, il se met au travail pour le prochain album de sa femme qui sera forcément influencé par ce courant musical, mais avec sa patte tout de même. C'est à peu près à ce moment-là aussi que des idées pour un prochain opéra rock lui viennent...

Qu'y a-t-il dans le cœur des femmes ?

Sheila aligne toujours les tubes. Le son de ses disques est au top mais les paroles de ses succès lui correspondent de moins en moins. Autant Claude Carrère s'est inspiré d'elle des années auparavant, autant seule la course au hit semble l'intéresser maintenant. Il maintient sa lionne au sommet, mais en cage. Entre le chaos de sa vie privée et les textes qu'il lui fait interpréter, le manager ne semble pas percevoir la détresse de l'artiste. Car les paroles ne traduisent plus ses états d'âme, ni ne la projettent vraiment. Carrère ne peut pourtant ignorer les difficultés de son couple et le comportement de plus en plus délétère de Ringo.

Sans doute le manager commence-t-il à se sentir prisonnier des deux stars. D'un côté « sa » Sheila de toujours, celle qu'il a créée et qu'il veut, au-delà des modes, conserver intacte. De l'autre un Ringo qui va de succès en succès et vend désormais des quantités de disques comparables à celles de son épouse. Les présenter comme le couple idéal devient de plus en plus complexe et les textes des nouveaux titres de la chanteuse s'en ressentent. Que ce soit *Un prince en exil* ou *Patrick, mon chéri*, ils n'ont plus rien à voir avec sa propre existence. Elle se sent sûrement plus proche du 45 tours *Les Femmes*, qui ne fera pas date : « *Après cinq ans on croit se connaître / Et l'amour est bien installé / Mais un jour l'aventure plane sur nos têtes / Et ailleurs on va s'envoler / Qu'y a-t-il dans le cœur des femmes ? / Tant de choses qu'elles-mêmes parfois n'en savent rien.* »

Carrère, restant somme toute cartésien, propose à la jeune maman une chanson à destination des enfants. Une direction dans laquelle Chantal Goya vient de s'orienter avec bonheur.

De l'autre côté du miroir

Mais ce rôle correspond-il à celle qu'il a lancée quinze ans plus tôt ? Elle hésite, puis enregistre un peu à contrecœur *L'Arche de Noé*, qui devient un tube, donnant raison au producteur dans son choix. Même les Carpentier s'en régalent lorsqu'ils la lui font interpréter avec Michel Sardou, Enrico Macias, Serge Lama, Claude François et Jean-Claude Brialy dans le rôle des enfants. Sheila n'en est pas heureuse pour autant, mais comment oser se plaindre lorsqu'on vient de vendre près de 400 000 disques ?

Chapitre 3

Musique

> *... Et que chacun se mette à chanter*
> *Et que chacun se laisse emporter*
> *Chacun tout contre l'autre serré*
> *Chacun tout contre l'autre enlacé*
> *L'un contre l'autre...*
> *Musique...*
> *Déposons nos armes à nos pieds*
> *Renvoyons chez elles nos armées*
> *Jetons à terre nos boucliers*
> *Claquons des doigts et frappons du pied, ooh*
> *Un deux trois quatre*
> *Musique*
> *Douce, douce, douce, douce, douce, musique...*

Voilà l'idée avec laquelle Michel Berger est rentré des États-Unis, puis les quelques mots qu'il a demandé à France d'improviser sur la fin du refrain, ce dont il la sait parfaitement capable. Il vient de créer un hymne, le premier classique de Berger pour France. En avril 1977, date de sa

De l'autre côté du miroir

parution, l'album *Dancing Disco* et le 45 tours *Musique* font une entrée fracassante dans la variété française. France est invitée outre-Atlantique pour se voir remettre un disque d'or par le président de la Warner lui-même. *Musique* est un standard instantané. Comment ne pas être porté par un tel triomphe ? Le son Gall-Berger, déjà en route, s'impose définitivement. *Dancing Disco* est l'album qui scelle la collaboration des deux artistes. C'est grâce à France que Michel accède enfin à cette entité que l'on nomme le grand public. Cette artiste a un sacré destin. Après Gainsbourg, voilà le second auteur-compositeur visionnaire qu'elle fait sortir de l'ombre.

Dancing Disco est un album concept, racontant l'histoire de la jeune Maggie, barmaid dans une boîte de nuit. Ce qui ressemble étrangement au mode de vie de France elle-même qui n'est décidément pas du matin et apparaît rarement avant le début de l'après-midi. Le disque renferme un autre classique, d'un style différent, *Si maman si*, qui passe tout autant que le titre phare à la postérité.

Tous mes amis sont partis
Mon cœur a déménagé
Mes vacances c'est toujours Paris
Mes projets c'est continuer
Mes amours c'est inventer
Si, maman, si
Si, maman, si
Maman, si tu voyais ma vie
Je pleure comme je ris
Si, maman, si
Mais mon avenir reste gris
Et mon cœur aussi...

L'une des chansons favorites, entre toutes, des admirateurs de France. C'est à la même époque que Michel, dont les rêves de comédie musicale remontent à plusieurs années, se lance dans l'écriture de ce qui deviendra son premier opéra rock, *Starmania*. Ce spectacle qu'il veut ultramoderne doit notamment traduire des phénomènes qui vont s'amplifiant : les violences urbaines, l'affairisme et les différences de classes. Il sait qu'il aura des difficultés à exprimer cette violence avec son écriture si poétique. France, qui apprécie la chanteuse québécoise Diane Dufresne, lui fait écouter l'un de ses albums, dont certains des titres sont en effet assez agressifs. Elle travaille avec les duettistes, François Cousineau, son compositeur et compagnon, et Luc Plamondon, son auteur. Les deux artisans du premier tube de la jeune femme, *J'ai rencontré l'homme de ma vie*. Michel est stupéfait, c'est exactement le ton qu'il recherche pour son histoire.

Love Me Baby

Un jour où elle se trouve au siège des éditions Carrère, énorme maison de production bâtie grâce à sa réussite, Sheila entend une sorte de salsa disco, qui attire immédiatement son attention. Elle veut ce morceau, il est pour elle, clame-t-elle lorsqu'elle entre dans le bureau de Claude. « Euh, mais... », tente de répondre le producteur. Il semble hésitant, mais Sheila insiste et arrive à ses fins. « Cette chanson doit rester en anglais, mais sans mon nom sur la pochette, pense-t-elle, elle est faite pour les clubs, et dans les clubs, mon nom ne passera pas. » Elle a raison. Alors comment faire ?

De l'autre côté du miroir

Petit retour en arrière. Carrère, dont les affaires n'ont jamais cessé de prospérer, distribue à présent en France des groupes ou artistes étrangers. Parmi lesquels Boney M, qui vient de connaître un triomphe, l'année précédente, avec *Daddy Cool*. Dès lors, il décide de surfer sur cette musique festive qui cartonne notamment en Allemagne grâce au compositeur Giorgio Moroder. Il demande à l'un de ses arrangeurs-compositeurs d'écrire un morceau dans ce style, ayant pour idée de le faire chanter par une choriste, qui pourrait être accompagnée d'un ballet. C'est cette chanson que Sheila découvre ce jour-là et qu'elle souhaite interpréter. Elle va être suivie en permanence par une coach pour travailler son anglais. Bientôt la chanson prend forme, les paroles sont revues et corrigées. Trois danseurs vont former un groupe, qui sera baptisé S.B. Devotion, le S faisant référence à Sheila. Le but de ce stratagème : lancer le titre en club et en radio, comme s'il s'agissait d'un nouveau groupe, histoire de faire oublier la popularité de l'interprète, qui ne passerait pas auprès des DJ branchés des boîtes de nuit.

Bien accueillie en radio et club, *Love Me Baby* ne fait, bien sûr, pas l'objet de promotion télé. Jusqu'à ce que des fans reconnaissent la voix de la chanteuse et fassent le siège du standard téléphonique de RTL. C'est Sheila ! L'information fuite et, bientôt, Claude Carrère décide d'une seconde pochette, avec la même illustration mais où figure, cette fois, le nom de Sheila. Le groupe devient Sheila B. Devotion. Surprise, cela ne semble déstabiliser personne, au contraire, le disque continue son chemin encore plus fort. Sheila B. Devotion prend d'assaut les télévisions, c'est l'apothéose. Ce total changement de look, de style, laisse le public sans voix ! Dans un minishort pailleté fuchsia surmonté d'un crop top rose, elle danse en bottes rose pâle. Petite touche sexy, le foulard Charles Jourdan qu'elle a noué autour de sa cuisse, juste au-dessus du genou. Ses cheveux, raides et sans apprêt particulier, sont retenus en arrière. Les trois danseurs noirs qui forment les B. Devotion sont vêtus de couleurs tout aussi acidulées et la jeune femme évolue en toute liberté parmi eux.

Cette chanson, typique du disco européen, passe rapidement les frontières, via les connexions de Claude Carrère. Bientôt Sheila B. Devotion est accueilli partout. Télés, radios, ils sont complètement assimilés à ce mouvement qui rayonne dans le monde entier. Sheila, qui n'était guère représentée à l'étranger jusque-là, se voit ouvrir une voie royale, car elle n'a pas d'étiquette. Ni yéyé, ni d'aucune autre tendance, c'est comme si elle était vierge de ses quinze premières années de carrière et se lançait, sur cette nouvelle vague, comme de très nombreux artistes à l'époque. C'est une chance, bientôt récompensée par la vente de plusieurs millions de ce premier succès né dans des studios on ne peut plus parisiens. Le dynamisme et la chorégraphie de la meneuse du groupe accrochent, mais cette fois dans plus d'une dizaine de pays. Un événement qui lui permet de renouveler son genre musical, et surtout de voyager en s'affranchissant de la présence permanente de son manager. En tant qu'artiste, elle découvre via le disco ce qu'est la liberté.

Star

C'est le titre de l'album annonçant le retour de Françoise Hardy. Il n'est pas rare qu'un disque naisse sur un coup de

De l'autre côté du miroir

cœur pour une chanson. Ici, celle de l'Américaine Janis Ian, *Stars*, que Françoise reçoit droit au cœur et adapte aussitôt en français. Il s'agit d'un morceau sublime mais qui dure sept minutes trente, ce qui exclut toute promotion en radio ou en télé. Il est imparable pour Françoise : il décrit les malaises qu'elle a pu ressentir sur scène des années durant, à l'inverse de ses consœurs, une en particulier, Sylvie, qu'elle dépeint dans des vers délicats.

> *On arrive sur scène comme des lions dans l'arène*
> *On ne vous fait pas de cadeaux, on défend sa peau*
> *Certains sont sifflés, d'autres consacrés,*
> *Certains ne s'en remettent jamais*
> *De bons en mauvais rôles*
> *On passe sa vie dans des bars tristes*
> *Des music-halls*
> *Ce n'est pas toujours drôle...*
> *Moi j'aime bien les musiciens*
> *Quand ils se défoncent jusqu'au matin*
> *Il y a quelques femmes qui savent bouger*
> *Trois pas et c'est gagné*
> *Peut-être si j'essayais, je pourrais y arriver...*

Ce n'est donc pas ce titre, sensible et autobiographique, qui va être choisi pour la promotion, mais *Flashback*, une chanson mid-tempo, dont les paroles ont été confiées à Luc Plamondon. Cet auteur québécois, qui a révélé Diane Dufresne et sera surtout le parolier de *Starmania*, fait employer à Françoise des mots qui ne lui correspondent pas toujours. Tout comme Michel Jonasz qui offre sa première collaboration sur cet album. Malgré tout, le disque lui permet de rencontrer des artistes de talent, notamment

Gabriel Yared, un futur fidèle, ou le jeune William Sheller qui débute avec succès. On y trouve aussi le retour de Serge Gainsbourg et Catherine Lara, mais pour des titres qui ne seront pas exploités. Les morceaux les plus forts sur *Star* restent ceux dont Françoise écrit les paroles. Par bonheur, il y en a six et notamment l'universel et intemporel *Chanson sur toi et nous*.

> *Mon amour,*
> *Tout ce temps avec toi fut si court*
> *Mon amour,*
> *Les années ont passé comme des jours...*
> *Au bout des caps difficiles*
> *Et des illusions fragiles*
> *Qui peuvent casser les choses en deux*
> *J'aimerai autant ta vieillesse*
> *Que j'ai aimé ta jeunesse*
> *Si c'est là, ce que toi tu veux...*

Une tigresse de la scène

France a fait de son album *Musique* un classique définitivement inscrit dans le paysage de la jeune variété française. Mais, sur cette fin d'année, ce sont Sylvie et Sheila qui se démarquent. L'une à la scène, l'autre en succès discographiques. C'est avec l'aide de Claude Thompson, son nouveau chorégraphe, que Sylvie construit dès le printemps 1977 son nouveau show, qui débarque en octobre au Palais des Congrès. Le spectacle est accueilli avec le même enthousiasme que le précédent. Dans son rôle de show woman, Sylvie a un boulevard devant elle. Les murs de Paris la présentent en tigresse depuis le début du mois de septembre. Le photographe de mode Helmut Newton l'a désormais incarnée dans cette image qui lui colle à la peau, une meneuse de revue pop et moderne. Au centre d'un labyrinthe de miroirs, elle danse, féline, avec une troupe de filles qui, ultime provocation pour les pythies du show-biz, sont vêtues de vert ! Couleur, on le sait, censée porter malheur sur scène ! Vartan n'est pas superstitieuse. On la retrouve ensuite en body rouge signé Bob Mackie, le couturier de la scène américaine, encadrée de garçons, cette fois pour un ballet cosmique aussi sexy qu'acrobatique. *Dancing Star*, un numéro démentiel, clôt le show en deux tableaux.

Comme cela a été le cas pour le spectacle précédent, deux semaines de prolongations sont programmées au Palais pour mars et avril 1978.

Singin' in the Rain

La réception de *Love Me Baby* incite Claude Carrère à persister dans cette voie, d'autant que cette fois il y a eu ouverture à l'international. Cette année-là, les reprises de standards sont dans l'air du temps. *La Vie en rose* vient de lancer Grace Jones en trombe. Gloria Gaynor a fait un hit avec un standard de Cole Porter, *I've Got You Under My Skin*. On pense alors à *Singin' in the Rain*, tirée du film du même nom, l'un des classiques de la comédie musicale américaine des années 1950, interprété alors par Gene Kelly, icône absolue de ce genre avec Fred Astaire. Sheila est enchantée. Une adaptation est mise en chantier, laquelle se décline en un morceau de plus de sept minutes pour les clubs et en une version raccourcie pour les radios et les télés. Deux disques sortent au début de l'automne. Un album en anglais et un single. Non seulement la réception est excellente, mais elle dépasse les espérances les plus folles de la société Carrère, car une trentaine de pays vont les distribuer et presque autant réclament le groupe Sheila B. Devotion pour les télés, voire des représentations publiques. Pour Sheila qui ne pense qu'à la scène depuis tant d'années, c'est le rêve. Rapidement, une logistique se met en place pour transporter les artistes. Claude Carrère voit les choses en grand et soigne sa troupe qu'il fait voyager en jet privé. Si le rythme est éreintant, la bonne humeur et l'enthousiasme sont toujours au rendez-vous. Partout, l'accueil est délirant. Au-delà des télés, il y a les festivals, comme celui de Sanremo, en Italie, mais aussi d'autres manifestations musicales auxquelles sont conviés de nombreux groupes et artistes européens. Tous chantent cette musique faite pour danser qui met le public en transe. *Singin' in the Rain* se vend à plus de 6 millions d'exemplaires dans le monde et l'album dont il est extrait, à plus d'un million. En comptant les ventes de *Love Me Baby*, on dépasse les 10 millions en moins d'une année. Claude Carrère est en train de développer un empire grâce à sa « jolie petite Sheila ».

Avant de continuer sa promotion, elle s'offre une parenthèse cinéma en participant à la bande son de l'un des films les plus populaires du début de l'année 1978, *Hôtel de la plage*. Sa chanson porte le titre du film. Chronique de vacances familiales bien ancrée dans son époque, le long métrage fait un succès avec 2 800 000 entrées. Les paroles, bien qu'en anglais, traduisent la simplicité de ces familles partant chaque été rejoindre le même petit hôtel. Le 45 tours de Sheila, plus disco que jamais, renforcé par sa face B, *I don't Need a Doctor*, se vend à 400 000 exemplaires en France. C'est Mort Shuman qui en signe la musique comme celle du film.

Hôtel de la plage, hôtel de la plage
Those days we didn't have much money
The room was small and ordinary
But when you woke up in morning sunlight
It was the Beverly Hills...

Elle, qui jusqu'alors n'avait guère voyagé, se rattrape allègrement. Au printemps, elle s'envole pour Los Angeles où les équipes de la filiale américaine de distribution de ses disques organisent une promotion sur certaines radios et dans quelques discothèques. Le point d'orgue étant la rencontre entre la chanteuse française et la star américaine Gene Kelly. Laquelle se passe au mieux, sous l'œil des photographes et journalistes afin de relayer l'événement un peu partout. Le retour en Europe est prévu pour le lancement de *You Light My Fire*, conçu par la même équipe. Pour l'occasion, Sheila B. Devotion est invité à participer à la coupe de Vérone et à chanter dans l'un des plus grands festivals italiens devant 30 000 personnes. Ce nouveau titre va également rencontrer le succès dans plusieurs pays.

France sur scène

Après son succès discographique, qui n'a cessé de se développer depuis sa rencontre avec Michel, ce dernier pense qu'il est temps pour France de monter sur scène. Elle a, comme on dit dans le métier, suffisamment de « matériel » pour que le public se déplace. Michel l'observe depuis presque quatre ans et sait que l'énergie qui l'habite peut donner quelque chose de formidable. Il est d'abord confronté non pas à un refus, mais à une certaine réticence de la part de sa femme. La scène, elle l'a beaucoup pratiquée dès ses débuts, seulement voilà, elle n'en garde pas un bon souvenir. C'est même ce qui l'a conduite à arrêter, au grand regret de son père, Robert. Michel, qui sait parfaitement comment se passaient les concerts de la décennie précédente, la comprend. Il l'entend lorsqu'elle lui décrit cette impression détestable d'être seule, avec les musiciens qui jouaient derrière elle, et donc, ne formaient pas une entité cohérente. Ce dont Sylvie, par exemple, aux musiciens hors pair, longtemps dirigés par son frère, avant de l'être par des Anglais qui avaient la musique dans la peau, n'a jamais souffert. Avec son frère ou avec Micky et Tommy, elle était soutenue, faisait partie du groupe. France, elle, avec des formations plus classiques, n'a pas connu ça.

Ensemble, ils réfléchissent et conçoivent, petit à petit, un spectacle qui n'aura rien à voir, dans lequel France sera au centre et en totale connivence avec musiciens, choristes et danseurs. Pour le lieu, ils choisissent le théâtre des Champs-Élysées, superbe écrin de 2 000 places, qui marque déjà une certaine originalité pour un spectacle pop, la salle étant en grande partie dédiée à l'art lyrique et à la musique classique.

Ne parvenant pas à réunir les musiciens auxquels ils avaient initialement pensé, ils s'arrêtent sur une idée originale de France. Pourquoi ne pas s'entourer d'une équipe entièrement composée de filles ? Michel est séduit. De toute façon, il faut y aller, avec un tel début de catalogue, de tels dons d'improvisation, France doit monter sur scène.

Avril 1978, elle est programmée pour une semaine dans ce fabuleux théâtre. Pour l'occasion, Michel lui a offert une toute nouvelle chanson, sur laquelle se fait la promotion. *Viens, je t'emmène*. C'est à nouveau un tube. La salle est pleine, le spectacle un succès, mais France regrette de ne pas pouvoir se donner comme elle l'aurait voulu. Elle découvre, dès le début des répétitions, qu'elle est enceinte. Folle de bonheur, elle ne cherche pas à s'économiser, d'ailleurs la moitié de ses chansons sont plus toniques les unes que les autres. Michel la calme, lui demande de se ménager, elle aura l'occasion de renouveler l'essai. Depuis les coulisses, un peu inquiet, il est obligé de lui faire chaque soir des signes afin qu'elle ralentisse le rythme. Un nouveau pas est franchi pour France qui, pour la première fois de sa vie, vient de prendre du plaisir à chanter et jouer au sein d'une troupe. Son bonheur est si communicatif que le public n'y résiste pas. Une nouvelle artiste de scène commence à s'installer parmi les quatre filles.

Musique saoule

À l'automne 1978, Françoise retrouve le compositeur et arrangeur de son précédent album, Gabriel Yared. Il est rejoint par Michel Jonasz, en train de devenir un auteur-compositeur et interprète parmi les plus en vue de cette fin de décennie. Françoise écrivant de moins en moins, il se charge de la quasi-totalité des textes du nouveau projet. S'il se montre capable de renouveler son image et de notamment lui amener un public plus jeune, cela n'ira pas sans problèmes.

Les univers de Jonasz et Françoise sont très dissemblables. Si elle aime le travail de Michel, la chanteuse a cependant beaucoup de mal, en tant qu'interprète, à se fondre dans ses mélodies souvent rythmiques. Notamment, dans le titre phare de l'album, *J'écoute de la musique saoule*, qui, à travers une série de jeux de mots, est une ode à ce genre musical, dont Jonasz est l'une des grandes signatures françaises du moment.

La chanson est bien accueillie par les radios et, largement diffusée, fait décoller les ventes du single comme de l'album. Elle attire également l'attention car il est rare d'entendre Françoise Hardy sur un tempo rapide.

> *J'écoute de la musique saoule à rouler par terre*
> *Dans un night-club ou déboule un funky d'enfer*
> *Toute seule, si quelqu'un me l'a volé*
> *Toute seule, que les sorties soient fermées...*
> *Les scarabées d'or attaquent*
> *Tutti frutti en sol*
> *Faut qu'j'me trouve un homme un crac*
> *Chinois mongol, prince du pétrole*
> *Le roi du bonbon menthol*
> *J'écoute de la musique saoule*
> *À rouler par terre...*

C'est du pur Jonasz et en télé cela devient criant. Françoise est mal à l'aise sur le rythme trépidant, tout autant que sur les paroles. Malgré tout, c'est le morceau qui lui remet le pied à l'étrier en fin de décennie, cinq ans après *Message personnel*. En outre, Yared et Jonasz montrent à quel point ils ressentent le personnage de Françoise à travers quelques perles, plus belles les unes que les autres, dans lesquelles elle se love à la perfection. *Nous deux nous deux et rien d'autre* et *Brouillard dans la rue Corvisart*, qui devient son premier duo avec Jacques Dutronc, valent à elles seules la publication de l'album.

Starmania

Alors que Pauline naît le 14 novembre 1978, Michel travaille avec l'auteur québécois Luc Plamondon sur leur projet d'opéra rock. Le 10 avril 1979, *Starmania* donne son coup d'envoi, pour une durée d'un mois, sur la scène du Palais des Congrès. C'est le premier spectacle français de ce genre. L'affiche n'a pas été facile à réunir, France a aidé Michel à trouver les artistes qui feront des chansons de cette œuvre des tubes intemporels. Tout d'abord, le jeune Daniel Balavoine, qu'ils ont repéré grâce à l'une de ses premières chansons, *Lady Marlène*, parue juste avant le tube qui va le lancer, *Le Chanteur*. Il a une tessiture incroyable, du charisme et la violence nécessaire au personnage de Johnny Rockfort, le héros de l'histoire. Il est accompagné, entre autres, par les Canadiens Diane Dufresne, Claude Dubois, Fabienne Thibeault et l'Américaine Nanette Workman. Et France Gall, bien sûr, qui joue la jeune journaliste de télévision, Cristal.

Dans un futur proche, Johnny Rockfort, chef de la bande des étoiles noires qui terrorisent la ville de Monopolis, est sous l'emprise de sa partenaire Sadia. Cette dernière projette d'offrir à Cristal, la belle présentatrice de l'émission télé « Starmania », qui promet la gloire à tous ses candidats, une interview exclusive. Rendez-vous est pris en secret, mais lorsque Cristal et Johnny se rencontrent, c'est le coup de foudre ! Ensemble, ils vont préparer un attentat contre la tour du milliardaire Zéro Janvier. Folle de jalousie, Sadia les dénonce. Cristal et Johnny seront tous deux tués par les hommes du magnat...

Le personnage de France, Cristal, l'animatrice-vedette de « Starmania », était inspiré par Patty Hearst, fille d'un milliardaire enlevée par des terroristes et qui, victime du syndrome de Stockholm, prit fait et cause pour eux...

Dans le spectacle, France interprète quatre titres dont deux duos avec Daniel Balavoine. Comme elle l'expliquera plus tard, c'était pour elle un challenge de se mêler à de tels talents vocaux, ce qui l'obligeait soir après soir à se dépasser, notamment pour tenir ses notes dans les aigus.

Le disque, enregistré un an avant les représentations, a déjà obtenu un triomphe, qui se chiffre, après la diffusion du spectacle, à plus de 2 millions d'exemplaires. Sur l'ensemble des chansons, on ne compte pas moins de huit tubes, dont trois standards : *Les Uns contre les autres*, *Le monde est stone*, qui lancent la carrière de Fabienne Thibeault, et *Le Blues du businessman*, qui renforce celle du Canadien Claude Dubois.

Soit une récompense incroyable pour l'osmose des talents de Berger à la musique et de Plamondon aux textes. On ne le sait pas encore, mais ces chansons vont traverser le temps et seront adaptées par les plus grands artistes internationaux. Bien que le spectacle soit un succès, la durée des représentations n'est pas prolongée. *Starmania* réunit définitivement les cultures musicales canadienne et française et scelle un pacte artistique indéfectible entre les deux nations.

Freak out ! Sheila c'est Chic !

Grâce à la diffusion américaine de *Singin' in the Rain*, le groupe Chic entend parler de Sheila. Créé en 1976 par l'union du guitariste Nile Rodgers et du bassiste Bernard Edwards, ils arrivent au moment où le disco, à maturité, va laisser la place au funk. Ils viennent d'être mondialement reconnus avec leurs tubes *Le Freak* en 1978, puis *Good Times*, l'année suivante. Leur couleur musicale, immédiatement identifiable, les amène à être remarqués par les plus grands artistes. Aux États-Unis, les Sister Sledge, un groupe de filles qui chantent depuis le début de la décennie, vont, les premières, bénéficier de leur talent. *He's the Greatest Dancer*, en décembre 1978, suivi de l'album *We Are Family*, en janvier, les propulse en tête des hit-parades et les remet dans la lumière. Rodgers et Edwards sont alors approchés par la Tamla Motown pour produire le nouvel album de Diana Ross. Dans le même temps, Claude Carrère apprend qu'ils aimeraient lancer un disque pour une chanteuse de disco européenne, sachant que cette musique cartonne particulièrement sur le Vieux Continent. Ils connaissent bien *Singin' in the Rain* par Sheila, populaire dans les clubs de la côte est, et ils n'ignorent pas qu'elle a même fait un passage à « Top of the Pops » à Londres. Ils prennent conscience des chiffres affolants qu'elle vient de réaliser dans toute l'Europe. Ils acceptent donc l'approche de Carrère et rencontrent la jeune femme, qui à l'époque vit à New York. Les musiciens font des essais pour tester ses tonalités et promettent quelques titres dans les semaines à venir.

Alors que Sheila est rentrée en France pour retrouver Ludovic, la société Carrère reçoit la maquette du futur *Spacer*. En vacances à Saint-Tropez, la chanteuse, très excitée, s'enferme dans son 4 × 4 et écoute la bande à fond. Elle en a les larmes aux yeux... Mais se rend vite compte, avec horreur, que le morceau, pourtant magnifique, ne correspond pas du tout à sa tessiture vocale plutôt située dans les aigus. Claude Carrère se manifeste et s'entend répondre par les deux musiciens américains qu'ils détestent quand Sheila chante trop haut et qu'ils sont certains d'arriver à la faire chanter différemment. Rendez-vous est pris pour enregistrer un album complet.

Tout contrarié qu'il est, Claude Carrère comprend que, cette fois, il risque de ne pas être le seul maître à bord. De toute manière, il est trop tard pour tergiverser. Les séances d'enregistrement doivent commencer dans les jours qui suivent. Claude Carrère, Sheila et quelques-uns des membres du staff de la chanteuse s'envolent pour les États-Unis en *Concorde*. Arrivée le matin, elle entre en studio l'après-midi même, au fameux Power Station de New York.

C'est en ces lieux mythiques qui voient défiler les plus grands noms de la musique anglo-saxonne que Sheila est attendue. Carrère, venu avec une étrange mallette noire, explique à Edwards et Rogers qu'il s'agit d'une chambre d'écho, un instrument magique permettant de donner à la voix de Sheila son éclat. Les deux musiciens en restent sidérés ! Puis décident de l'éconduire aimablement, comme seuls les Américains savent le faire. Ici, les patrons, c'est eux. Ils vont faire chanter Sheila comme ils l'entendent et en fonction du son qu'ils comptent donner au disque. Que M. Carrère ne s'inquiète de rien, il y a au Power Station Studio tout le matériel nécessaire ! Le producteur, furieux, quitte l'endroit, laissant sa protégée aux bons soins de ces deux artistes du Nouveau Continent qui ont une manière bien curieuse d'accueillir les Français.

Lorsque la chanson sort, à l'automne 1979, en France mais aussi dans 32 pays à travers le monde, dès les premières notes, on reconnaît le son magique de Chic. Vocalement, Sheila commence avec les chœurs sur une tonalité plutôt aiguë, puis vient la surprise. La chanteuse continue seule, dans les graves. C'est la première fois qu'on l'entend chanter sur cette tonalité qui lui va finalement très bien. Et c'est le résultat du génie des deux producteurs les plus inventifs du moment. *Spacer* s'inscrit d'emblée dans le top 5 des hits de Chic : *Le Freak* et *Good Times* par le groupe lui-même, *Upside Down* par Diana Ross et *Let's Dance* par David Bowie.

Un peu partout en télévision, mais aussi dans un vidéoclip, les membres de Sheila B. Devotion arborent des combinaisons argentées et se lancent dans une chorégraphie où ils font virevolter des bâtons fluorescents.

Au milieu de ce tumulte, qui s'avère être l'une des périodes les plus porteuses de la carrière de Sheila, son divorce avec Ringo, début novembre, passe presque pour une formalité. Leur relation s'est étiolée depuis plusieurs années déjà : ils ne se fréquentent plus et le lien du mariage a perdu son sens. Évidemment, Claude Carrère, leur producteur commun, n'est pas d'accord, principalement en raison de l'image que la séparation pourrait donner de son artiste phare. Il craint que le public le plus traditionnel de la chanteuse n'accepte pas la nouvelle. Peu de temps après cette officialisation, la carrière de Ringo, qui s'essoufflait depuis un moment déjà, connaît un terme définitif. Mais le véritable drame, dans cette affaire, s'appelle Ludovic, un petit garçon né quatre ans plus tôt, qui n'aura, pour ainsi dire, ni vu ni connu son père. En fin d'année, Sheila part s'installer avec son fils à New York et l'emmène passer Noël en Floride.

Professionnellement, elle vient de vivre la collaboration avec Chic comme un électrochoc. Les duettistes du groupe l'ont révélée à elle-même. Elle prend conscience de ses limites et surtout de sa capacité à les dépasser. De la manière dont elle a été contenue jusque-là dans un style unique, elle qui, si curieuse, a tant besoin de découvertes. Elle décide alors de vivre alternativement entre New York et la France. De l'autre côté de l'Atlantique, elle s'inscrit à des cours de danse et de comédie. Toujours dans cette idée d'être une véritable artiste de scène : une envie freinée par son producteur, ce qui la frustre profondément.

Nicolas

Nicolas, Nicolas, mon premier chagrin s'appelle comme toi...
On était des enfants, notre peine valait bien celle des grands
Nicolas, Nicolas, c'était de l'amour on ne le savait pas
C'est la vie qui nous prend
Qui nous emmène où elle veut et où elle va...

Au printemps, Sylvie est revenue de Los Angeles avec un album américain, très côte ouest. Les arrangements sont superbes, les chansons imparables, mais pas pour la France qui lui réserve un accueil timide. Aussi les équipes de RCA chargent-elles Eddie de trouver de nouvelles chansons en français. C'est pour ce disque qui paraît à l'automne qu'il a déniché un air du folklore hongrois, devenu, sous la plume de Michel Mallory, *Nicolas*. Lorsqu'il présente la chanson à Sylvie, elle la lui refuse, lui trouvant des accents faussement autobiographiques. Sa biographie en chanson, elle l'a, c'est *La Maritza*. Eddie insiste, Sylvie l'enregistre et c'est le tube de l'album, tellement bien reçu par le public qu'elle sera obligée de le reprendre dans chacun de ses concerts. Le single et le 33 tours sont tous deux disques d'or en un temps record.

C'est forte de ce succès qu'elle entre dans les années 1980, puisqu'on entend le titre jusqu'à l'été suivant à la télé comme à la radio. Le 26 mars 1980, Guy Lux offre un spécial « Palmarès » à Sylvie Vartan, dans lequel elle interprète dix titres dont plusieurs ballets. C'est un record d'audience pour l'émission. L'artiste est au sommet de sa popularité.

Paris France

C'est le troisième album en quatre ans entièrement écrit et composé par Michel pour France. Il renferme quelques textes où l'auteur-compositeur continue d'égrener son talent de visionnaire, le tout lié par une cohérence musicale et une grande sobriété. Le premier extrait s'intitule *Il jouait du piano debout*.

Il jouait du piano debout
C'est peut-être un détail pour vous
Mais pour moi, ça veut dire beaucoup
Ça veut dire qu'il était libre
Heureux d'être là, malgré tout...

Une chanson enlevée, hommage à un grand pianiste. Au départ, tout le monde pense à Elton John, star incontournable de l'époque, pianiste hors pair, capable de jouer dans toutes les positions. Il ne s'agit pas de lui, expliquent France et Michel, mais de l'un de ses aînés, Jerry Lee Lewis, chanteur de rock et de rhythm and blues, prodige du piano connu dès le milieu des années 1950. À lui seul, il est capable de faire oublier la puissance des grands orchestres en vogue jusqu'alors. Il atteint des sommets avec des titres comme *Whole Lotta Shakin' Goin' On*, *Great Balls of Fire* et bien d'autres. Une heureuse source d'inspiration puisque la chanson de France grimpe en tête de tous les hit-parades et reste au sommet durant tout l'été, frôlant le million d'exemplaires.

Mais il est des miracles qui en attirent d'autres. Au cœur du mois de juillet, alors qu'ils sont en vacances dans leur maison du Sud-Est, France et Michel reçoivent un appel téléphonique d'un certain Elton John. Michel décroche et raccroche aussitôt, croyant à une plaisanterie. Le téléphone sonne à nouveau, l'homme insiste, il s'agit bien d'Elton John, tombé amoureux de la chanson de France, qui leur propose de les rencontrer à Saint-Tropez, où il séjourne. France et Michel, tous deux admirateurs de l'artiste britannique, se regardent, incrédules. Il leur explique qu'il est fou de la musique de Michel, de la voix de France et qu'il souhaite enregistrer un disque composé par Michel en duo avec la chanteuse ! Déjà abasourdi par le succès de l'album de France, le couple vole sur un petit nuage, qui les amène à Los Angeles mi-août pour enregistrer les premiers duos auxquels Michel s'est déjà attelé.

King of the World

On l'attendait depuis la déferlante *Spacer*, il est annoncé par d'immenses affiches sur les murs de la capitale, l'album de Sheila composé par Chic sort à la fin du printemps. Le visuel est étonnant. Sanglée dans une combinaison rouge, la chanteuse saute en parachute devant un coucher de soleil orangé. C'est déjà surprenant mais ça le devient encore plus lorsque l'on repère, dans le fond, les ptérodactyles qui volent autour d'elle ! Cette ambiance *Jurassic Park* avant l'heure colle bien à l'ambiance science-fiction de *Spacer*. Les B. Devotion viennent la rejoindre au dos de la pochette et continuent de l'accompagner dans les clips et à la télévision, sur plusieurs continents. Le titre de l'album, *King of the World*, fait l'objet d'un single. Alors que l'accueil international est bon, il est plus timide en France. La patte de Chic est pourtant au rendez-vous de chacune des chansons.

Rapidement, l'équipe de Sheila se remet au travail pour l'Hexagone, mais il va falloir intégrer le saut dans l'espace qui vient de se produire. Plus question de proposer des titres proches de ceux qui ont précédé l'époque disco. La chanteuse va devoir, malgré tout, batailler. La collaboration Chic-Sheila reste l'une des plus réussies et fructueuses, se traduisant par des millions de disques vendus dans le monde entier. Durant cette période, Sheila poursuit son apprentissage new-yorkais et les rencontres qui vont lui permettre de passer à la suite.

Bébé comme la vie

Comme, comme, bébé comme la vie
Passe vite avec ses amis
C'est l'heure de dire bonjour, comment ça va ?
Et c'est fini déjà
Comme, comme, bébé comme la vie
Passe vite avant qu'on ait compris
C'est l'heure de dire où suis-je, quel est ce monde-là ?
Et adieu déjà

C'est la chanson qui paraît en second single de l'album de France. Michel dit ici, en quelques mots, à travers la voix de sa femme, ce que des milliers de pages tentent d'expliquer. C'est une berceuse capable d'accompagner toutes les générations, de faire cesser les angoisses existentielles. On peut aussi s'interroger sur l'inspiration de Michel Berger lorsqu'il offre à sa muse les vers suivants :

Plus haut
Celui que j'aime vit dans un monde
Plus beau
Bien au-dessus du niveau des mots
Dans un univers au repos
Et si je lui dis oui
Il m'emmène avec lui...

De l'autre côté du miroir

Michel est-il déjà au courant de sa fragilité cardiaque ou bien est-il uniquement guidé par sa fidèle petite voix ? Au-delà du succès qu'il rencontre, *Paris France* est un album lourd de sens.

L'aventure Elton John ne traîne pas. Le trio s'est retrouvé dans les studios de la star anglo-saxonne à Los Angeles. Bien sûr, Bernie Taupin, l'auteur de tous les tubes composés par Elton, est également présent. Ne serait-ce que pour le rassurer car, finalement, il vient de s'en remettre à Michel Berger, un musicien dont il se sent jumeau, mais qu'il ne connaît pas véritablement. Ils enregistrent aussitôt deux titres : *Les Aveux* avec Michel pour les paroles et Elton pour la mélodie, ainsi que *Donner pour donner*, qui doit sa musique à Michel Berger et son texte à Berger et Bernie Taupin.

Le projet d'album ne verra finalement pas le jour, France s'apercevant dans le même temps qu'elle est enceinte de son deuxième enfant. Elle décide de se concentrer sur ce bonheur à venir. Lorsque le 45 tours sort, deux mois plus tard, *Donner pour donner* devient un nouveau tube, scellant la voix de France à celle d'une des plus grandes pop stars anglo-saxonnes.

Johnny et Sylvie

Alors qu'ils ont parcouru la France chacun de leur côté durant tout l'été 1980, Johnny et Sylvie se retrouvent pour deux concerts partagés, à Orange et Béziers. Puis, on apprend soudainement, en novembre, qu'ils viennent de divorcer. Le public est d'abord incrédule, tant le divorce des deux stars est devenu un marronnier dans les médias. Cette fois, la situation est bien réelle, même si les deux époux ont été très discrets. Elle fait les gros titres de toute la presse, les reportages journalistiques comme télé sont nombreux mais Sylvie et Johnny donnent l'impression de rester en retrait. Ils viennent simplement d'avaliser un état de fait qui planait depuis des années. C'est ce métier qui les a rapprochés, mais a aussi consumé leur amour au fil du temps. Un voile de tristesse vient assombrir leurs fans, très nombreux, souvent les mêmes pour les deux artistes. Il se produit, en ce début de décennie, comme une cassure. Toute une génération passe de l'enfance à l'âge adulte. Comme toujours, les auteurs des deux enfants terribles vont traduire dans leurs chansons de fin d'année leur peine mutuelle.

Françoise Hardy à la scène, Mme Dutronc à la ville

Il aura fallu presque quatorze années au célèbre couple pour se décider à se marier. L'idée vient de Françoise. Jacques, après réflexion, a su l'accueillir. Ils ont décidé de s'unir civilement en Corse dans la maison de Françoise où Jacques passe son temps libre. Le 31 mars 1981, devant le maire de Monticello, de même qu'une poignée d'amis parisiens et corses surtout, ils se sont dit oui. La journée se passe autour d'un chaleureux buffet campagnard bien arrosé, comme il se doit.

C'est à peu près au même moment que sort le nouvel album de Françoise, *À suivre*, pour lequel elle a écrit sept textes. Éditée un peu avant en single, la chanson *Tamalou*, assez gaie, sans aucune prétention et amusante pour le public, a déjà rencontré le succès.

> *T'as mal où ?*
> *Mal au cœur*
> *Mal à la tête*
> *Mal partout*
> *Et tu pleures et tu t'embêtes*
> *Tout à coup*
> *Coup de pompe*
> *Attention : gueule du loup*
> *Attention : signal d'alarme*
> *Stop ! Fini de faire joujou...*

« Cela faisait longtemps qu'on ne m'avait pas arrêtée dans la rue en me parlant d'une de mes chansons. Je m'étais bien sûr inspirée de mon quotidien et crus constater que beaucoup de femmes semblaient le partager : un mari qui se plaint un peu trop et compte sur sa femme pour le dorloter et ne surtout rien lui demander[37]... »

Et ne la ramène pas !

À qui s'adresse le nouveau simple de Sheila au titre en forme d'injonction ? Après la tonitruante période disco, la collaboration avec Chic et un album en français aux tonalités très 1980, l'équipe de Sheila, craignant toujours qu'elle perde son public traditionnel, la persuade d'enregistrer une chanson de variété populaire. D'abord contrariée, elle finit par accepter, pensant surtout à son prochain disque américain. Autant dire que, pendant cette période de métamorphose, *Et ne la ramène pas !* fait figure d'ovni. Parmi les deux musiciens qui l'accompagnent à la télé, il y a même un accordéoniste. Les proches de Sheila ne se sont pourtant pas trompés. En lui faisant faire un bond de dix ans en arrière, ils viennent de lui offrir un nouveau tube. Mais, après ce qu'elle a vécu pendant quatre ans, ce titre crée aussi une certaine incohérence dans la direction musicale qu'elle a choisie. Et les relations avec sa maison de disques sont en train de se distendre encore davantage.

Maman me disait :
Traîne pas l'soir dans le quartier
Avec de mauvais garçons qui manquent l'école,
Qui boivent de l'alcool
C'est c'qu'elle dit maman
Elle dit tout le temps :
Méfie-toi de l'argent qui se gagne trop facilement
Hors du droit chemin on tombe vite sur des pépins...
Que vas-tu devenir ?
Aie un peu de respect
Apprends d'abord à vivre
Pourquoi n'es-tu pas gaie ?
Y a plus malheureux que nous ici-bas,
Et ne la ramène pas !

La vedette mondiale qu'elle est devenue est à nouveau rappelée à l'obéissance et doit rester sur le droit chemin. Encore faudrait-il savoir duquel il s'agit. Après cet « entracte impromptu », elle repart pour New York puis pour la côte ouest afin de retrouver ses nouveaux producteurs.

De l'autre côté du miroir

L'amour c'est comme une cigarette

Fin mai 1981, après avoir quitté une Sylvie mélancolique comme il se devait à l'hiver précédent, c'est sur des vers étrangement gais et un air entraînant qu'on la retrouve.

> *L'amour c'est comme une cigarette*
> *Ça brûle et ça monte à la tête*
> *Quand on ne peut plus s'en passer*
> *Tout ça s'envole en fumée...*
> *Ça flambe comme une allumette*
> *Ça pique les yeux, ça fait pleurer...*
> *On fait tout un tabac*
> *Quand l'amour s'en vient ou s'en va*
> *On est des cigarettes*
> *Qu'il roule quand il a envie*
> *Et je deviens fumée*
> *Pour t'intoxiquer de moi*
> *Blonde ou brune, brune ou blonde*
> *Je le serai pour toi...*

Sur une mélodie américaine que Sylvie a rapportée de Los Angeles, Michel Mallory vient de poser des paroles directement inspirées de la toute nouvelle bonne humeur communicative de Sylvie. Que lui arrive-t-il ? La chose la plus simple qui soit, elle vient de tomber amoureuse. C'était au Japon, deux mois plus tôt, au festival international de la chanson où elle était invitée en tant que juré. Elle y a été subjuguée par le producteur américain Tony Scotti, qui présidait l'événement ! Un grand brun aux yeux sombres, de quatre ans son aîné et, autant le dire tout de suite, à l'opposé de Johnny. Bref, c'est des étoiles plein les yeux que la France retrouve Sylvie. La principale intéressée ne révèle rien et attribue cet état d'excitation à la préparation de son spectacle de fin d'année qui doit avoir lieu cette fois au Palais des Sports. Le plus gigantesque qu'elle ait jamais conçu.

Little Darlin'

En un an et demi, Sheila passe de la côte est à la côte ouest pour une aventure musicale totalement renouvelée puisque la chanteuse est allée du funk de Chic au pop rock de Keith Olsen, producteur en vue qui vient de lancer la chanteuse Pat Benatar. À nouveau, elle bénéficie d'une équipe prestigieuse. Des musiciens et choristes qui accompagnent les plus grandes stars américaines. Mais le premier single, *Little Darlin'*, bien qu'excellent, ne parvient pas à rivaliser avec l'impact de *Spacer*. Le titre entre tout de même dans les charts américains et se classe à une place honorable. L'album sort dans une vingtaine de pays, mais en France son style s'avère trop éloigné des goûts du grand public.

Bien qu'il soit une incontestable réussite, *Little Darlin'* signe la fin de la période américaine de la chanteuse, mais pas de son séjour à New York où elle continue de passer la moitié de son temps à prendre des cours de chant, de danse et de théâtre.

D'un Palais à l'autre

Pour son nouveau spectacle, Sylvie veut changer d'endroit. Cela fait longtemps qu'elle fréquente le Palais des

Sports, temple de Johnny. Elle aime beaucoup cette salle en rond, pour laquelle elle imagine, avec le metteur en scène et chorégraphe Claude Thompson, un show qu'elle s'apprête à jouer durant six semaines, du 23 novembre 1981 au 3 janvier 1982. Avec elle, ils seront 35 dans ce nouveau palais. Toujours aussi perfectionniste, ce qui l'effraie le plus cette fois-ci est la réaction de Tony Scotti. Leur relation est encore secrète et Sylvie ne lui a pas tout dit du maelstrom qu'elle préparait, craignant de l'affoler. Lors des répétitions, il découvre qui est véritablement la femme dont il est tombé amoureux. Subjugué par son charme, sa grâce, sa capacité de chanter et de danser, il est conforté aussi par le choix du metteur en scène américain qu'il connaît évidemment. Tony est impressionné par cette artiste, pilier central d'une machinerie infernale, comme il en a tant vu aux États-Unis.

Si l'entrée s'avère simple et directe, voyant une Sylvie tourbillonnante dans une robe flamme au milieu de ses musiciens, dès le quatrième tableau, le show prend son envol. Immense toile d'araignée dans laquelle se perdent ses danseurs après avoir arraché la robe de Sylvie qui se trouve maintenant en body rouge pailleté. C'est la chorégraphie du *Piège* dans lequel, justement, est en train de tomber Tony Scotti. Sylvie enchaîne sur son classique de scène, *La Drôle de fin,* avant de se lancer dans une suite de ballets retraçant, à travers les rocks les plus chocs, l'Amérique des années 1950, concluant avec ses propres tubes des sixties. Et pour ceux qui pensaient qu'elle avait déjà tout donné, l'ouverture de la seconde partie, qui la voit descendre des cintres du Palais des Sports sur une plaque de plexiglas dans un body chair donnant l'impression qu'elle est nue, déclenche une standing ovation de la salle. De retour à Los Angeles, Tony mûrit le projet d'inviter plusieurs professionnels américains à venir voir le show.

Tout pour la musique

Au moment où sort le nouvel album de France, des affiches de son nouveau spectacle envahissent Paris. France Gall au Palais des Sports, pour une durée de six semaines, c'est un défi. Cela dit, il est largement adossé au succès de chacun de ses disques dont le tout dernier, *Tout pour la musique*, fait déjà un carton à peine sorti. La chanson-titre est imparable mais l'album renferme aussi *Résiste*, qui va devenir son véritable manifeste.

Si on t'organise une vie bien dirigée
Où tu t'oublieras vite
Si on te fait danser sur une musique sans âme
Comme un amour qu'on quitte
Si tu réalises que la vie n'est pas là
Que le matin tu te lèves
Sans savoir où tu vas
Résiste
Prouve que tu existes
Cherche ton bonheur partout, va
Refuse ce monde égoïste
Résiste

L'anecdote la plus incroyable autour de la conception de ce disque : lorsque Michel présente les premiers titres à France, il ne comprend ni *Tout pour la musique* ni *Résiste*.

Michel, considérant qu'il manque de futurs tubes, retourne en studio et jaillissent alors les deux morceaux.

Un jour, France entend Michel écrire une chanson grave, à résonance politique. C'est *Diego libre dans sa tête* qui est en train de naître. Michel travaille alors pour lui, mais elle insiste tant qu'il lui laisse la primeur de la création du titre qu'il reprendra par la suite, avant que Johnny ne se l'approprie quelques années plus tard. France donne vie à ce poème en faveur de la liberté de parole bafouée.

Deux princesses pour un Palais

Cette année-là, le hasard veut que deux des quatre filles se succèdent sur la scène du Palais des Sports et remplissent ses immenses travées pour trois mois ! Le 3 janvier, le rideau se ferme sur le spectacle de Sylvie qui part immédiatement en tournée, le 7, il s'ouvre sur celui de France. Deux shows d'un genre très différent mais qui donnent du bonheur au public. Plus adulte et familial pour Sylvie, plus « ado » fin 1970, début 1980 pour France. Si Sylvie subjugue par ses ballets et l'art d'une mise en scène sophistiquée par laquelle, comme aux États-Unis, tout s'enchaîne par magie, France s'inscrit quasiment pour la première fois dans le rôle d'une chanteuse de groupe. Et c'est une réussite, tant publique que médiatique. Les chansons des quatre premiers albums que lui a écrits Berger se succèdent dans des habillages musicaux parfois différents des originaux, assurant à l'ensemble une cohésion totale. France racontera plus tard que c'est au Palais des Sports qu'elle a découvert cette fusion incroyable avec le public qui chante, bouge ou retient son souffle avec elle.

Malheureusement, c'est durant les représentations de ce spectacle que Michel, fin janvier, perd son frère souffrant d'une sclérose en plaques. Il est brisé. Comme si le destin s'acharnait, le couple apprend, peu de temps après, que leur fille, Pauline, âgée de trois ans, est atteinte de la mucoviscidose. Une maladie mortelle, compromettant les chances de vie au-delà de l'adolescence. C'est le chaos. France honore la tournée qui suit le Palais des Sports, mais, à partir de là, le couple décide de ne plus être en activité au même moment. L'un ou l'autre sera présent auprès des enfants. Michel va alterner les sorties d'album et les dates de concert. Alors qu'ils vivent ensemble depuis 1974, le couple Berger-Gall se trouve en pleine période de crise. La première.

Quelqu'un qui s'en va

Dernier des cinq albums réalisés, orchestrés et dirigés par Gabriel Yared depuis 1977, *Quelqu'un qui s'en va* paraît au printemps 1982. Signe-t-il la révérence de Françoise ? On peut se poser la question. À 38 ans, bien qu'elle ait été très présente musicalement sur les dernières années, sa passion de l'astrologie semble peu à peu supplanter son activité musicale. Le titre, qui reprend celui d'une chanson se distinguant du reste de l'album, paraît bien choisi à ce moment-là. Ne serait-ce que par la difficulté pour Françoise de se faire entendre. Les paroles de cinq des dix morceaux sont signées par la nouvelle compagne de Gabriel Yared. Parviendra-t-elle à entrer, à cinquante pour cent donc, dans l'univers Hardy ? Non. D'ailleurs, la chanteuse va venir à son secours pour des problèmes d'équilibre, « de pieds », comme on dit dans le métier. Plus grave, si les mélodies sont brillantes, elles ne reflètent pas forcément sa personnalité.

Malgré tout, *Quelqu'un qui s'en va* est un très beau titre. Alain Souchon apporte une autre belle chanson, Françoise accompagne de ses mots deux mélodies d'un autre artiste qu'elle apprécie, Michel Fugain. Enfin, *Tirez pas sur l'ambulance*, un morceau humoristique et rythmé, donne à l'album les chances du succès. Elle a souhaité reprendre *Ces petits riens*, l'un des chefs-d'œuvre du Gainsbourg de la première heure. Il est même l'auteur de la photo de pochette. Une affaire d'amitié qui dure depuis bientôt quinze ans. Si cet album ne signe pas la fin du parcours de Françoise Hardy, il en est quand même, dans un étrange écho, un peu l'annonciateur.

Chapitre 4

Gloria

À l'automne 1982, Claude Carrère fait adapter le titre *Glori Gloria* d'Umberto Tozzi pour Sheila. Chanson tonique dénonçant l'inutilité, l'injustice et le non-choix des jeunes qui donnent leur vie pour la guerre. Ce nouveau 45 tours remporte un beau succès, idéal pour fêter, le 13 novembre, les vingt ans de carrière de la chanteuse. Mais il va également signer la fin de leur collaboration.

Début décembre de cette même année, pour le lancement de son spectacle à Las Vegas, Sylvie interprète également, en anglais, cette chanson de Tozzi qui enthousiasme le public américain. Parmi les producteurs invités par Tony Scotti venus voir le spectacle de Sylvie au Palais des Sports un an auparavant, ceux du MGM Grand de Vegas ont répondu en premier. Le nouveau compagnon de Sylvie connaît parfaitement le public de ce lieu, qui vient des quatre coins des États-Unis. Dans cette optique, il remonte et raccourcit le show, dans lequel Sylvie mélange ses propres tubes, des standards américains et des classiques français. Présentée au public par Gene Kelly, elle donne

De l'autre côté du miroir

une série de six shows très bien accueillis. Pour ce premier spectacle qu'il produit pour Sylvie, Tony a vu les choses en grand, notamment pour la publicité. Il récupère l'une des photos de la campagne française du Palais des Sports, sur laquelle Sylvie est allongée dans son body chair incrusté de pierres précieuses et y ajoute le slogan « Le plus beau cadeau de la France depuis la statue de la Liberté ». Cette affiche, habilement positionnée tant à Vegas que dans les coins stratégiques du pays, occasionne des embouteillages effrayants, voire même quelques accidents dont la presse locale ne manque pas de se faire l'écho. La suite de sa tournée américaine aura lieu à Los Angeles puis sur la côte est à Atlantic City, autre ville du jeu. La chanteuse vit un rêve éveillé, sachant qu'il s'agit d'une invitation et non d'une résidence permanente.

On dit

C'est le titre du nouvel album de Sheila, écrit et composé par une équipe entièrement renouvelée.

Le hasard a voulu qu'en 1982 elle fasse, lors d'un séjour à Los Angeles, connaissance avec de jeunes auteurs, compositeurs et arrangeurs français, à l'occasion d'une soirée à Beverly Hills. Ils viennent de remporter un succès fulgurant avec le titre *Chacun fait (c'qui lui plaît)*, interprété par le duo Chagrin d'amour. Bien sûr, Sheila connaît la chanson et leur fait savoir qu'elle l'a appréciée. De son côté, elle est en pleine période d'hésitation et, plus la fin de l'année approche, moins elle envisage de continuer pour une troisième décennie avec les disques Carrère.

Des arrangements sont pris. Elle va produire ses prochains disques avec une partie de l'équipe qu'elle vient de rencontrer et la société Carrère continuera de les distribuer. Mais cela va nécessiter certains aménagements parce que l'artiste est toujours salariée de la société de son producteur. Il lui propose de faire muter son statut de chanteuse en conseillère artistique, dont la mission serait de découvrir de nouveaux artistes pour son ancien label. Très vite, elle revoit la bande de musiciens qui l'a séduite : Gérard Presgurvic, compositeur de *Chacun fait (c'qui lui plaît)*, qui ne va pas tarder à collaborer aux premières chansons de Patrick Bruel, Yves Martin, auteur-compositeur-arrangeur, et Philippe Abitbol, auteur. Ils perçoivent la personnalité de la chanteuse et comprennent qu'elle recherche des morceaux qui lui permettraient de l'exprimer. Entre l'automne 1982 et le printemps 1983, ils écrivent une dizaine de titres effectivement très différents de ceux du répertoire français de Sheila.

Au printemps sortent sur le marché l'album *On dit* et le single choisi pour sa promotion, *Tangue au*. La pochette est signée par le célèbre photographe de mode Paolo Roversi, qui présente un portrait épaules nues, très pur, dans des tonalités douces et marque visuellement le tournant de carrière qu'elle est en train de prendre. Pour présenter cette chanson, Sheila est accompagnée par deux frères, danseurs et mannequins, Carlos et Ruggiero Miranda. Carlos est alors son compagnon et elle le présente ainsi à l'occasion d'une émission.

L'accueil critique du disque est bon et, pour la première fois, la presse la plus pointue, comme *Rock & Folk* ou *Libération*, salue le virage adopté par Sheila et la qualité de cette équipe totalement actuelle. La chanteuse, portée par ce nouveau matériel, repense à ce désir de scène qui ne l'a jamais quittée. L'exploitation de l'album dure jusqu'à la fin de l'année. Yves Martin, encouragé par la bonne réception de *On dit*, se met au travail pour la composition d'un second album, en pensant directement à un spectacle bien qu'aucun accord ne soit encore pris pour le moment.

La première fois qu'on s'aimera

Alors qu'elle vit des jours heureux avec Tony Scotti depuis bientôt deux ans, Sylvie enregistre trois duos avec Michel Sardou édités à la fin du printemps 1983. Une bonne idée que défendent les deux maisons de disques, Tréma et RCA. La chanson *La première fois qu'on s'aimera* est choisie pour la promotion du disque et le titre se transforme en tube estival. Michel est allé rejoindre Sylvie en Californie pour l'enregistrement et le tournage du clip. Une large couverture de presse accompagne l'événement. Sylvie, jusque-là discrète à propos de son nouvel amour, choisit ce moment pour le présenter. Il ne faudrait pas que le public s'imagine que le duo avec Michel serait un signe annonciateur de l'union des deux artistes ! Ni que la presse à scandale s'en mêle... Ils sont amis depuis des années et entendent bien le rester ! Les couvertures de presse vont se succéder pour faire le portrait du compagnon de Sylvie.

Après la réception, fin 1981, de son spectacle au Palais des Sports, Sylvie a signé pour le prochain, dans l'autre Palais, que Tony coproduira avec Jean-Claude Camus, les dates de l'automne étant déjà réservées à la porte de Versailles. C'est la seconde fois, depuis Las Vegas, que Tony s'investit dans l'un de ses shows. Il repense au dernier, les ballets étaient somptueux, mais il garde un très bon souvenir des parties uniquement chantées, de même que pour Vegas où il avait remarqué l'enthousiasme des Américains pour les mêmes morceaux. Il en parle à Sylvie et ensemble ils décident de scinder le spectacle en une première partie très axée sur les numéros dansés et une seconde dans laquelle serait laissée une large place pour un récital. Du 10 septembre au 20 novembre 1983, le barnum Vartan s'installe au Palais des Congrès pour dix semaines. Aucun artiste ne s'y est jamais produit aussi longtemps à l'époque.

Immense passerelle en arc de cercle pour les entrées de Sylvie, orchestre sur coussin d'air permettant les déplacements selon les numéros, effets Sensurround, un procédé utilisé au cinéma qui fait trembler les fauteuils, pour un numéro qui s'ouvre sur un rideau de pluie et un fond de tonnerre. Bref, une nouvelle superproduction comme on en voit uniquement aux États-Unis. Et enfin, Sylvie seule, accompagnée par quelques musiciens pour une brassée de chansons à texte, signées Dabadie, Brel, ou encore Piaf pour le final. L'accueil fait à ce récital va totalement bouleverser la suite de carrière de Sylvie, qui va progressivement arrêter de s'entourer d'énormes machineries pour mieux se livrer au public, toute en émotion... La salle est pleine tous les soirs et en matinée le week-end. Cette fois 270 000 personnes sont venues applaudir Sylvie. Comment pourra-t-elle aller plus haut ?

Je suis comme toi

Mars 1984. C'est la première fois que Maritie et Gilbert Carpentier consacrent un show télé à Sheila. Le projet avait été maintes et maintes fois proposé à son producteur, celui-ci s'emballait, puis déclarait que ce n'était pas le moment pour sa vedette. Cette fois, sous l'impulsion de sa toute jeune équipe, menée par Yves Martin, tout est possible et ce tout donne lieu à une émission qui permet de découvrir une nouvelle Sheila. Enfin libérée de son joug, modernisée, elle arbore une nouvelle coiffure, cheveux plus courts et s'incarne dans des chansons qui la font presque se transformer. Elle se lance dans ses titres récents, *Tangue au*, *Vis vas*, les deux enlevés par des ballets très créatifs avant de partager trois duos. *Mon p'tit Loup* avec Johnny Hallyday, *La Rockeuse de diamants* avec Catherine Lara et enfin *Tamalou* avec l'amie Françoise Hardy. Sans oublier *L'Écuyère* et *Emmenez-moi*, deux créations qui rejoindront son futur album à l'automne. Et on retrouve la chorégraphie *Spacer*.

Simultanément est annoncée la nouvelle : Sheila sera sur la scène du Zénith entre février et mars 1985. De quoi donner de l'énergie à son équipe dans la conception du prochain album, principalement pensé pour la scène.

Son producteur, Yves Martin, après avoir réuni l'ensemble des chansons, décide du lieu de l'enregistrement. Ce sera Nassau, aux Bahamas, aux Compass Point Studios. À cette époque, les artistes aiment se rendre dans les îles pour enregistrer. Gainsbourg est l'un des premiers Français à l'avoir fait en s'exilant aux Dynamic Sounds Studios, à Kingston, en Jamaïque, pour graver son célèbre *Aux armes et cætera*, quelques années plus tôt. Aux Compass Point Studios, on a

Quatre filles dans le vent

Grace Jones ou encore les Rolling Stones comme voisins de cabine. C'est dans ces contrées exotiques que naît le nouvel album de Sheila, *Je suis comme toi*.

Il est déjà armé de deux titres forts, *Emmenez-moi* et *L'Écuyère*. Ce dernier est l'évocation d'un vieux rêve de la jeune Annie Chancel, faire du cirque, devenir écuyère.

> *C'était une vieille écuyère*
> *Sur un très vieux cheval*
> *Qui dansait de plus en plus mal*
> *Elle rêvait d'avant les guerres*
> *Qu'on appelait mondiales*
> *D'sa mère, d'son école communale...*
> *Danse, danse...*
> *Comme tu sais le faire*
> *Il n'y a plus rien d'autre à faire*
> *Danse, danse*
> *Lance tes jambes en l'air*
> *Jusqu'à c'que tu tombes en arrière*
> *Que ton cheval hésite*
> *Que la chance te quitte*
> *Qu'on te ramasse à la cuillère...*

Arrivée aux Compass Point Studios, l'équipe s'attaque rapidement à une série de morceaux enlevés. Les très dansants et reggae *Jumbo Loo* et *Guerrier Massaï*, le plus rock *America* et surtout *Je suis comme toi*, qui va donner son titre à l'album. Viennent s'y ajouter le tonique et glamour *La Chanteuse*, qui évoque une artiste rêvant de Broadway, *Film à l'envers*, belle chanson de rupture sur un mid-tempo entêtant et le superbe *Vivre mieux*, dans lequel la chanteuse se met à nu.

De l'autre côté du miroir

Produit, réalisé, arrangé et majoritairement écrit et composé par Yves Martin, l'album scelle une collaboration qui va durer des années. Un très beau matériel qui ressemble à la jeune femme et lui libère l'esprit pour la préparation de son premier spectacle.

Septembre 1984. Rumeur dans la presse. Sheila ne serait plus avec le beau Carlos... Elle passe l'essentiel de son temps avec le jeune Yves Martin. Pour la première fois de sa vie, elle est en osmose avec un artiste complet qui la comprend et ne craint pas de l'accompagner dans ses rêves. Et il semble aussi être le premier homme à oser affronter le monument Carrère. Forte personnalité ou inconscience de la jeunesse ? Qu'importe, il vit le moment pleinement alors qu'une histoire d'amour naît avec la chanteuse.

L'album sort à l'automne et reçoit un excellent accueil critique, Sheila est partout, dans *Le Figaro*, dans *Télérama* ou encore *Le Parisien libéré*. Pour autant, le succès public n'est pas plus important que celui de son disque précédent.

Jean-Paul Gaultier est choisi pour l'habiller au Zénith. L'idée plaît à la télévision qui décide de filmer la rencontre et le travail entre les deux artistes. Le couturier, nature et facétieux, se révèle avoir été fan de Sheila ! Il connaît ses chansons, ses anciennes robes de scène et ne se gêne pas pour en critiquer certaines ! « Mon Dieu ! Mais tu as porté des bottes à franges, une robe indienne ! » « Mais oui, j'adorais cette mode ! » « Oh là là, c'est impossible... » Le résultat est aussi drôle que touchant. Le but du jeu : transformer Sheila, transcender son image. Gaultier et l'équipe de Sheila décident de mettre en scène le clip d'*Emmenez-moi*, pour lequel l'artiste devient une jeune femme sensuelle dans une ambiance de film noir ou une vamp agressive. L'émission plaît et le regard d'une partie du public sur Sheila se met à changer. Surprise, le très branché DJ du Palace programme *Je suis comme toi* dans sa playlist au même moment !

Débranche

Michel Berger a beaucoup voyagé, en Asie notamment, depuis le dernier spectacle de France. Il en revient inspiré pour un nouvel album qu'il met en chantier pour elle. Cette dernière, après sa tournée, a souhaité rester au plus près de ses enfants et jouer pleinement son rôle de mère de famille, de femme d'intérieur, autre aspect de sa personnalité que le public ne connaît pas forcément, mais qui la passionne. Pendant que Michel travaille, elle veille à l'harmonie qui doit l'entourer.

Ce besoin d'évasion a été nécessaire pour lui après tant de nouvelles abasourdissantes. Michel s'est imprégné d'images et, lorsqu'il revient au bercail, lui viennent les mots et mélodies qu'il avait en gestation. Certains à grande vitesse, d'autres plus lentement. Mais tous s'imposent pour composer un essentiel en neuf chansons, trois ans après *Tout pour la musique*. Lorsque, début avril 1984, déferlent les paroles et la musique de *Débranche* sur toutes les stations de radio, la surprise est à nouveau au rendez-vous.

Le monde tient à un fil
Moi je tiens à mon rêve
Rester maître du temps
Et des ordinateurs
Retrouvons-nous d'un coup au temps d'Adam et Ève
Coupe les machines à rêves

De l'autre côté du miroir

Écoute parler mon cœur
Si tu veux m'entendre dire
Ce que mes yeux veulent te dire
Je t'en prie, n'attends pas la fin de la nuit
Débranche
Débranche
Coupe la lumière et coupe le son
Débranche
Débranche tout...
Revenons à nous...

Voilà ce que Michel fait chanter à France, quasiment vingt ans avant l'avènement d'Internet et surtout des téléphones portables ! À côté de son talent d'auteur, de compositeur, s'exprime à nouveau celui de visionnaire. Bien sûr, avant lui, il y a eu Jules Verne et bien d'autres. Mais c'est bon de savoir qu'un de leurs petits frères agit et écrit en toute liberté dans le monde de la pop !

Pas à un paradoxe près, Berger décide justement de se lancer à fond dans ce nouvel univers de machines qui ont envahi les studios. Et autant aller là où se trouvent les plus puissantes : le Conway Studio d'Hollywood !

« Est-ce un voyage en Chine populaire l'été 1982 qui a été le déclic pour écrire ce texte ? Ça ne m'étonnerait pas. Le retour aux plaisirs simples. Le refus de l'envahissement par des machines. Se rapprocher de l'être humain, de l'autre. Pour cet album, au revoir le piano de Michel, bonjour les synthés ! On change tout, un autre son[38]... »

Second single de l'album, *Hong Kong Star* continue dans le succès : « Voir à la télé à Hong Kong des chanteurs copiant physiquement et artistiquement les Américains sans chercher à imposer leur propre culture avait rendu Michel triste et en colère, d'où ce texte que les Chinois de France ont très mal pris[39]... »

Hong Kong star
T'es pas né là où tu voulais
T'as pas la peau qu'il te faudrait
Celle du vrai pays du dollar
Hong Kong star
Tu ne remercies pas le hasard
Dans ton Las Vegas de bazar
Tu fais des rêves en blanc et noir
Hong Kong star
T'as un Chinois dans ton miroir
Tu n'es qu'une Hong Kong star...

Alain Chamfort et la jeune chanteuse Lio, fan et future amie de France, participent amicalement aux chœurs sur *Calypso*, qui deviendra aussi un single. C'est même Lio qui a eu l'idée des quelques mots en espagnol pour le final de la chanson. Pour la photo de pochette, Bettina Rheims crée une ambiance bleutée d'écrans vidéo, magnifiant une France sexy.

Love Again

C'est le titre de la chanson que John Denver, l'un des principaux folk songwriters américains, offre à Sylvie et Tony, le 2 juin 1984, à l'occasion de leur mariage, célébré dans la maison qu'ils viennent d'acquérir à Los Angeles. À bientôt quarante ans, Sylvie connaît un bonheur tellement grand qu'il va prendre le pas sur les batailles qu'elle mène avec

De l'autre côté du miroir

succès depuis tant d'années. Recordwoman des ventes de places de concert, elle n'en mesure pas moins l'éloignement de la vraie vie que ce statut a provoqué depuis ses dix-sept ans. Après le triomphe du Palais des Congrès à l'automne précédent, elle se remémore l'état d'épuisement dans lequel elle s'est retrouvée suite à ce combat que, pour l'heure, elle estime être le dernier. À la moitié de sa vie, elle pense, grâce à la force qu'elle vient de rencontrer, nommée Tony, qu'elle va pouvoir, enfin, s'adosser à une épaule et vivre. Vivre aux côtés de son fils, qui va fêter ses dix-huit ans, et de sa mère qui, jusque-là, lui a permis, à travers son dévouement, de faire son chemin. Alors, elle décide de prendre du recul.

Après ses engagements sur la côte est-américaine puis la tournée d'été française, qui fait suite au spectacle du Palais des Congrès, elle décide de se poser. Bien sûr, elle continue d'enregistrer des disques. Elle accompagne même John Denver pour la présentation de leur chanson en duo à travers l'Europe, mais la show woman décide de prendre du champ. Pour la première fois de son existence elle va enfin profiter de la vie. Qui pourrait le lui reprocher ?

Pour faire un morceau que j'aime...

« Pour faire un morceau que j'aime... J'ai d'abord besoin d'un bon rythme de batterie, Claude, est-ce que tu peux faire ça ? Non... Si, tu peux ! Ensuite, une basse, de Jannick de préférence. Troisième chose, une bonne guitare, je vais draguer, et pour finir, trois claviers. » France Gall introduit tour à tour ses musiciens sur son morceau-titre de l'année : *Débranche*. Pour ce Zénith 1984, elle est totalement au milieu d'eux. C'est une nouvelle France qui s'impose, musicienne. Elle est apparue d'une façon dépouillée sur *J'ai besoin de vous*, sa chanson pour le public, son public. La partie est gagnée. Le spectacle regorge de tubes et de chansons tendres dont ses fans raffolent. France est à son top à partir de sa première apparition sur cette scène qu'elle inaugure après Johnny Hallyday et Renaud. La première fille donc à s'attaquer à la plus grande scène française. Le modèle de scène dont on ne sait pas encore qu'il va couvrir le pays. France impose avec ce spectacle son image de performeuse qu'elle ne tarde pas à faire connaître dans le reste du pays. Elle vient de franchir un pas supplémentaire, dopée par le triomphe de son dernier album et des singles qui ont suivi, notamment *Cézanne peint*.

Cézanne peint
Il laisse s'accomplir la magie de ses mains
Cézanne peint
Et il éclaire le monde pour nos yeux qui n'voient rien
Si le bonheur existe
C'est une épreuve d'artiste
Cézanne le sait bien...
Et voilà l'homme
Qui croise avec ses yeux
Le temps d'un éclair
Le regard des dieux...

Cette chanson apporte à France la reconnaissance d'un milieu intellectuel qui, jusqu'alors, se tenait à distance de ses vers et prouesses musicales. Des figures politiques vont même la citer.

Plus légère, *Calypso* séduit très largement le grand public.

De l'autre côté du miroir

Pour le calypso
Besame mucho
Vertige des pays chauds
Il disait « let's go »
J'ai besoin d'autre chose
Calypso
Rythmo latino
Danser là-bas bientôt
Le calypso
Tici-tico-tico, calypso...

Après trois semaines passées porte de la Villette, le spectacle continue de vivre sa vie en tournée.

Vivre mieux

Fatiguée de vivre avec mes rêves
Sans les partager
Un nouveau jour se lève
Tu peux lire sur mes lèvres
L'envie de parler...
Tous les coups difficiles
Épidémie de centre-ville
Toutes ces rides d'amour
Qui rendent vieux
Je veux vivre avec et oublier
Car je veux vivre mieux
Tout multiplier par deux
Écoute un peu mon langage
Même s'il te paraît sauvage
Même si je vise haut

Même si je t'ai parlé faux
Je veux juste bien me sentir dans ma peau

Voilà la chanson qui ouvre le spectacle de Sheila au Zénith, le 22 février 1985. Yves Martin a su traduire ce que la chanteuse a envie de dire à son public, des retrouvailles pour certains qui l'ont déjà vue vingt ans plus tôt, une première pour une large partie de ses admirateurs. Elle est là, devant eux, seule sur l'immense scène, et se livre avec une grande sobriété. Puis, sous le triomphe que lui réserve la salle, c'est l'explosion d'un rock moderne, *Je suis comme toi*, qui donne la tonalité du show. Un peu comme si Sheila avait souhaité passer quelques minutes d'intimité, seule avec ces femmes et ces hommes qui la portent depuis tant d'années, avant de déclencher les festivités.

Que faire ? Chanter uniquement de nouveaux airs qui lui correspondent totalement ? Pourquoi ne pas les mêler aux incontournables qui ont fait son nom ? Elle n'y résiste pas, en créant un medley terriblement joyeux en fin de première partie, tout en réservant une place de choix à *L'école est finie*, qu'elle interprète intégralement. Sheila est reconnaissante envers le public qui a fait sa carrière. Il n'aurait pas été possible de faire une impasse sur les années 1960 et 1970. Elle le sait, instinctivement. Le second acte s'ouvre sur *Spacer* avec une mise en scène qui n'a rien à envier à Johnny Hallyday qui vient de se produire dans la même salle peu de temps auparavant. Ainsi, Sheila ne sort pas d'un poing géant, mais d'un octogone interstellaire tout aussi impressionnant. Un numéro à la hauteur de ce tube planétaire, qui restera, avec *L'école est finie* et *Les Rois mages*, l'un des plus identifiables. Trois notes et l'on sait qu'il s'agit de Sheila. Cela rappelle qu'elle a un standard sur chaque décennie depuis ses débuts. À savoir une chanson que les gens qui n'ont jamais acheté un seul de ses disques connaissent et se surprennent à fredonner.

Pour décrire ce spectacle, le point d'orgue de sa carrière de femme de scène, laissons la parole à la principale intéressée :

> Huit tours géantes de dix mètres qui se déplacent autour de l'orchestre, lequel est sur un tapis roulant qui se déplace aussi et s'ouvre en deux. Il y a un aquarium géant qui pèse cinq tonnes, rempli d'eau et qui va aussi bouger sur la scène. À un moment, j'arrive dans une espèce de soucoupe spatiale. C'est complètement féerique, absolument incroyable. Je savais que la salle était grande, que la scène était immense... ça devient un décor entre Fame, New York. Ils ont retranscrit une atmosphère de studio de danse, d'un endroit qui vit dès les lueurs du jour, des couchers de soleil. Je crois que ce sera très joli.

Sheila, habillée par Jean-Paul Gaultier, dont elle ne craint pas l'avant-gardisme, est entourée de onze musiciens, trois choristes et huit danseurs.

À un journaliste qui lui parle de revanche, elle répond que si elle fait ce show c'est d'abord pour elle : « Je crois être quelqu'un qui a énormément souffert de ne pas avoir fait de scène à cause des gens avec qui je travaillais, qui étaient complètement contre et qui m'ont empêchée d'en faire. Donc, je ne le fais même pas pour les autres, je le fais surtout pour moi parce que je considère que si je ne l'avais jamais fait, j'aurais gâché quelque chose de ma vie d'artiste et j'aime trop ce métier pour ne pas me mettre dans une compétition pareille... » Et Ludovic ? renchérit le journaliste. « J'attends de voir la réaction d'un petit garçon de dix ans, qui va voir sa maman pour la première fois dans un vaisseau spatial, au milieu des tours, avec plein de musique, et je dois dire que je suis sûre qu'il me dira la vérité et que sa réaction sera certainement la réaction de beaucoup de gens parce qu'on dit que de la bouche des enfants sort la vérité[40]. »

Pour la générale de Sheila, Jean-Claude Camus, le producteur de la plupart des shows qui se déroulent au début de l'aventure du Zénith, s'est surpassé. Le Tout-Paris est là. Le plus frappant est que ce petit monde, loin d'attendre la vedette au tournant – ils la connaissent bien pour la plupart –, est venu avec l'assurance de la voir enfin dans une création à la mesure de son talent.

Le premier à s'exprimer, devant les caméras de télévision, est Jean-Claude Brialy : « Je suis content pour tous les imbéciles qui pensaient qu'elle ne pourrait pas monter sur scène, elle leur a répondu ce soir, en chantant vingt, trente chansons, en bougeant comme une danseuse, en chantant comme une chanteuse, en étant belle. Ceux qui étaient sceptiques devront rester chez eux à écouter quelques disques de vieilles vieilles chanteuses et les autres, les jeunes comme moi, vont courir au Zénith aller applaudir Sheila qui mérite bien ce soir mille baisers et mille bravos. » La seconde est Nathalie Baye qui ne cache pas son plaisir au sortir de la soirée : « Moi je la trouve formidable. Elle est très étonnante, très généreuse, elle a beaucoup d'humour et elle chante très bien... Je l'ai toujours trouvée bien mais là, sur scène, je l'ai découverte. » La réaction de Nathalie Baye témoigne du sentiment de la plupart de celles et ceux, tous milieux confondus, qui sont allés applaudir Sheila. Enfin, Sacha Distel est à son tour interviewé : « Moi je suis ravi. Ça me fait vraiment sincèrement plaisir, je l'avais dit avant...

De l'autre côté du miroir

C'est encore mieux que ce qu'on pouvait espérer... C'est fantastique, n'avoir jamais fait ça et arriver complètement à maturité. » Enfin, le journaliste, apercevant Claude Carrère, lui demande son avis : le producteur l'éconduit et reste ainsi le seul des invités à ne pas répondre[41]...

Le spectacle de Sheila au Zénith est un succès total, même s'il s'avère, sur l'instant, un peu entaché par une erreur des producteurs. Avoir réservé la salle pour cinq semaines, ce qui était beaucoup trop long. Mais Sheila va la remplir pendant trois, ce qui est déjà un triomphe. Bien sûr, les mauvaises langues sauront saisir cette perche pour lui gâcher son plaisir. Malgré tout, ce spectacle restera culte.

Rien d'étonnant à ce que Claude Carrère fuie les médias et l'entourage renouvelé de Sheila. Il suffit simplement de comprendre comment, depuis des années déjà, il traite celle qui lui a permis de construire son empire. En 1979, en plein triomphe de *Spacer*, alors que la jeune femme passe son temps à voyager dans le monde entier, elle demande à son mentor de lui acheter un appartement dans la capitale, afin d'éviter ses perpétuels allers-retours avec la maison de Feucherolles, située à trente kilomètres de Paris. De plus, son fils va entrer en cours préparatoire et elle tient à ce qu'il fréquente une école bilingue. Elle propose à Carrère que cette opération serve de solde de tout compte, étant donné l'argent qu'il lui doit. La recherche tourne rapidement au cauchemar et elle visite un nombre incalculable de lieux qui ne trouvent jamais grâce aux yeux du producteur. Un jour, il déniche un hôtel particulier situé dans un quartier calme de Neuilly mais explique que malheureusement son propriétaire refuse de le vendre. En revanche, il est possible de le louer. Prise de cours par son emploi du temps et séduite par l'endroit, la star accepte. Elle y passera cinq ans, malheureusement le loyer, au fil du temps, ne cesse d'augmenter. En 1985, son compagnon, Yves Martin, lui fait comprendre qu'il devient déraisonnable de continuer à occuper ce bien, et ils retournent à cette époque dans la maison de Feucherolles.

« La vérité finissant toujours par se savoir, j'apprendrai par un de ses anciens collaborateurs qu'en réalité Carrère était devenu l'heureux propriétaire du lieu en 1980. Pendant cinq ans, j'ai payé à M. Carrère des loyers qu'il augmentait sans vergogne, sachant pertinemment que je serais prise à la gorge ! Douce et sympathique façon de me pousser dehors et de récupérer à mon insu sa propriété. Drôle de façon de régler nos comptes[42] ! » Ce sera l'un des derniers exploits démontrant ce dont Carrère est capable. Là où personne ne s'en serait remis, Sheila continue sa route, faisant preuve, malgré une grande tristesse face à cette trahison et à ce manque de reconnaissance, de capacités de résilience hors du commun.

Action Écoles

Le cœur des années 1980 voit l'apogée des actions humanitaires en faveur des pays les plus démunis de la planète, en premier lieu ceux du continent africain. Les artistes des contrées influentes musicalement s'unissent pour venir en aide à ces populations à l'aune de leurs moyens. Ce sont les États-Unis qui donnent le coup d'envoi avec USA for Africa, nom du collectif d'artistes (ils sont plus d'une quarantaine à y figurer) qui enregistre *We Are the World*, pour

De l'autre côté du miroir

lutter contre la famine en Éthiopie. La chanson, réunissant les voix de Michael Jackson, Stevie Wonder, Diana Ross, Dionne Warwick, Lionel Richie, Tina Turner, Billy Joël, Bruce Springsteen, Cyndi Lauper, Bob Dylan et Ray Charles entre autres, a été écrite par Michael Jackson et Lionel Richie et arrangée par Quincy Jones et Michael Omartian. Le disque se vend à plus de 20 millions d'exemplaires à travers le monde, devenant ainsi le plus grand succès caritatif de tous les temps. Les recettes équivalent à 65 millions de dollars.

La Grande-Bretagne a aussi son groupe caritatif avec le Band Aid mené par Bob Geldof. France, Michel, Jean-Jacques Goldman et Daniel Balavoine se rendent au Live Aid, organisé au stade de Wembley, le 13 juillet 1985. De retour, ils décident de dupliquer le projet en France. Tout commence par l'enregistrement de la chanson *Éthiopie*, sur un texte de Renaud et une mélodie de Franck Langolff. Ils ne sont pas moins d'une quinzaine de chanteurs dont Jean-Jacques Goldman, Michel Berger, Julien Clerc, Maxime Le Forestier, Jean-Louis Aubert, Francis Cabrel, Renaud, Souchon, Voulzy, Véronique Sanson, Diane Dufresne, Jacques Higelin et France Gall, à y participer. Dans les chœurs, ce sont vingt-trois voix qui se mélangent, parmi lesquelles celles d'Axel Bauer, Coluche, Diane Tell, Gérard Depardieu, Hugues Aufray, Louis Chedid, Michel Delpech ou encore Téléphone.

Loin du cœur et loin des yeux
De nos villes, de nos banlieues
L'Éthiopie meurt peu à peu
Peu à peu
Rien qu'une chanson pour eux

*Pour ne plus fermer les yeux
C'est beaucoup et c'est bien peu
C'est bien peu...*

Le succès de la chanson est énorme, dépassant largement le million d'exemplaires, et permet d'envoyer dans un premier temps un chèque de 10 millions de francs à l'association Médecins sans frontières. Forts de cet exploit, les initiateurs du projet ont l'idée de prolonger l'action par le concert des Chanteurs sans frontières qui a lieu le 13 octobre 1985 à La Courneuve. 150 000 personnes sont attendues mais, malheureusement, il n'en viendra que 15 000. Il se dit sur le moment que les places étaient trop chères. Cela n'empêche pas France, Michel, Daniel Balavoine et Lionel Rotcage, journaliste, de fonder l'association Action Écoles. Elle a pour objet de créer des comités dans un grand nombre d'écoles et de lycées français, afin de faire réunir des denrées alimentaires de première nécessité, par des milliers d'écoliers. Rapidement l'action s'étend à plus de dix mille établissements. Son originalité est d'assurer le suivi des marchandises jusqu'à destination, afin qu'elles ne soient pas détournées, fléau qui frappe l'essentiel de ce type d'organisations.

Au-delà de la nourriture, ce sont aussi des pompes à eau qui sont expédiées. C'est pour veiller à l'acheminement de ce matériel que Daniel Balavoine rejoint le Paris-Dakar début 1986, afin de négocier avec des dirigeants africains la bonne implantation de ces pompes. Et c'est là qu'il rencontre la mort dans un terrible accident d'hélicoptère. France et Michel, qui ont, depuis l'aventure *Starmania*, développé d'intenses liens d'amitié avec Daniel, qu'ils considèrent comme un frère, sont effondrés. Ils vont cependant poursuivre l'action de Balavoine, surtout France qui va passer de plus en plus de temps en Afrique. En particulier au Sénégal, pays pour lequel elle a senti, très jeune, une attirance particulière.

Françoise se diversifie

« Le texte est aussi important que la mélodie, mais il doit être à son service et non l'inverse. C'est le secret[43]. »

C'est de cette manière que Françoise a toujours écrit, à l'écoute d'une mélodie.

À partir de 1986, même si elle l'a déjà fait occasionnellement, elle se prête avec plaisir à l'écriture pour les autres. Mais c'est sans concessions. Auteur depuis ses débuts, elle est inspirée par la création des jeunes de la génération suivante. Ainsi naissent une trentaine de titres. Sa collaboration commence avec Diane Tell, connue dès 1981 avec *Si j'étais un homme*. En 1986, elle lui propose trois mélodies : sur l'une d'entre elles va se forger l'un des plus grands succès de la chanteuse canadienne.

Rien que du pain quotidien
Et toi qui n'as plus très faim
Rien que des breaks anodins
Du style j'suis mort à demain
Et c'est comme si
T'avais moins envie
De nos corps à corps
Quand tu t'ennuies je voudrais si fort
Comme un printemps qui commence
Comme un hiver qui finit
Faire à nouveau connaissance

*À Montréal ou à Paris
Quand reviennent la transparence
Et la tiédeur douce des nuits
Faire à nouveau connaissance
Du début de nos folies...*

Faire à nouveau connaissance, c'est du pur Françoise Hardy mais adapté pour une artiste qui vient de faire une intrusion très personnelle dans le paysage de la variété canadienne et que la France adopte immédiatement. C'est, aux côtés de quelques autres titres de Diane Tell elle-même, l'un de ses classiques. Jamais Françoise ne se serait sentie inspirée par la jeune artiste si elle n'avait trouvé un fond qui lui parle vraiment dans ses premières chansons. Il est vrai que *Si j'étais un homme* n'a pas laissé grand monde insensible.

Profitant de cette parenthèse musicale personnelle, Françoise s'investit de plus en plus dans l'astrologie. Elle écrit des livres et, de plus en plus reconnue, se voit confier une chronique régulière à la radio sur RMC. Le 22 octobre 1986, elle est ainsi invitée dans l'émission de Philippe Bouvard, *C'est aujourd'hui demain* sur France 3, à débattre avec la star de l'astrologie française Elizabeth Teissier. Dès l'ouverture, alors que l'animateur semble rayonnant, les deux astrologues donnent l'impression d'avoir ouvert les hostilités dans les loges et sont aussi tendues l'une que l'autre. On constate d'abord un écart foudroyant entre leurs looks qu'on ne peut faire plus dissemblables. En effet, Françoise se présente en jeans casquette et tee-shirt, là ou Elizabeth Teissier est « Chanelisée » de la tête aux pieds. Bouvard les met en opposition en citant un article dans lequel la chanteuse s'exprime ainsi : « Je regrette que Teissier déconsidère

De l'autre côté du miroir

l'astrologie et donne une image de marque catastrophique de notre profession ! » Françoise redresse le débat, se défendant de la brusquerie de ces propos. En revanche, elle soutient qu'elle regrette que l'on fasse croire que cette discipline permette de faire des prédictions, face à celle qui en fait chaque semaine dans *Télé 7 jours*. Le combat qui s'engage est sanglant. Françoise s'en prend clairement à cette astrologie de bazar représentée par Elizabeth Teissier qui a pris la place de Madame Soleil. Arrive le moment clef où Françoise confronte l'astrologue à sa démarche. Cette dernière s'en offusque : « Je ne suis pas honnête, c'est ça ! » Françoise, fidèle à elle-même et donc sans filtres, lâche tout de go : « Mais dans ce cas, Madame, c'est presque pire, si vous êtes honnête, cela veut dire que vous êtes incompétente ! » C'est le coup de grâce pour l'astrologue et un moment de pure délectation pour le facétieux Philippe Bouvard. L'émission continue, en termes de plus en plus techniques, révélant surtout une artiste passionnée face à une vulgarisatrice mercantile. Ce qui intéresse Françoise Hardy depuis des années, ce sont les possibilités de comprendre le cheminement personnel de chacun. Elle s'insurge face aux prédictions fantaisistes détournant l'astrologie de son sens originel.

Cette science ne l'éloigne pas pour autant de son premier talent. Le second artiste à l'inspirer est un compositeur qu'elle apprécie depuis ses débuts, Julien Clerc. En 1987, il lui adresse trois mélodies et elle écrit *Mon ange*, l'un des succès de son album. C'est ensuite au tour de Jean-Pierre Mader qui, en 1990, retrouve les honneurs du Top 50 avec *En résumé... En conclusion*. La même année, Clerc fait à nouveau appel à elle. La chanteuse lui cisèle un futur classique de son répertoire : *Fais-moi une place*. Sans jamais se parjurer puisqu'elle aurait aussi bien pu écrire cette chanson, si universelle, pour elle.

Fais-moi une place au fond d'ta bulle
Et si j't'agace, si j'suis trop nul
Je deviendrai tout pâle, tout muet, tout p'tit
Pour qu'tu m'oublies...
J'veux qu't'aies jamais mal, qu't'aies jamais froid
Et tout m'est égal, tout, à part toi
Je t'aime...

Parmi ses autres collaborations, on trouve une chanson pour l'album du retour d'Henri Salvador, *Chambre avec vue*, en 2000. Elle s'intitule *Le Fou de la reine*. Peu de temps après, en 2002, Françoise participe avec *Une dernière chance* à l'album *Calogero* de Calogero, la plus grande réussite discographique du compositeur-interprète.

Quand le désert avance

1986 est une année de voyages et de travail pour le couple Berger-Gall, terreau de ce qui deviendra l'album *Babacar* pour France. L'Afrique est au cœur des chansons. Il n'y a pas eu de trêve depuis le départ de Daniel Balavoine. Ils partent continuer son action, et, la douleur étant trop grande, il fallait que le deuil se fasse là-bas. Tous deux connaissent déjà bien l'état de ce continent aride, ils tentent de le soulager à leur mesure. Forcément les chansons qui vont naître en seront les témoins.

Quand le désert avance
C'est la vie qui s'en va

De l'autre côté du miroir

La faute à pas de chance
Ou Dieu qui nous foudroie
Et le désert avance
Plus personne n'y croit
C'est notre déchéance
L'impossible combat...

La Chanson d'Azima, le dernier single à sortir, traduit la douleur de France et Michel, de même que leur motivation pour continuer Action Écoles.

Dans le même mouvement, Berger va écrire *Babacar* en hommage à un petit Sénégalais que France rencontre à ce moment-là. « J'étais déléguée par Action Écoles au Sénégal pour voir, sur place, ce que l'on pouvait faire pour aider les gens. Dans un village très pauvre, je suis entrée dans une case pour me reposer un instant. Il y avait là une jeune femme superbe, assise sur la terre battue. Elle tenait un tout petit enfant dans ses bras... »

France lui dit : « Il est beau ton bébé. »

La jeune femme lui répond : « C'est vrai. Si tu veux, je te le donne, prends-le et emmène-le avec toi ! »

« Comment s'appelle-t-il ? » reprend France.

« Babacar », répond la jeune femme.

« Elle ne songeait à s'en séparer que pour assurer son avenir... Babacar est resté avec sa maman. France et Michel veillent sur lui de loin, financièrement. » « Il va bien, dit France, et j'attends qu'il grandisse pour lui faire découvrir notre pays[44]. »

Babacar
Où es-tu, où es-tu ?
Babacar

Où es-tu, où es-tu ?
Je vis avec ton regard
Depuis le jour de mon départ
Tu grandis dans ma mémoire...
J'ai des mots qui frappent qui sonnent
Et qui font mal comme personne
C'est comme la vie qui s'arrête
J'ai des mouvements de colère
Sur le troisième millénaire...
... J'ai pas manqué de courage
Mais c'était bien trop facile
Te laisser en héritage
Un exil...

C'est cette chanson triste et pleine de colère que France décide de mettre en avant lorsque sort l'album, début avril 1987. Elle représente mot pour mot ce qu'elle a ressenti et ressent encore. Le titre fait un succès immédiat, même s'il est difficile de danser, malgré un tempo très enlevé, à l'écoute de ces paroles. Quelques mois plus tard, c'est *Ella, elle l'a*, qui sort en second extrait. Un air tout aussi rythmé mais joyeux cette fois. Comme toujours, il a une histoire. France dit que Michel la porte en lui depuis dix ans. Soit l'époque à laquelle est sorti le premier album de France par Berger. Dans ce disque, on trouvait déjà une certaine *Big Fat Mama* !

C'est comme une gaieté
Comme un sourire
Quelque chose dans la voix
Qui paraît nous dire « viens »
Qui nous fait sentir étrangement bien
C'est comme toute l'histoire

*Du peuple noir
Qui se balance
Entre l'amour et le désespoir
Quelque chose qui danse en toi
Si tu l'as, tu l'as
Ella, elle l'a
Ce je ne sais quoi
Que d'autres n'ont pas
Qui nous met dans un drôle d'état...
Ce don du ciel
Qui la rend belle
Ella, elle l'a...*

C'est la tornade de l'album. La chanson se vend dans toute l'Europe et fait un énorme tube en Allemagne où France n'a jamais été oubliée. Elle catapulte le disque à des chiffres de ventes étonnants. Tous formats confondus, l'aventure *Babacar* se traduit à plus de 3 millions d'exemplaires !

Top 50, pop égéries, lolitas et libertines !

Très peu de nouvelles chanteuses vont éclore dans les années 1970. Comme si la magie de Véronique Sanson avait occupé tout l'espace, et le cinéma éclipsé le charme de Jane Birkin.

Sans doute Sylvie, Françoise, Sheila et France ont-elles une image trop marquante pour laisser la moindre chance à de nouveaux talents, qui ne font qu'entrer et sortir des hit-parades... Cette décennie va s'avérer celle des hommes ! Jeunes, le plus souvent beaux garçons, voire ambigus, ils arrivent en nombre. Alain Chamfort, Patrick Juvet, Mike Brant, C. Jérôme, Dave et bien d'autres. Ils deviennent « les chanteurs à minettes » et envahissent la presse ado. Bien sûr, leur public est presque exclusivement féminin. Évidemment, les stars masculines des sixties continuent leur route. Et un nouveau style d'auteurs-compositeurs fait son apparition, Souchon et Voulzy en tête.

Mais alors qu'arrivent les années 1980, la donne va changer. Cette décennie va projeter sur le devant de la scène un bouquet de pop girls dignes du temps des sixties. Et le Top 50, premier classement officiel des ventes de disques qui fait rapidement son apparition, sera le témoin de leur succès.

La jeune Vanda Maria Ribeiro Furtado Tavares de Vasconcelos, Portugaise émigrée en Belgique, devient la première pop star féminine à exploser les hit-parades des années 1980. Sous le pseudonyme de Lio, qu'elle emprunte à la BD culte *Barbarella*, elle lance *Le Banana split*, un hommage à peine déguisé aux *Sucettes* de France Gall, qui atteint les 700 000 exemplaires. Comme ce fut le cas pour les quatre filles dans le vent, nombreux sont ceux qui voudraient la voir comme un produit marketing. Si jeune, elle a à peine 18 ans, si jolie... Elle est forcément manipulée. En réalité, non. La jeune fille est parfaitement consciente de ce qu'elle chante et va rapidement confirmer son succès avec un deuxième hit, *Amoureux solitaires*, qui passe la barre du million. Mais nous ne sommes plus à l'époque si naïve des sixties. Sylvie, Françoise, Sheila et France ont bel et bien essuyé les plâtres. Lio les connaît et les apprécie. Elle cite plusieurs fois en interview non seulement France, dont elle va devenir une amie, mais aussi Sylvie : « J'adore Sylvie, j'adore chanter Sylvie... », avoue-t-elle à

De l'autre côté du miroir

Michel Drucker dans une émission spéciale sixties, où elle vient d'interpréter *La Plus Belle pour aller danser*. Son premier album lance le son électronique des années 1980, elle devient une icône qui, jusqu'à aujourd'hui, symbolise la décennie.

En 1984, alors que Lio a déjà publié deux albums, Mylène Farmer part à la conquête du Top 50 avec *Maman a tort*, qui fait un joli succès à 100 000 exemplaires, loin des envolées de sa consœur mais bien entêtant tout de même. Et d'ailleurs elle va s'entêter, avec *Plus grandir* et bientôt, en 1986, *Libertine*. Et là c'est l'explosion. Avec un clip comme on n'en a encore jamais vu en France, spectaculaire et sexy, le titre propulse l'artiste aux cimes du classement, où elle croise la même année *Les brunes comptent pas pour des prunes* de Lio.

Deux icônes années 1980 sont en place et une troisième ne va pas tarder à les rejoindre. Vanessa Paradis n'a pas encore 15 ans lorsque paraît *Joe le Taxi*, en avril 1987. Le titre gagne rapidement la première place du Top 50 et se vend à plus d'un million d'exemplaires en France, tout en s'échappant un peu partout à l'étranger et surtout en Angleterre où elle atteint le top 3 ! La jeune fille est invitée à « Top of the Pops », comme Françoise, Sylvie et Sheila avant elle. Durant tout l'été 1987, elle parvient même à surpasser *La Isla Bonita* de Madonna. Transformera-t-elle l'essai ? Comme ce fut le cas pour Sylvie ou Sheila, tout le monde s'acharne sur elle. Méchamment. Bien trop jeune et trop jolie pour être honnête. Dès que l'occasion leur en est donnée, les aînées disent tout le bien qu'elles pensent d'elle, comme si elles se reconnaissaient dans les affres qu'elles la voient subir. Le premier disque de Vanessa et surtout le titre

Marilyn & John auront raison des sorcières du show-biz. Elle est adoubée par Gainsbourg pour son deuxième album et file aux États-Unis pour le troisième tout en devenant égérie Chanel... Difficile de ne pas penser aux destins de Sylvie et Françoise...

À l'été 1984, une étrange jeune femme entre en scène avec son premier 45 tours, *Toute première fois*. La frêle Jeanne Mas surprend, arborant un look gothique, néo-punk, et interprétant son titre sur une chorégraphie syncopée. Carton tout au long de l'année avec 800 000 exemplaires. Ce succès est immédiatement suivi par *Johnny, Johnny* et *En rouge et noir* en 1986. Mais *Sauvez-moi*, qui atteint encore de beaux scores, sera son dernier hit et, même si elle continue de chanter, l'instant de grâce est passé.

Jeanne Mas n'est pas la seule. Elles sont nombreuses à n'enchaîner que quelques albums avant de quitter la lumière, comme la talentueuse Jil Caplan. Ou encore Buzy, apparue en même temps que Lio. La décennie sera de plus très riche en one hit wonder girls : *C'est la ouate* de Caroline Loeb, *Mise au point* de Jakie Quartz ou encore *Je ne veux pas rentrer chez moi seule* d'Agathe, qui ne renouvelleront pas l'essai.

D'autres icônes naissent en version « couple » ! En 1985, Catherine Ringer, du duo Les Rita Mitsouko qu'elle forme avec son compagnon Fred Chichin, s'envole pour une réussite fulgurante. Catherine n'est ni Lio, ni Vanessa, pas davantage Mylène. Elle n'a plus l'âge de jouer les ingénues libertines, mais a bien d'autres atouts. Une voix, une personnalité, une fantaisie, un humour décalé. Et tout cela explose sur le premier single à succès du groupe : *Marcia Baïla*. Énorme hit qui lance leur carrière. Un an plus tard,

De l'autre côté du miroir

ils confirment leur talent avec *Andy*, *Les Histoires d'A* et surtout *C'est comme ça*, qui fait un carton. Les Rita, comme on les nomme, deviennent les chouchous de la presse rock... L'inverse aurait été étonnant. Catherine, pas snob pour deux sous, fait un duo avec un vrai chanteur de variétés, le jeune Marc Lavoine, brisant, avec *Qu'est-ce que t'es belle*, les frontières entre rock, pop et chanson populaire. Nouveau succès.

Au même moment un autre duo très pop, Niagara, met en valeur sa chanteuse, Muriel Moreno, dotée d'une voix grave et sensuelle. Son compagnon, Daniel Chenevez compose et produit. Elle écrit et interprète. Le premier hit, *Tchiki Boum*, les met sur orbite. Étienne Daho les accompagne dans les chœurs : adoubés par le prince de la pop française, ils décollent. *L'Amour à la plage* et *Je dois m'en aller* suivent rapidement. Dans les clips réalisés par Daniel, Muriel s'incarne en une sorte d'héroïne de BD sixties. D'ailleurs, toute cette génération semble fortement inspirée par les années 1960 !

Mais de qui se réclament-elles ces héroïnes 80 ? Oh bien sûr de quelques groupes et artistes anglais ou américains... Vanessa est fan de Prince mais aussi du Velvet Underground. Lio est folle de la Tamla Mowton et de ses girls groups. Mais on est surpris d'entendre au détour d'une interview le prénom de Sylvie, celui de Françoise, de France ou de Sheila... Surpris aussi d'entendre Catherine Ringer, quelques années plus tard, déclarer qu'elle a piqué tel ou tel tic vocal ou scénique à Sylvie, avec laquelle elle interprète un duo pour une émission TV. Ce sera *Drive My Car* des Beatles !

Bientôt, on n'écoute plus la musique sur vinyle ! Le compact disc, très vite nommé CD, est entré dans les foyers.

Son format est nettement plus petit que celui des microsillons. Gainsbourg parle de « réducteurs de têtes ». Il n'a pas tort. L'image des artistes s'en trouve réduite, à l'opposé des 45 et 33 tours qui étaient autant de savoureux portraits dans les chambres d'adolescents.

Les chanteuses des années 1980 seront les dernières à s'inscrire dans la légende. Comme si le vinyle, en disparaissant, via le son numérique, avait gravé en ses sillons quelques notes d'immortalité.

Partir quand même

Partir quand même
Pendant qu'il dort
Pendant qu'il rêve
Et qu'il est temps encore
Partir quand même
Au moment fort
Briser les chaînes
Qui me lient à son sort...

C'est sur ce jeu de métaphores, accompagnant une mélodie de Jacques Dutronc, que Françoise annonce son nouvel album, *Décalages*, comme étant le dernier de sa carrière, au printemps 1988. Elle en signe tous les titres, à travers lesquels elle passe par ses circonvolutions favorites. Trois singles en sont extraits : *Partir quand même*, *Laisse-moi rêver* et *La Sieste*. On entend donc régulièrement Françoise entre 1988 et 1989. Dans ce jeu de miroirs s'est glissé un certain Étienne Daho, déjà rencontré en 1985, avec lequel

Françoise a enregistré à nouveau, en duo, son titre de 1972, *Et si je m'en vais avant toi*. Les deux artistes se vouent une admiration réciproque. La carrière d'Étienne Daho, grand fan des sixties, a de très beaux jours devant elle. Parmi les artistes qui ont fait cette génération de pionniers, c'est avec Françoise qu'il entame sa première collaboration avec *Laisse-moi rêver*. Quant à *La Sieste*, dernier titre à sortir, il se distingue par un texte à l'érotisme feutré auquel Françoise ne nous avait pas habitués.

> *Et si tu mettais le répondeur*
> *C'est mieux que les boules Quies*
> *T'as pas remarqué que c'est l'heure*
> *De faire la sieste*
> *T'agiter trop tôt serait une erreur*
> *T'as besoin de repos*
> *A dit le docteur*
> *Et moi ce qu'il me faut*
> *C'est de la douceur...*

Cet album, une coproduction franco-britannique, qui renferme une dizaine de chansons, vaut un disque d'or à son auteur et interprète.

Le tour de France

Pour la seconde fois, à trois ans d'intervalle, France investit l'immense scène du Zénith pour trois semaines à partir du 12 novembre. C'est là que vont vivre les chansons du dernier album, mélangées aux tubes réarrangés pour la plupart. Et sur le plan musical, France réserve bien des surprises. De même pour la chorégraphie qu'elle a conçue. C'est le premier spectacle qu'elle commence en dansant. Pour son public, pour la plupart des jeunes des années 1970 qui n'ont pas connu ses sixties, Gall c'est Berger. Elle présente d'ailleurs ainsi leur collaboration dans la plupart des articles de presse qui annoncent le show : le créateur c'est lui. En quelque sorte, elle est là pour faire vivre ses mots et sa musique. Il y a cette fois, dès les toutes premières chansons, un virage difficile à amorcer. Il l'a été autant pour Michel dans l'écriture qu'il l'est pour France dans l'interprétation. Il s'agit du morceau dédié à Daniel Balavoine.

> *Y a comme un goût amer en nous*
> *Comme un goût de poussière dans tout*
> *Et la colère qui nous suit partout...*
> *Évidemment, évidemment*
> *On danse encore*
> *Sur les accords*
> *Qu'on aimait tant*
> *Évidemment, évidemment*
> *On rit encore*
> *Pour des bêtises*
> *Comme des enfants*
> *Mais pas comme avant...*

« Pour la première fois de ma vie, j'ai chanté en pensant à autre chose qu'au texte pour ne pas pleurer. J'étais encore dévastée par la mort de Daniel, et je n'avais pas encore l'expérience du détachement comme aujourd'hui. Sur scène, c'était l'osmose totale avec le public, touché au cœur par ce texte[45]. »

De l'autre côté du miroir

Après cette parenthèse, elle s'embarque pour *J'irai où tu iras*, accompagnée par les Phenix Horns, la section de cuivres du groupe Earth, Wind and Fire, en mêlant sa voix en impro au son de leurs instruments. Pour *Babacar*, c'est avec la participation de Doudou N'diaye Rose, le percussionniste sénégalais, et de son groupe, que l'Afrique, ce continent si cher à France, partage la scène. Un moment intense durant lequel la chanteuse est habitée par le son des tambours et des instruments qui résonnent en elle. Si la complicité avec les musiciens est palpable sur chaque morceau, dans le rythme de *Babacar*, elle est comme envoûtée. Elle entre en transe, aidée au-delà des notes par la charge émotionnelle provoquée par le texte qui la touche au plus profond d'elle-même. Le milieu de la chanson est consacré à Doudou et son groupe. Soudain, le Zénith n'est que percussions. France l'a voulu ainsi, la scène nous donne l'impression d'être dans la brousse.

France emporte son spectacle dans les plus grandes villes pour un tour de France d'une durée d'un mois à la fin de l'hiver 1988. De retour à Paris, elle est épuisée et heureuse d'avoir réussi à faire vivre ces chansons qui l'ont tant chavirée à son public.

Et, sous le coup de l'émotion, au début du printemps, elle explique à Michel qu'elle ne voit pas comment elle pourrait aller plus loin. Tant sur disque que sur scène. Elle est rassérénée, elle souhaite s'arrêter. Michel, encore ébloui par cette aventure, n'en revient pas, mais, devant l'insistance de sa femme, il est bien obligé d'en prendre acte. De son côté, elle ne mesure pas encore la blessure qu'elle vient de lui causer. C'est pour lui très violent, un peu comme une rupture qu'elle lui annoncerait. Elle vient de lui ôter sa raison d'être.

341

Et tes larmes n'y pourront rien changer

« Il y a deux choses difficiles à dire dans la vie, c'est je t'aime et je pars. Sachez avant tout que je vous aime, très fort. »

C'est sur ces mots que Sheila quitte son public lors de son retour sur scène, à l'Olympia, en octobre 1989. Qu'est-ce qui a bien pu pousser la chanteuse à prendre une telle décision, alors qu'elle a rencontré une nouvelle équipe artistique et qu'elle a magnifiquement offert ce dont elle était capable, au Zénith, quatre ans plus tôt ? Il y a eu, dans cette seconde moitié de décennie, des choses très concrètes, la maladie, dont elle a triomphé, les galères de production dans un système qui n'a cessé de changer au long des années 1980, et des trahisons, toujours.

Sur l'instant, le public comme les médias sont abasourdis par la nouvelle, car rien ne laissait présager une telle annonce. Un an auparavant, à l'automne 1988, Sheila a sorti un nouvel album, le troisième produit par Yves Martin et son équipe. Le disque contient des titres intéressants. Trois singles en sont extraits. Et c'est à la suite de ce succès qu'elle a décidé de monter pour la première fois sur la scène de l'Olympia, dont elle a rêvé tout au long de sa carrière. Après l'aventure du Zénith et la parution de l'album live de son spectacle, Claude Carrère a décidé d'arrêter de distribuer les disques de la chanteuse. Elle a retrouvé le chemin de Philips, devenu PolyGram, puis plus tard Universal, mais les résultats de ses derniers enregistrements n'ont pas suffi pour rester dans cette maison de disques. On lui reproche de frissonner au Top 50... Elle, la reine des hit-parades sur plus de deux décennies, la chanteuse française ayant vendu le plus grand nombre de disques en France comme à l'étranger, la voilà soudain traitée comme une débutante, contrainte par un système qui broie les artistes plus qu'il ne cherche à les mettre en avant. C'est frustrant. Pour ce dernier album produit par Yves Martin, ils ont été obligés de créer une structure et de supporter tous les risques. Ce qui ne l'empêche pas, sur le moment, de se projeter à nouveau sur scène et de signer avec le producteur Jean-Claude Camus, le même que pour son spectacle précédent, pour une dizaine de dates à l'Olympia.

Depuis le Zénith, le temps a passé. Sheila sait parfaitement que sa relation avec la société Carrère n'est pas saine et, maintenant qu'elle vit avec Yves Martin, auteur-compositeur, elle réalise l'immensité des dégâts. Financiers s'entend. Il lui montre ses relevés de droits Sacem et lui explique la part qui doit revenir à un interprète. Le calcul est vite fait. Même si elle est toujours salariée de Carrère, entre ce qu'elle a touché pour les millions de disques qu'elle a vendus et ce qui aurait dû lui revenir, il y a un précipice. Claude Carrère lui a en effet permis d'accéder à la notoriété et de mener une telle carrière, mais l'inverse est également vrai. C'est sur le succès de la chanteuse qu'il a bâti un empire, au point de devenir patron d'une des plus grandes sociétés de production de disques, de distribution et d'éditions musicales. Il faut être très fort pour encaisser un tel coup. Comble de l'« ironie », c'est le même moment, 1989, que Carrère choisit pour lui faire parvenir une lettre de licenciement, pour cause de réduction du personnel ! Sheila va au bout de la procédure mais ne touche pas les indemnités qui lui étaient dues, car Claude Carrère met subitement sa société en faillite. Enfin, l'une d'entre elles, puisque, dans ces années-là, il est devenu producteur de télévision.

Chargée de ces différentes épreuves, Sheila fait son retour à l'Olympia où elle annonce donc ses adieux. Tous les soirs, le moment du final venu, pour lequel elle a choisi d'interpréter la chanson de Serge Gainsbourg *Je suis venu te dire que je m'en vais*, des larmes coulent des deux côtés de la scène. Claude Carrère fait partie des personnes qui sont incapables de se retourner sur leur passé, c'est la plus grande blessure de Sheila. Seul le public, qui lui chantera le soir de la dernière sur l'air de Gainsbourg « *On est venus te dire que l'on t'aimait...* », ne l'oubliera jamais.

Djidjika

Même si aux quatre coins du monde on a du mal à y croire, dans la nuit du 9 novembre 1989 a lieu la chute du mur de Berlin. Elle signe la fin de la guerre froide entre les blocs de l'Est et de l'Ouest. C'est l'un des plus grands événements historiques de la fin du vingtième siècle. Sylvie est au même moment en train de faire un retour discographique avec le titre phare, *C'est fatal*, qui ne va pas tarder à devenir l'un de ses classiques de scène. Bien sûr, comme son frère Eddie, elle a souvent eu envie de retourner dans son pays de naissance, on lui a même proposé d'aller y chanter. Chaque fois, ce fut la même réponse : pas sous un gouvernement communiste, celui-là même qui avait coûté la vie a tant de ses proches et que ses parents avaient eu la chance de fuir de justesse en 1952 avec leurs deux enfants. Dès le début

De l'autre côté du miroir

de l'année suivante, la proposition lui est à nouveau faite. Le régime politique ayant changé, elle accepte.

Très vite, il faut mettre en place un spectacle, et non un show, car Sylvie trouve que ce serait déplacé pour ses retrouvailles avec un peuple qui a tant souffert. Elle souhaite mêler les chansons bulgares qu'elle entendait son père et ses amis chanter à ses classiques, accompagnés de quelques ballets. Bientôt, l'entourage professionnel de Sylvie ne parle que de cela. Maritie et Gilbert Carpentier lui proposent non seulement de filmer le concert, mais aussi de réaliser un reportage à l'occasion de son retour sur sa terre natale. Eddie part en reconnaissance pour donner les principaux points d'appui, les lieux à filmer. Il en revient bouleversé par une tristesse et une pauvreté bien plus palpables que ce qu'il imaginait. Sylvie décide alors de commencer par le concert, les prises de vue des endroits qui ont marqué son enfance auront lieu ensuite.

C'est dans un état de tension et d'émotion extrême qu'elle se présente, un soir d'octobre 1990, devant les 4 000 personnes qui remplissent le Palais de la culture de Sofia. Il n'y a pratiquement que des Bulgares, dont de nombreux amis et anciennes connaissances de la famille Vartan. C'est un moment inoubliable, magnifiquement capté par les caméras d'Antenne 2. La fin du spectacle est démente, ils sont des centaines à apporter des fleurs, des photos, à vouloir embrasser Sylvie. Jamais un concert ne lui avait produit un tel effet auparavant. Elle en sort chamboulée. De même que le parcours et les retrouvailles que lui réservent les jours suivants. De retour à Paris, elle a du mal à retrouver ses marques, hantée par ce qu'elle a vu et vécu durant ces douze jours passés en Bulgarie. Elle est encore submergée par les souvenirs de Djidjika, le nom que lui avait donné son grand-père paternel qu'elle n'a jamais revu depuis 1952. Même si la préparation d'un spectacle prévu pour le Palais des Sports en début d'année suivante l'occupe énormément, elle décide avec son frère de créer une association qui aura pour vocation de venir en aide à l'enfance bulgare, notamment aux hôpitaux et maternités qui souffrent d'un terrible manque de matériel.

Je suis peut-être celle qui te fermera les yeux

Il ne faudrait jamais partir. France, en 1992, confie à Michel son désir de revenir à la musique. Mais pas de la même manière, elle souhaite cette fois qu'il écrive, compose et réalise un album à deux voix, la sienne et celle de Michel. Avec des chansons d'une structure différente, pas nécessairement construites autour de couplets et de refrains. Ce serait comme une toute nouvelle collaboration entre eux, aller chercher le public là où il ne les attend pas. Ils parlent, en débattent, et Michel se lance. Les premiers morceaux arrivent, mais France attend autre chose. Il part pour huit jours d'isolement à Los Angeles et en rapporte *Laissez passer les rêves*. C'est exactement ce qu'elle avait imaginé. C'est le titre phare qui va lancer l'album, sur lequel ils ont fait le choix de mettre leurs voix en avant à tour de rôle. À l'inverse des duos classiques, ils prennent le parti de mêler leurs deux timbres indissociables.

Laissez passer les rêves
Celui de John qui chante, celui de Luther King
Que le matin se lève
Sur un tout nouveau monde comme on l'imagine...

De l'autre côté du miroir

Laissez passer tous les fous qui dansent
L'illusion vaut bien la révérence
Sinon la préférence
Laissez passer...

« J'ai découvert la chanson en studio, un peu décontenancée, comme les musiciens. J'ai eu du mal à l'apprendre. Bref, c'est exactement ce que je voulais entendre. Michel me laisse diriger les voix. C'est pas difficile, on chante exactement pareil, dans le phrasé et l'intention[46]. » Le disque sort début juin. Très vite, il est présenté à la télévision, dans « Stars 90 », l'émission de Michel Drucker. Il fait l'objet, la semaine suivante, d'un show case au New Morning où France et Michel présentent leurs dix nouvelles chansons à un parterre de professionnels et d'amis. Ils envisagent un spectacle à la Cigale, à l'automne. Une salle nettement plus intime que celles qu'ils ont pratiquées jusque-là, et enfin Bercy au printemps 1993. Pour l'heure, ils partent, en famille, pour les traditionnelles vacances d'été à Ramatuelle.

Le 2 août, alors qu'ils terminent une interview, France raconte au journaliste Alain Morel qu'ils étaient, la veille, en balade sur la plage. « Il y a quelqu'un qui m'a fait les lignes de la main. Il m'a dit : Vous rentrez dans l'immortalité ! Alors je lui ai dit, c'est quand même pas avec ma petite carrière de chanteuse que je vais rentrer dans l'immortalité ! Elle rit, s'amuse de la situation. Ça va se passer maintenant ? Il m'a dit oui, en effet. » Michel continue, assez amusé lui aussi : « Je suis très très très intéressé de savoir ce que l'immortalité va choisir comme terrain pour France mais en attendant on va peut-être s'occuper de notre disque et puis on va voir après... » C'est la fin de l'après-midi et, bien qu'il fasse très chaud, Michel rejoint des amis sur le court de tennis. Soudain, il est pris d'une douleur très violente. Il s'interrompt, regagne la maison et remonte dans sa chambre. Une autre attaque suit rapidement. France appelle les secours. Quand ils arrivent, Michel fait un troisième infarctus. Ils n'ont rien pu faire.

> Je ne pourrai jamais me remettre d'une chose pareille, jamais. Ça a eu beau se passer dans le plus grand calme, dans le plus grand silence, cela a été d'une violence inouïe. Une violence inouïe dans le silence. Et c'est une idée tellement inacceptable qu'on se demande comment on est vivant après. Parce qu'il faut qu'on vous le dise, vous le voyez, mais non, non, non, ce n'est pas possible, on ne peut pas le croire... Et quand on vous le dit en face, « il est mort », on pense qu'on va vraiment mourir, juste de recevoir ça, cette information-là... Ces trois mots-là. Ça, aussi, c'est d'une violence extrême. D'abord il y a la menace de ce que j'ai vu, dans le calme, dans le silence de ces trois mots. Quand on me l'a dit, j'ai vraiment cru que j'allais exploser, que tout mon corps allait éclater en lumière, que j'allais exploser, paf ! Tellement c'est monstrueux. Et je trouve ça incroyable d'être là, aujourd'hui, à en parler[47].

Épilogue
Grand ballet final

Pour les quatre filles dans le vent, ce début de décennie pourrait ressembler à un grand ballet final...

Seule Sylvie semble vouloir continuer et, lors des adieux de Sheila à l'Olympia, elle va d'ailleurs tenter de convaincre sa collègue, sa « meilleure ennemie », sa coéquipière de hit-parade, bref, son alter ego féminin, de renoncer à ce départ qu'elle ne comprend pas. Le soir de la générale, sidérée de voir Annie en larmes sur la scène, expliquant qu'elle ne reviendra plus, elle file vers les coulisses. Elle retrouve sa consœur dans sa loge et plus personne ne pourra y entrer. Les « people » attendront un certain temps avant de pouvoir venir faire leurs compliments. À l'intérieur, les deux lionnes du show-biz débattent... Que se sont-elles dit ce soir-là ? Quels arguments Sylvie a-t-elle utilisés pour tenter de persuader Annie ? Mystère.

Une nouvelle génération est arrivée et une autre frappe à la porte. Zazie va s'imposer durablement. Patricia Kaas continue avec succès une carrière démarrée avec *Mademoiselle chante le blues* ou encore *Mon mec à moi*. C'est un peu son

Mon homme à elle. Et de toute façon, *Comme un garçon* a déjà été revisitée par Mylène Farmer, en une version non genrée avec *Sans contrefaçon*. Mylène qui a emboîté le pas à Sylvie en se lançant, dès 1989, dans un show gigantesque. La relève est assurée.

Et pour autant, sont-elles prêtes à arrêter ce métier qui les a tant fait vibrer ? Rien n'est moins sûr. Françoise, la première, va revenir sur ses adieux... Fortement encouragée par son ami Étienne Daho, elle accepte de retourner en studio. L'aventure vécue avec le groupe britannique Blur, un an auparavant, a sans doute ravivé son désir. Elle enregistre avec eux une version franco-anglaise de leur tube *To the End*, qui devient sous sa plume *La Comédie*. Elle poursuit sur sa lancée avec l'enregistrement d'un des albums les plus créatifs de sa carrière, *Le Danger*.

Les années 1990 voient Sylvie renouer avec le tourbillon auquel ses débuts l'avaient habituée. Casino de Paris, Olympia et nombreuses tournées... Les scènes se succèdent et le public répond présent. De nouveaux albums sont édités avec des changements d'équipes et de générations. Elle fait même son retour au cinéma avec le réalisateur Jean-Claude Brisseau. *L'Ange noir*, polar étrange et fascinant, lui vaut certaines des plus belles critiques de sa carrière.

Malgré un destin qui ne cesse de s'alourdir, France va honorer les engagements pris avant le départ de Michel. À peine remise d'un cancer du sein, elle se produit seule à Bercy pour le spectacle *Double Je*, qu'elle traduit en *Simple Je*. Puis à l'automne 1994, elle joue à Pleyel, avant de s'envoler pour la Californie avec ses enfants. Aux États-Unis, elle prépare un nouvel album, hommage à Michel à travers leurs titres les plus forts, dans les studios de Prince

Épilogue

et avec plusieurs de ses musiciens. Puis elle présente ces nouvelles chansons à l'Olympia à l'automne 1996. Mais le destin continue de s'acharner, et sa fille, Pauline, s'éteint peu après avoir fêté ses 19 ans. France n'aura dès lors plus le goût de chanter...

Tout au long des années 1990, malgré son retrait de la scène, Sheila n'est pas restée inactive. Elle écrit trois livres entre 1993 et 1997, dont l'un sans doute très autobiographique. Elle anime également deux émissions de variétés à la télévision, l'une en 1990, l'autre en 1996 aux côtés de Dave. Mais, poussée par Yves Martin, son compagnon, elle décide d'enregistrer un album de reprises de ses principaux tubes, qui sort début 1998 et devient disque d'or en quelques semaines ! Visiblement elle avait manqué au public et retrouve la scène de l'Olympia la même année avant de revenir, pour cause de succès, en 1999...

Il n'y a pas que la scène pour faire battre le cœur de Sylvie en 1998. Son souhait le plus grand vient d'être exaucé. Elle adopte une petite fille bulgare, Darina, née comme elle au-delà des Balkans. Portée par ce nouveau bonheur, elle décide de renouer avec un genre qu'elle n'a pas pratiqué depuis longtemps, le show télévisé. C'est France 2 qui lui en donne l'opportunité à l'automne 1998. L'émission enregistre le plus fort audimat de l'année dans la catégorie divertissement. Les propositions affluent et la chanteuse s'engage pour une nouvelle soirée, cette fois sur TF1 qui réalise, début 2000, un score spectaculaire. Entre-temps, elle a fêté la fin du siècle pendant trois semaines à l'Olympia.

En 2000, Françoise s'offre un nouveau succès, cette fois avec l'homme de sa vie. Le voilà donc ce duo tant attendu avec Jacques Dutronc. *Puisque vous partez en voyage* semble être un portrait de leur couple atypique. Pourtant, c'est une reprise d'une chanson enregistrée en 1935 par Jean Nohain et Mireille ! Celle qui guida si gentiment les premiers pas de Françoise et restera son amie. La boucle est bouclée...

Enfin, pas tout à fait. Sylvie va revenir plusieurs fois au Palais des Congrès, ainsi qu'à l'Olympia, à Pleyel ou au Grand Rex. Elle a perdu son frère Eddie, sa mère bien-aimée. Mais elle continue, soutenue par un homme et un public qui l'aiment. Sheila aussi enchaîne les scènes parisiennes et les tournées en province. En 2013, elle se voit remettre une Victoire d'honneur de la musique des mains d'Emmanuel Moire, avant d'interpréter le tube *Bang-Bang* pour ses cinquante ans de carrière. C'est ensuite au tour de Vianney de reprendre un classique français en duo avec elle. Puis elle affronte le pire. Son fils Ludovic s'éteint... Seule façon de lui survivre, le public, encore et encore. Malgré les atteintes de plus en plus violentes de la maladie, Françoise n'ajoute pas moins de cinq albums à sa discographie, tous reçus avec un égal succès. Dans *Parenthèses*, elle se lance dans une suite de duos avec Alain Baschung, Alain Souchon et Alain Delon, entre autres. Sans oublier Arthur H qui forme, peu de temps après, un tandem vibrant avec Sylvie dans un album produit par Keren Ann et dont le titre phare est interprété avec Julien Doré. France, après avoir supervisé la comédie musicale *Résiste*, un jour, sans doute lassée des facéties du destin, ne résiste plus et s'en va... Comme Johnny un mois avant elle.

En 2021, Sylvie fête ses soixante ans de carrière. En 2022, c'est au tour de Sheila. Dans les *Inrockuptibles*, Françoise dialogue avec Clara Luciani, qui, peu de temps avant, a convié Sylvie à chanter *Comme un garçon* avec elle à

Épilogue

l'Olympia. Quant à France, d'où elle est, elle peut assister au triomphe de *Starmania* version 2022.

Sylvie a atteint un record en termes de tickets de spectacle vendus, en France comme à l'étranger. Pour la seule ville de Paris, elle dépasse les 1,7 million. Sheila est de loin, parmi les quatre, celle qui a vendu le plus grand nombre de disques dans l'Hexagone et a fait une très belle percée à l'international. Elle est la première femme à s'inscrire dans le top des ventes de disques en France, juste après Hallyday, Sardou et Goldman. Françoise est entrée depuis un moment dans ce que l'on nomme la famille des auteurs-compositeurs classiques de la chanson française. France incarne définitivement la modernité de la musique des trente dernières années du vingtième siècle.

Aujourd'hui, elles sont toutes, quoi qu'il en soit, dans l'inconscient collectif. Il n'est plus possible de dire « La plus belle » sans qu'automatiquement l'on pense, voire dise « pour aller danser ». S'il est question de garçons et de filles, ils « s'en vont dans la rue deux par deux » ! Et si vous demandez « Donne-moi ta main… », un « et prends la mienne » fuse immédiatement ! Essayez donc d'user du mot « résiste » et, en chœur, on vous répondra en riant : « Prouve que tu existes ! »

Héroïnes pop et héroïnes tout court, les quatre filles sont devenues des références musicales, que les médias citent toujours volontiers. Pionnières du show-business, en ayant eu la chance de démarrer un air du temps qui n'existait pas encore, elles ont été, sans vraiment le réaliser, à la fois avant-gardistes et familiales. C'est pourquoi elles sont aujourd'hui entrées, via plusieurs dizaines de tubes à elles quatre, dans la grande histoire de la chanson française.

Remerciements

Merci à Sylvie de nous avoir accueillis dans son tourbillon en ouvrant les portes des coulisses d'un métier fascinant.

Nous tenons à remercier Bernard Fixot, Édith Leblond, Catherine de Larouzière et Renaud Leblond, qui nous ont permis de publier ce nouvel ouvrage chez XO Éditions, ainsi que l'équipe qui a contribué à sa réalisation et sa promotion : Bruno, Camille, Marine, Nathalie, Pascale et Stéphanie.

Enfin, merci à Olivier Coulon pour le graphisme de la couverture.

Notes de fin d'ouvrage

1. Sheila, *Ne vous fiez pas aux apparences*, entretiens avec Didier Varrod, Plon, 2003.
2. Article de presse belge, janvier 1963.
3. Daniel Filipacchi, cité par Pierre Bénichou, *Jours de France*, 6 juillet 1963.
4. Françoise Hardy, *Le Désespoir des singes… et autres bagatelles*, Robert Laffont, 2008.
5. JT de 13 heures, 1ᵉʳ juin 1964.
6. *Jours de France*, n° 496, 16 mai 1964.
7. *Jours de France*, n° 520, 30 octobre 1964.
8. Pascal Forneri, Yann Grasland, *Chroniques de l'âge tendre*, France 3, 2021.
9. Jane Birkin, France Inter, « Totémic », par Rebecca Manzoni, 3 octobre 2022.
10. Interview pour *Le Parisien*, 2015.
11. Propos recueillis par Jean-Luc Clairet, *Les Inrockuptibles*, 2001.
12. Yves Salgues, *Jours de France*, n° 604, 11 juin 1966.
13. Jean-Christophe Averty, « Mode d'emploi », Canal Plus.
14. *Télé 7 jours*, n° 345, 29 octobre 1966.
15. Françoise Hardy, *Le Désespoir des singes…*, op. cit.
16. *Ibid.*

17. France Culture, 2022, à partir d'extraits d'anciennes émissions de radio.
18. *Télé magazine*, septembre 1967.
19. Françoise Hardy, *Le Désespoir des singes...*, *op. cit.*
20. *Paris Match*, mai 2009.
21. Françoise Hardy, *Le Désespoir des singes...*, *op. cit.*
22. Yves Salgues, *Jours de France*, n° 714, 17 août 1968.
23. Françoise Hardy, *Le Désespoir des singes...*, *op. cit.*
24. *Mademoiselle Âge tendre*, n° 50, janvier 1969.
25. Danièle Abitan, *Mademoiselle Âge tendre*, n° 58, septembre 1969.
26. *Jours de France*, mars 1970.
27. *Mademoiselle Âge tendre*, n° 62, janvier 1970.
28. *Mademoiselle Âge tendre*, n° 66, mai 1970.
29. Françoise Hardy, *Le Désespoir des singes...*, *op. cit.*
30. Sheila, *Ne vous fiez pas aux apparences*, *op. cit.*
31. *Ibid.*
32. Livret, intégrale de France Gall, Warner, 2004.
33. Françoise Hardy, *Le Désespoir des singes...*, *op. cit.*
34. *Ibid.*
35. *Paris Match*, n° 1407, 15 mai 1976.
36. François Hardy, *Le Désespoir des singes...*, *op. cit.*
37. Françoise Hardy, *Chansons sur toi et nous*, Éditions Équateurs, 2021.
38. Livret, intégrale de France Gall, *op. cit.*
39. *Ibid.*
40. Interview télé, répétitions Zénith, 1985.
41. Reportage, « Sheila au Zénith », Antenne 2, 26 février 1985.
42. Sheila, *Danse avec ta vie*, L'Archipel, octobre 2013.
43. Françoise Hardy, *Chansons sur toi et nous*, *op. cit.*
44. *France Soir magazine*, 21 mars 1987. *Télé Star*, 4 au 10 avril 1987. Livret album *Babacar*, avril 1987.
45. Livret, intégrale de France Gall, *op. cit.*
46. *Ibid.*
47. France Gall à Alix de Saint-André, *Elle*, avril 1993.

Bibliographie

Ouvrages

Yves Bigot, *Michel Berger*, Seuil, 2022.
Michel Brillié, Christian Gauffre, *L'Aventure Salut les copains*, Éditions du Layeur, Fondation Frank Ténot, 2009.
Didier Carpentier, Alain Wodrascka, *France Gall. Muse et musicienne*, 2010.
Christian et Éric Cazalot, *Sylvie Vartan, Dans la lumière*, XO Éditions, 2007.
Christian et Éric Cazalot avec Sylvie Vartan, *Le Style Vartan*, La Martinière, 2015.
Christian et Éric Cazalot, *Sylvie Vartan. Le Tourbillon d'une vie*, XO Éditions, 2021.
Grégoire Colard, Alain Morel, *France Gall. Le Destin d'une star courage*, Flammarion, 2007.
Sophie Delassein, *Julien*, Calmann-Lévy, 2013.
Johnny Hallyday, *Destroy*, Michel Lafon, 1997.
Johnny Hallyday et Amanda Sthers, *Dans mes yeux*, Plon, 2013.
Françoise Hardy, *Le Désespoir des singes... et autres bagatelles*, Robert Laffont, 2008.
Françoise Hardy, *Un cadeau du ciel*, Équateurs, 2016.
Françoise Hardy, *Chansons sur toi et nous*, Équateurs, 2021.

Geneviève Lafosse Dauvergne, *Les Années Mademoiselle Âge tendre*, Éditions du Layeur, Fondation Frank Ténot, 2010.
Marie-Dominique Lelièvre, *Françoise Hardy. Étoile distante*, Flammarion, 2022.
Jean-Éric Perrin, *France Gall. De Baby Pop à Résiste*, GM éditions, 2018.
Fréderic Quinonero, *Sheila. Star française*, Didier Carpentier, 2012.
Sheila, *Et si c'était vrai*, Ramsay, 1995.
Sheila, *Ne vous fiez pas aux apparences. Entretiens avec Didier Varrod*, Plon, 2003.
Sheila, *Danse avec ta vie*, L'Archipel, 2013.
Sylvie Vartan, *Entre l'ombre et la lumière*, XO Éditions, 2004.
Gilles Verlant, *Françoise Hardy. Ma vie intérieure*, Albin Michel, 2002.
Alain Wodrascka, *Douce France*, Éditions du moment, 2015.

Sites

Laurent Dostes et Jean-Jacques Billoré, « Sylvie Vartan, La plus belle pour aller danser »
Erik Doorme, « Françoise Hardy, Les années Vogue » : erikdoorme.be
« Françoise Hardy, mon amie la rose » : www.mon-amie-hardy-rose.com
Blog de Stéphane D'Hône, « Sheila. On dit... dans le monde des artistes »
Pascal Derolez et Stéphane Lumbroso, www.francegallcollection.fr
Encyclopédisque

Chansons citées dans l'ouvrage

Chansons interprétées par les quatre filles dans le vent

Sylvie Vartan
Tous mes copains, **1962**. Paroles : Jean-Jacques Debout. Musique : Jean-Jacques Debout et Raymond Le Sénéchal. Éditeur : Raoul Breton éditions.
 M'amuser, **1962**. Paroles : Francis Dreyfus et Ralph Bernet. Musique : Eddie Vartan et Ralph Bernet. Éditeur : Salvet Robert Ambroise.
 En écoutant la pluie, **1963**. Paroles : Richard Anthony. Musique : John Gummoe. Éditeur : Morris Edwin.
 Si je chante, **1963**. Paroles : Vline Buggy. Musique : Bill Anderson. Éditeur : Universal Music Publishing.
 La Plus Belle pour aller danser, **1964**. Paroles : Charles Aznavour. Musique : Georges Garvarentz. Éditeurs : Aznavour Charles éditions Music / Chappell-Aznavour.
 Il y a deux filles en moi, **1966**. Paroles : Roger Dumas. Musique : Jean-Jacques Debout. Éditeurs : Francis Dreyfus Music / Stemra parts.
 Mr John B, **1966**. Paroles : Gilles Thibaut et Georges Aber. Musique : Wilson Brian Douglas. Éditeurs : Publications Francis Day / Francis Dreyfus Music.

La Chanson, **1966.** Paroles et musique : Guy Petit. Label : RCA Victor.

Par amour, par pitié, **1966.** Paroles : Gilles Thibaut. Musique : Jean Renard. Éditeur : Francis Dreyfus Music

Comme un garçon, **1967.** Paroles : Roger Dumas. Musique : Jean-Jacques Debout. Éditeurs : Tournier Gérard éditions / Semi Société.

La Maritza, **1968.** Paroles : Pierre Delanoë. Musique : Jean Renard. Label : RCA Victor.

Aime-moi, **1970.** Paroles : Gilles Thibaut. Musique : Jean Renard. Éditeurs : Paracelse / Amplitude éditions musicales.

J'ai un problème, **1973.** Co-interprète : Johnny Hallyday. Paroles : Michel Mallory. Musique : Jean Renard. Éditeur : Suzelle éditions musicales.

Je chante pour Swanee, **1974.** Paroles : Roger Dumas. Musique : Jean-Jacques Debout et Pierre Porte. Éditeur : Tanday Music.

Bye bye Leroy Brown, **1974.** Paroles : Michel Mallory. Musique : Jim Croce. Éditeur : Denjac Music Compagny.

La Drôle de fin, **1975.** Paroles : Jean-Michel Rivat. Musique : Raymond Alexander Vincent. Éditeur : Concord Music Publishing.

Nicolas, **1979.** Paroles : Michel Mallory. Musique : Mate Peter. Éditeur : Warner Chappell Music France.

L'amour c'est comme une cigarette, **1981.** Paroles : Michel Mallory. Musique : Inskip Susan Bridget. Éditeur : Warner Chappell Music France.

Françoise Hardy

Tous les garçons et les filles, **1962.** Paroles et musique : Françoise Hardy. Éditeur : Alpha éditions musicales.

Chansons citées dans l'ouvrage

Le Temps de l'amour, **1963**. Paroles : Lucien Morisse et André Salvet. Musique : Jacques Dutronc. Éditeur : Alpha éditions musicales.

Le Premier Bonheur du jour, **1963**. Paroles : Frank Gérald. Musique : Jean Renard. Éditeur : Éditions Méridian.

Si c'est ça, **1964**. Paroles et musique : Françoise Hardy. Éditeur : Alpha éditions musicales.

En t'attendant, **1965**. Paroles et musique : Françoise Hardy. Éditeur : Alpha éditions musicales.

Non ce n'est pas un rêve, **1965**. Paroles : Françoise Hardy. Musique : Charles Blackwell. Éditeur : Alpha éditions musicales.

Quel mal y a-t-il à ça ?, **1965**. Paroles : Françoise Hardy. Musique : Howard Harlan. Éditeur : Sony Music Publishing.

L'Amitié, **1965**. Paroles : Jean-Max Rivière. Musique : Gérard Bourgeois. Éditeur : Alpha éditions musicales.

Comment te dire adieu, **1968**. Paroles : Serge Gainsbourg. Musique : Arnold Goland. Éditeur : EMI.

Il voyage, **1970**. Paroles et musique : Françoise Hardy. Éditeur : Kundalini éditions.

La Question, **1971**. Paroles : Françoise Hardy. Musique : Tuca. Éditeurs : Budde Music France / Kundalini éditions.

Même sous la pluie, **1971**. Paroles : Jean Pac de Marsoulies. Musique : Tuca. Éditeur : Budde Music France.

Oui, je dis adieu, **1971**. Paroles et musique : Françoise Hardy et Tuca. Éditeurs : Budde Music France / Kundalini éditions.

Où est-il ?, **1972**. Paroles et musique : Françoise Hardy. Éditeur : Kundalini éditions.

Et si je m'en vais avant toi, **1972**. Paroles et musique : Éditeur : Kundalini éditions.

Message personnel, 1973. Paroles : Michel Berger et Françoise Hardy. Musique : Michel Berger. Éditeur : Apache.

Chanson sur toi et nous, 1977. Paroles : Françoise Hardy. Musique : Gabriel Yared. Éditeur : Kundalini éditions.

Star, 1977. Paroles et musique : Ian Janis. Éditeur : Halit Music.

J'écoute de la musique saoule, 1978. Paroles : Michel Jonasz. Musique : Gabriel Yared. Éditeur : You You Music éditions.

Tamalou, 1980. Paroles : Françoise Hardy. Musique : Pierre Groscolas. Éditeurs : You You Music éditions / Kundalini éditions.

Partir quand même, 1988. Paroles : Françoise Hardy. Musique : Jacques Dutronc. Éditeurs : Flarenasch / Kundalini éditions.

La Sieste, 1989. Paroles : Françoise Hardy. Musique : Jean-Noël Chaléat. Éditeurs : Francis Dreyfus Music / Kundalini éditions.

Sheila

Sheila, 1962. Paroles : Claude Carrère. Musique : Tommy Roe. Éditeur : Sony Music Publishing.

L'école est finie, 1963. Paroles : Jacques Hourdeaux et André Salvet. Musique : Claude Carrère. Éditeur : Raoul Breton éditions.

Pendant les vacances, 1963. Paroles : Hubert Ithier et Claude Carrère. Musique : Boudleaux Bryant. Éditeur : Sony Music Publishing.

Première surprise-partie, 1963. Paroles : Jacques Plait et Jean Grelbin. Musique : Claude Carrère. Éditeur : Raoul Breton éditions.

Chansons citées dans l'ouvrage

***Vous les copains, je ne vous oublierai jamais*, 1964.** Paroles : Claude Carrère et Hubert Ithier. Musique : Jeff Barry et Ellie Greenwich. Éditeur : BMG Rights Management.
***Le Folklore américain*, 1965.** Paroles : Jacques Plante et Claude Carrère. Musique : Nick Woods, Vivian et Scott Holtzman. Éditeur : EMI Songs France.
***La Famille*, 1967.** Paroles : Jacques Plante. Musique : Claude Carrère. Éditeur : Claude Carrère éditions.
***Impossible n'est pas français*, 1967.** Paroles : Claude Carrère et Georges Aber. Musique : Jean Claudric et Jean Kluger. Éditeurs : Bleu Blanc Rouge éditions / Claude Carrère éditions.
***Adios amor*, 1967.** Paroles : Jacques Plante. Musique : Claude Carrère. Éditeur : Claude Carrère éditions.
***Petite Fille de Français moyen*, 1968.** Paroles : Georges Aber et Jacques Monty. Musique : Claude Carrère. Éditeur : Claude Carrère éditions.
***Sheila-la-la*, 1969.** Paroles : Jacques Plante et Georges Aber. Musique : Claude Carrère et Jean Kluger. Éditeurs : Bleu Blanc Rouge éditions / Claude Carrère éditions.
***Quelqu'un et Quelque Chose*, 1969.** Paroles : Claude Carrère. Musique : Jacques Monty. Éditeurs : Claude Carrère éditions / Raoul Breton éditions.
***Reviens, je t'aime*, 1970.** Paroles : Claude Carrère. Musique : Johannes Bouwens. Éditeur : Technisonor.
***Les Rois mages*, 1971.** Paroles : Jean Schmitt et Claude Carrère. Musique : Mario et Giosy Capuano. Éditeurs : Claude Carrère éditions / RCA France.
***Une Femme*, 1971.** Paroles : Vline Buggy. Éditeurs : Claude Carrère éditions / Raoul Breton éditions.

Samson et Dalila, 1972. Paroles : Jean Schmitt et Claude Carrère. Musique : Mario et Giosy Capuano. Éditeur : RCA France.

Poupée de porcelaine, **1972.** Paroles : Jean Schmitt et Claude Carrère. Musique : Daniel Vangarde. Éditeurs : Bleu Blanc Rouge éditions / Claude Carrère éditions.

Les Gondoles à Venise, **1973.** Co-interprète : Ringo. Paroles : Michaële et Claude Carrère. Musique : Paul et Lana Sebastian. Éditeurs : Claude Carrère éditions / Capocci Pierrette.

Adam et Ève, **1973.** Paroles : Gilbert Sinoué et Jean Schmitt. Musique : Claude Carrère et Jean-Claude Petit. Éditeur : Claude Carrère éditions.

Mélancolie, **1973.** Paroles : Claude Carrère et Katherine Pancol. Musique : Jack Arel. Éditeurs : Claude Carrère éditions / Pygmalion éditions.

Le Couple, **1974.** Paroles : Claude Carrère et Michaële. Musique : Paul et Lana Sebastian. Éditeurs : Universal Music Publishing / Claude Carrère éditions.

Ne fais pas tanguer le bateau, **1975.** Paroles : Claude Carrère et Michaële. Musique : Lana et Paul Sébastian. Éditeurs : Claude Carrère éditions / Capocci Pierrette.

Hôtel de la plage, **1978.** Paroles : Claude Carrère, Mort Shuman et Carlene Yasak. Musique : Mort Shuman. Éditeurs : Marouani / Première Music Group.

Et ne la ramène pas, **1981.** Paroles : Claude Carrère et Jean Schmitt. Musique : Joe Dolce. Éditeur : Because éditions.

L'Écuyère, **1984.** Paroles : Alexandre Martin. Musique : Yves Martin. Éditeurs : Intersong Paris / New Chance.

Vivre mieux, **1984.** Paroles et musique : Yves Martin. Éditeur : New Chance.

La Rumeur, **2021.** Paroles : Amaury Salmon. Musique : Philippe Rombi. Éditeur : New Chance.

Chansons citées dans l'ouvrage

France Gall
Ne sois pas si bête, **1963**. Paroles : Pierre Delanoë. Musique : Jack Wolf et Bugs Bower. Éditeur : Bagatelle.
N'écoute pas les idoles, **1964**. Paroles et musique : Serge Gainsbourg. Éditeur : Bagatelle.
Sacré Charlemagne, **1964**. Paroles : Robert Gall. Musique : Georges Lifermann. Éditeur : Bagatelle.
L'Amérique, **1965**. Paroles : Eddy Marnay. Musique : Guy Magenta. Philips.
Poupée de cire, poupée de son, **1965**. Paroles et musique : Serge Gainsbourg. Éditeur : Bagatelle.
C'est pas facile d'être une fille, **1966**. Paroles : Pierre Delanoë. Musique : Guy Magenta et Jean-Pierre Bourtayre. Éditeur : Bagatelle.
Les Sucettes, **1966**. Paroles et musique : Serge Gainsbourg. Éditeur : Bagatelle.
La Petite, **1967**. Co-interprète : Maurice Biraud. Paroles : Robert Gall et Mya Simille. Musique : Guy Magenta. Éditeur : Bagatelle.
Bébé requin, **1967**. Paroles : Jean Michel Rivat et Franck Thomas. Musique : Joe Dassin. Éditeur : Bagatelle.
Teenie Weenie Boppie, **1967**. Paroles et musique : Serge Gainsbourg. Éditeurs : Bagatelle / Melody Nelson Publishing.
Mon fils rira du rock'n'roll, **1974**. Co-interprète, paroles et musique : Michel Berger. Éditeur : Apache.
Déclaration d'amour, **1974**. Paroles et musique : Michel Berger. Éditeurs : Apache / Sidonie.
Comment lui dire ?, **1975**. Paroles et musique : Michel Berger. Éditeur : Apache.

La Chanson d'une Terrienne, **1976.** Paroles et musique : Michel Berger. Éditeur : Apache.

Musique, **1977.** Paroles et musique : Michel Berger. Éditeur : Apache.

Si, maman, si, **1977.** Paroles et musique : Michel Berger. Éditeur : Apache.

Il jouait du piano debout, **1980.** Paroles et musique : Michel Berger. Éditeur : Apache.

Bébé comme la vie, **1980.** Paroles et musique : Michel Berger. Éditeur : Apache.

Plus haut, **1980.** Paroles et musique : Michel Berger. Éditeur : Apache.

Résiste, **1981.** Paroles et musique : Michel Berger. Éditeur : Apache.

Calypso, **1984.** Paroles et musique : Michel Berger. Éditeur : Apache.

Cézanne peint, **1984.** Paroles et musique : Michel Berger. Éditeur : Apache.

Débranche !, **1984.** Paroles et musique : Michel Berger. Éditeur : Apache.

Babacar, **1987.** Paroles et musique : Michel Berger. Éditeur : Éditeur : Apache.

Ella, elle l'a, **1987.** Paroles et musique : Michel Berger. Éditeur : Apache.

Évidemment, **1987.** Paroles et musique : Michel Berger. Éditeur : Apache.

La Chanson d'Azima, **1988.** Paroles et musique : Michel Berger. Éditeur : Apache

Laissez passer les rêves, **1992.** Co-interprète, paroles et musique : Michel Berger. Éditeur : Apache.

Chansons citées dans l'ouvrage

Chansons interprétées par des artistes de la galaxie des quatre filles dans le vent

Michel Berger
Attends-moi, 1973. Paroles et musique : Michel Berger. Éditeurs : Bertrand de Labbey / Apache.
Hong-Kong star, 1984. Paroles et musique : Michel Berger. Éditeur : Apache.

Julien Clerc
Souffrir par toi n'est pas souffrir, 1975. Paroles : Étienne Roda-Gil. Musique : Julien Clerc. Éditeurs : Crécelles éditions / Si on chantait / Sidonie.
Fais-moi une place, 1990. Paroles : Romain Sellier, Françoise Hardy, Marie Combeau, Claire Mechin. Musique : Julien Clerc. Éditeurs : EMI Music Publishing France / Si on chantait.

Michel Delpech
Les Divorcés, 1973. Paroles : Michel Delpech et Jean-Michel Rivat. Musique : Roland Vincent. Éditeur : Marouani.

Jacques Dutronc
J'aime les filles, 1967. Paroles : Jacques Lanzmann. Musique : Jacques Dutronc. Éditeur : Alpha éditions musicales.
Les Play-Boys, 1966. Paroles : Jacques Lanzmann. Musique : Jacques Dutronc. Éditeur : Alpha éditions musicales.

Claude François
Comme d'habitude, 1967. Paroles : Claude François et Gilles Thibaut. Musique : Claude François et Jacques Revaux. Éditeurs : Nouv Barclay / Jeune Musique éditions.

Le Lundi au soleil, **1972**. Paroles : Franck Thomas et Jean-Michel Rivat. Musique : Patrick Juvet. Éditeurs : Escalier / Le Rideau rouge éditions.

Michel Fugain et le Big Bazar

Fais comme l'oiseau, **1972**. Paroles : Pierre Delanoë. Musique : Jose Carlos Figueiredo et Antonio Carlos Arques Pinto. Éditeurs : RCA France / Le Minotaure éditions musicales.

Johnny Hallyday

San Francisco, **1967**. Paroles : Georges Aber. Musique : John Phillips. Éditeur : Universal Music Publishing.

Que je t'aime, **1969**. Paroles : Gilles Thibault. Musique : Jean Renard. Éditeurs : Paracelse / Amplitude éditions musicales.

La musique que j'aime, **1973**. Paroles : Michel Mallory. Musique : Johnny Hallyday. Philips. Éditeur : Universal Music Publishing MGB France.

Il était une fois

Rien qu'un ciel, **1972**. Paroles et musique : Richard Dewitte. Éditeur : Universal Production Music France.

Renaud et al.

Éthiopie, **1985**. Paroles : Renaud Séchan. Musique : Henri Langolff. Éditeur : EMI.

Ringo

Elle, je ne veux qu'elle, **1971**. Paroles : Daniel Vangarde, Nelly Byl, Calude Carrère. Musique : Daniel Vangarde. Éditeur : Bleu Blanc Rouge éditions.

Trop belle pour rester seule, **1972**. Paroles : Daniel Vangarde, Claude Carrère et Jean Schmitt. Musique : Daniel Vangarde. Éditeurs : Bleu Blanc Rouge éditions / Claude Carrère éditions.

Chansons citées dans l'ouvrage

Diane Tell
Faire à nouveau connaissance, **1986.** Paroles : Françoise Hardy. Musique : Diane Tell. Éditeur : Tuta Music.

Crédits photographiques

Page 1 : 1 et 2. © Jean-Marie Périer/Photo12. **3 et 4.** © Ministère de la Culture – Médiathèque du Patrimoine, Dist. RMN-Grand Palais – Sam Lévin. **Page 2 : 1.** Photothèque Rancurel. **2 et 3.** © Jean-Marie Périer/Photo12. **4.** DR, collection personnelle. **Page 3 : 1.** © Ministère de la Culture – Médiathèque du patrimoine et de la photographie, Dist. RMN-Grand Palais / Jean Mounicq. **2.** © François PAGES/PARISMATCH/SCOOP. **Page 4 : 1.** © Ministère de la Culture / Médiathèque du Patrimoine, Dist. RMN / Sam Lévin. **2.** Jean-Marie Périer/Photo12. Pochettes de disque, collection personnelle. **Page 5 :** Les trois couvertures de *Paris Match* : © Willy RIZZO/PARISMATCH/SCOOP. **1.** © Jean-Marie Périer/Photo12. **2.** DR, collection personnelle. **Pages 6-7 : 1.** © Jean-Marie Périer/Photo12. **2.** © Daniele Darolle, collection personnelle. **3.** © Gérard GERY/PARISMATCH/SCOOP. Pochettes de disque, collection personnelle. **Pages 8-9 : 1-3.** © Jean-Marie Périer/Photo12. Pochettes de disque : collection personnelle. **Pages 10-11 : 1.** © Jean-Marie Périer/Photo12. **2.** © JEAN-JACQUES DAMOUR / ARCHIVES FILIPACCHI / SCOOP. **3.** © Manuel LITRAN/PARISMATCH/SCOOP. Pochettes de disque, collection personnelle. **Pages 12-13 : 1.** DR, collection personnelle. **2.** © Photo12/Alamy/History and Art Collection. **3.** © Jean-Marie Périer/Photo12. Pochettes de disque, collection personnelle. **Pages 14-15 : 1 et 4.** © Jean-Marie Périer/Photo12. **2 et 3.** DR, collection personnelle. **5.** © Benjamin AUGER / ARCHIVES FILIPACCHI / SCOOP. Pochettes de disque, collection personnelle. **Pages 16-17 : 1.** © Benjamin AUGER / ARCHIVES FILIPACCHI / SCOOP. **2.** DR, collection personnelle. **Pages 18-19 : 1.** DR, collection personnelle. **2.** © Jean-Marie Périer/Photo12. **3.** © François GAILLARD / ARCHIVES FILIPACCHI / SCOOP. **4.** © Patrick SOUBIRAN / ARCHIVES FILIPACCHI / SCOOP. Pochettes de disque, collection personnelle. **Pages 20-21 : 1.** © Benjamin AUGER / ARCHIVES FILIPACCHI / SCOOP. **2.** DR, collection personnelle. **3.** © Éric Cazalot. **4.** © Bernard LELOUP / ARCHIVES FILIPACCHI / SCOOP. Pochettes de disque, collection personnelle. **Page 22 : 1.** DR, collection personnelle. **2.** © Bernard LELOUP / ARCHIVES FILIPACCHI / SCOOP. Pochettes de disque, collection personnelle. **Page 23 : 1.** © Bernard LELOUP / ARCHIVES FILIPACCHI / SCOOP. **2.** DR, collection personnelle. **Page 24 :** Unes de magazine, collection personnelle.

Composition et mise en pages
Nord Compo à Villeneuve-d'Ascq

Impression réalisée par CPI BUSSIÈRE
Saint-Amand-Montrond (Cher), en avril 2023

N° d'édition : 4997/01 - N° d'impression : 2071361
Dépôt légal : mai 2023

Imprimé en France